서울 성곽길
서울의 고운길 걷기여행
북한산 둘레길

편집부 지음

길 따라 발길 따라 **7**

서울성곽길 북한산둘레길

지은이 편집부
펴낸이 정규도
펴낸곳 황금시간

초판발행 2010년 11월 10일
초판2쇄발행 2011년 11월 10일

편집 권명희 노진수 정규찬 김성중
디자인 이상준 김광규 김현숙

공급처 (주)다락원 (02)736-2031

경기도 파주시 문발로 211
전화 (031)955-7272(대)
팩스 (031)955-7273
출판등록 제406-2007-00002호

Copyright ⓒ 2010, 황금시간

저자 및 출판사의 허락 없이 이 책의 일부 또는 전부를 무단 복제 · 전재 · 발췌할 수 없습니다. 잘못된 책은 바꿔 드립니다.

값 16,000원
ISBN 978-89-92533-30-0 13690

http://www.darakwon.co.kr

- 다락원 홈페이지를 통해 인터넷 주문을 하시면 자세한 정보와 함께 다양한 혜택을 받으실 수 있습니다.
- 기타 문의사항은 황금시간 편집부로 연락 주십시오.

길따라 발길따라 7

서울 성곽길
서울의 고운길 걷기여행
북한산 둘레길

편집부 지음

황금시간
Golden Time

머리말

서울을 걷고 싶은
'신(新) 호모 에렉투스'를 위해

나그네 길에 오르면 자기 영혼의 무게를 느끼게 된다.
무슨 일을 어떻게 하며 지내고 있는지, 자신의 속얼굴을 들여다볼 수 있다.
—법정스님의 '무소유' 중에서—

'둘레길'이라는 이름의 길이 많이 생기는 것을 보면, 요즈음 걷기여행의 분위기를 읽을 수 있습니다. '수직으로 만나는 길보다 수평으로 만나는 길', '빠르게 걷기보다 거닐기', '풍경을 음미하고 사색하는 여행' 같은 거지요. 그만큼 '이완하는 여행'이라는 점에 주목합니다. 서두르지 않고 천천히 걷다보면 길과 낯가림하는 시간이 줄고 교감의 밀도가 높아집니다. 마지막 붓질을 마친 수채화 같은 풍경이 먼저 다가와 슬쩍 팔짱을 낍니다. 빠르고 차갑게 달리던 세상의 한 귀퉁이가 조금 느려지고 따뜻한 위로 같은 바람이 불어옵니다.

대도시 서울의 길도 작지 않은 변화를 보여주고 있습니다. 서울성곽길, 북한산 둘레길, 불암산 둘레길 같은 길이 열리고 새 이름이 붙었습니다. 북한산 둘레길은 2009년 9월 북한산 구간에 이어 2011년 6월 도봉산 구간까지 개통하면서 전체 구간이 완공되어 명실공히 서울을 대표하는 걷기 코스로 거듭났습니다.

서울성곽은 또 어떤가요. 학자가 아닌 대중이 서울성곽의 흔적을 살피기 시작한 건 몇 년밖에 되지 않았지만, 그 길을 따라 걷고 싶은 작은 마음들이 모여 성곽의 복원에 힘을 보탰습니다. 남아 있던 서울성곽의 빗장이 열리고 한쪽에서는 옛 모습을 살리려는 노력이 한창입니다. 아스팔트에 덮이거나, 눈썹돌만 어느 건물 앞 장식이 되어 있거나, 학교 담벼락의 일부로 남은 성곽들도 차차 옛 기운을 회복해갈 것입니다.

그동안 〈서울 걷기여행〉, 〈제주도 올레 & 오름 걷기여행〉, 〈지리산 둘레길 & 언저리길 걷기여행〉 등 걷기여행 안내서 여섯 권을 낸 편집부의 걷기여행 전담 기자들이 GPS(위성항법장치)를 들고 서울의 새 길을 걸었습니다. 기존의 길 중에서도 되도록 '거닐기'에 어울리는 길을 고르고 코스를 새로 짜 다시 둘러보았습니다. 서울의 무거운 하늘 아래 답답하게 들어찬 아파트와 빌딩들 사이에도 옛 역사의 한 순간이, 울창한 숲이, 투명한 공기가, 근사한 강변길이 있다는 사실을 알리고 더 많은 이들과 함께 걷고 싶었던 까닭입니다.

〈서울성곽길 북한산둘레길〉은 '주제가 있는 서울 걷기여행'의 제안입니다. '일'처럼 '목표'처럼 걷기보다, 마음이 바라고 눈이 좇고 싶은 길만 걷는 데 도움이 될 수 있도록 '북한산 둘레길', '성곽길', '숲과 공원', '강과 하천' 네 가지 테마에 새 길과 옛길 중 고운 길만 골라 담았습니다. 북한산 둘레길 섹션에는 2011년 여름 개통된 도봉산 구간(8개 코스)을 포함한 전 코스를 수록했습니다. 서울을 가상의 울타리로 했으나 서울에서 지하철로 갈 수 있는 경기권의 길도 두어 곳과 북한산 둘레길의 경기도 지역도 리스트에 넣었습니다. 특히 성남시에 있는 남한산성은 잘 보존된 성곽길의 모범이어서 성곽길 테마 아래 꼭 소개하고 싶었습니다.

전체 코스는 적당한 길이로 나눠 하루 반나절, 길어도 해거름 전까지 무리 없이 걷기여행을 마칠 수 있도록 했습니다. 특히 GPS를 갖고 답사한 후 새로 그린 코스 지도, 갈림길 사진과 설명이 담긴 갈림길 안내도, 교통편 등을 알차게 담은 '휴대용 코스 가이드북'은 초행길이나 혼자 걷는 여행에 듬직한 셰르파가 되어줄 것입니다.

서울을 걸으며 행복했습니다. 고르고 골라 찾아간 서울의 길은 보석 몇 줌을 휙 뿌려 놓은 듯 눈부셨습니다. 주말마다 걸어도 차고 넘칠 만큼 아름다운 길들이 곳곳에서 반겼습니다. 걷고자 하는 마음과 내딛는 발걸음이 이야기가 되고 역사가 되는 현장을 흐뭇하게 지켜보았습니다.

이 책은 서울을 걷고 싶은 '신(新) 호모 에렉투스'들에게 바치는, 그 행복했던 순간의 꼼꼼한 기록입니다.

2011년 11월

편집부

CONTENTS

4 머리말
10 일러두기
12 코스 위치 일람지도
14 북한산 둘레길 전체지도
15 서울성곽길 전체지도

북한산 둘레길

18 1구간_소나무숲길~순례길~흰구름길
활짝 열린 그 길에 내딛은 첫걸음

26 2구간_솔샘길~명상길~평창마을길
인생 닮은 길을 묵묵히 걷다

34 3구간_옛성길~구름정원길~마실길
넉넉한 품 지닌 그 산과 친구하다

44 4구간_내시묘역길~효자길~충의길
세월과 바람이 들려주는 옛이야기

54 5구간_우이령길
41년간 숨겨둔 선물

64 6구간_송추마을길~산너미길~안골길
젖은 숲을 걷다 마음까지 젖은 사연

72 7구간_보루길~다락원길~도봉옛길~방학동길~왕실묘역길
바쁜 세상에서 게으름이 필요할 때

성곽길

82	남한산성	패배의 아픔 치유하는 순례길
92	몽촌토성	'뚜벅이'에게 들려주는 백제인의 꿈
100	북한산성 12성문길 1_시구문~보국문	2천 년 전부터 그 산성이 있었네
112	북한산성 12성문길 2_보국문~대서문	세월과 바람이 들려주는 옛이야기
120	서울성곽 1_숭례문~장충체육관	41년간 숨겨둔 선물
128	서울성곽 2_장충체육관~혜화문	도심에 포위된 달동네 성곽
136	서울성곽 3_혜화문~창의문	북악에서 보니 서울 진경이 여기구나
146	서울성곽 4_창의문~숭례문	인왕산 넘어 다시 숭례문에 서다

숲과 공원

156 과천서울대공원
걷는 게 다가 아냐, 볼거리도 채워줄게

164 솔샘길~명상길~평창마을길
관악산에서 가장 편한 길을 만나는 방법

172 독립공원·안산
'낮지만 웅장한 산'의 아름다움

182 뚝섬유원지·서울숲
3시간의 산책, 뉴요커가 부럽지 않구나

192 망우리공원 사색의 길
고즈넉하게, 역사와 문화 속으로

202 봉산~응봉
쉬엄쉬엄 걷기 좋은 쌍둥이 산림욕

212 불암산 산책길
자상한 손길처럼, 시의 운율처럼

222 아차산~용마산
삼국(三國)의 숨결이 머물다 간 자리다

230 어린이대공원
'원조' 공원, 젊음을 입

240 월드컵공원
서울의 노을·별, 모두 모여라

강과 하천

- 252 **고덕수변생태복원지 · 미사리**
  물결 이는 모래마을의 낭만
- 262 **양재천 · 탄천**
  대한민국에서 가장 비싼 산책로
- 270 **중랑천**
  서울 하늘 아래에도 철새가 쉰다
- 278 **한강 청담대교~광진교 수변길**
  흙길 밟으며 강변 거니는 즐거움

- 286 서울 · 경기 대중교통 연락처
- 288 수도권 지하철 노선도
- 290 주요 색인

일러두기

■ 지도

　* 본문에 수록한 코스 지도는 도보로 현장을 직접 답사하며 GPS에 저장한 디지털 정보를 실제 지도 위에 옮긴 것이다.

　* 지도 속의 숫자는 분기점 또는 갈림길을 진행 순서대로 표기한 것으로, 특정 지점을 나타내는 이 숫자는 본문과 사진, 별책부록에도 같은 용도로 표기되었다.

　* 괄호 속의 숫자가 추가로 표기되어 있는 경우, 예를 들어 【6(9)】는 걷기코스에서 6번과 9번 지점이 겹친다는 표시로, 한 지점을 두 번 지난다는 의미이다.

　* 지도에 사용된 주요 약물은 다음과 같다.

　ⓑ 버스정류장　ⓣ 화장실　ⓦ 식수보급처　ⓟ 주차공간
　● 코스와 직접 연관된 지점　● 기타 지점

■ 코스 개요

걷는거리	총 6.6km	출 발 점	송파구 방이동 지하철 8호선 몽촌토성역
걷는시간	2시간	종 착 점	송파구 방이동 지하철 8호선 몽촌토성역
난 이 도	무난해요	추천테마	역사유적, 호수, 숲, 사계절

'걷는 거리'는 출발점에서 종착점까지의 총거리를 의미한다. '걷는 시간'은 평지를 걷는 성인의 평균속도 '시속 4km'를 기준으로 하되, 개개인의 속도 차이와 길의 경사도를 감안해서 기록했다. 휴식시간이나 관람시간은 포함하지 않았다. '출발점'은 걷기 시작한 장소, '종착점'은 걷기를 마친 장소이다. '난이도'를 평가할 때는 길의 상태와 특성, 경사도를 종합적으로 고려했다. '추천테마'에는 '특징', '계절' 등 해당 걷기여행을 즐기는 데 도움이 되는 키워드들을 담았다.

■ 고도표

*고도 그래프는 걷는 거리(가로축)가 해발 고도(세로축)에 비해 상대적으로 많이 짧아 실제보다 가파르게 표기되었으므로 오르막과 내리막 비율을 참고하는 용도로만 사용.

*실제로는 평지 같은 구간도 기준고도가 현저히 낮을 경우 가파르게 표시됨. 따라서 **항상 왼쪽의 기준고도가 몇m인지를 확인해야함.**

■ 본문 지점 표기

*본문 중 붉은 색으로 조그맣게 붙은 숫자는 갈림길이나 주요지점을 뜻하는 것으로 이 표기는 지도와 사진 번호, 별책부록에도 같은 용도로 사용되었음.

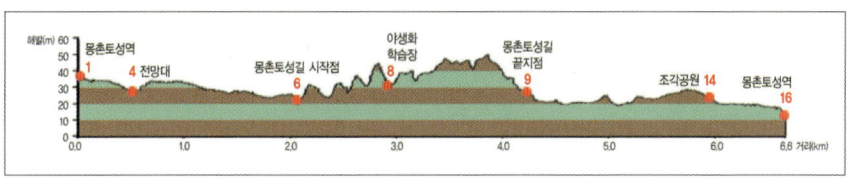

걷기여행 코스 위치 일람

Section 1 북한산 둘레길
01 북한산 둘레길_1~7구간   18p

Section 2 성곽길
02 남한산성   82p
03 몽촌토성   92p
04 북한산성_1~2구간   100p
05 서울성곽_1~4구간   120p

Section 3 숲과 공원
06 과천서울대공원   156p
07 낙성대공원 · 관악산   164p
08 독립공원 · 안산   172p
09 뚝섬유원지 · 서울숲   182p
10 망우리공원 사색의 길   192p
11 봉산~응봉   202p
12 불암산 산책길   212p
13 아차산~용마산   222p
14 어린이대공원   230p
15 월드컵공원   240p

Section 4 강과 하천
16 고덕수변생태복원지 · 미사리   252p
17 양재천 · 탄천   262p
18 중랑천   270p
19 한강 청담대교~광진교 수변길   278p

북한산둘레길 전체지도

section 1

북한산 둘레길

1구간 _ 소나무숲길~순례길~흰구름길

활짝 열린 그 길에 첫걸음을 내딛다

2010년 9월 7일 북한산 둘레길이 문을 열었다. 덕분에 산행이 아니라 산책으로
북한산을 만나볼 수 있게 되었다. 북한산 둘레길의 전체 길이는 약 70㎞.
첫 코스인 소나무 숲길은 주택가 도로가 섞여 있어 조심스럽지만 사색할 수 있는 시간이 귀하다.

| 추천
테마 | 아이들과
★★ | 연인끼리
★★ | 여럿이
★★ | 숲
★★★ | 들 | 계곡
★★ | 강 | 바다 | 문화유적
★ | 봄
★★ | 여름
★★ | 가을
★★★ | 겨울
★★ | 난이도
무난해요 |

한 달 만에 60만 인파 __ 우이파출소▶솔밭공원 1~5

　그래, 오래 살고 볼 일이다. 조상님들 말씀이 맞았다. 지금껏 살아오면서 참 많이 느끼고 있는 거지만 근래 '살아있길 잘한' 이유가 또 하나 늘었다. 그동안 숨차는 등산으로만 느낄 수 있었던 북한산 국립공원을 이제 둘레길로 편안하게 만나 볼 수 있게 되었으니 말이다.

　2010년 9월 7일 정식 개통한 둘레길은 북한산과 도봉산 허리춤을 시계방향으로 감싸 도는 총 길이 70㎞ 코스로 서울과 경기도 일산, 양주, 의정부를 거친다. 등산을 하지 않고도 숲 속 걷기의 즐거움을 만끽할 수 있는 서울 걷기 명소의 탄생이다. 덕분에 기존의 등산 애호가는 물론 산행에 대한 부담감으로 북한산 나들

◀ 신숙 선생 묘소 앞 섶다리. 둘레길을 이으며 새로 만든 다리다(10지점).
▶ 우이동 계곡을 따라 걷는 1구간의 시작, 소나무숲길(1~2지점).

 이를 망설였던 일반인들까지 쉽게 찾을 수 있어 개통 한 달 만에 60만 명 넘는 사람들이 다녀갔다. 2011년 6월 말에는 북한산국립공원 영역에 포함된 도봉산 구간 둘레길이 추가로 개통되어 순환형 길이 완성되었다.
 북한산 둘레길의 시작은 계곡 유원지의 거나한 풍류와 얄팍한 상술이 마블링처럼 혼재하는 서울 우이동이다. 우이동 계곡 앞 편의점[1]에서 계곡 왼쪽으로 뻗은 길을 따라 올라간다. 우이동 계곡은 북한산과 도봉산 가운데 줄기의 남쪽 자락을 타고 흐르는 맑고 차가운 물길. 계곡을 끼고 남서쪽으로 10분쯤 거슬러 오

르다 포장길² 에서 손병희 선생 묘소 쪽으로 방향을 튼다. 손병희 선생은 구한말 동학농민운동의 선봉장이자 민족대표 33인 중 한 분으로 3.1 운동을 주도한 혐의로 체포되어 1923년 서대문형무소에서 옥고를 치르던 중 세상을 떠났다. 선생이 떠난 지 90년 가까이 흐른 지금, 이 나라는 그가 염원했던 조국의 모습과 얼마나 닮아 있을까.

선생의 묘소 앞 주택가 골목을 지나 조금만 걸어가면 오른쪽으로 이어진 목조 아치문³이 나오고 이곳을 통과해 오솔길을 따라가면 오르막 중간에 휴식을 위한 정자와 '만고강산'이라 불리는 약수터⁴가 있다. 샘물로 목을 축인 후 왼쪽길로 접어들어 10분 남짓 가면 산책로와 가로수가 잘 단장된 명소, 솔밭공원⁵이다.

숙연한 걸음, 고마운 마음 __ 순례길▶흰구름길 입구 6~11

공원의 남쪽 모서리로 빠져 나와 둘레길 이정표를 따라 5분쯤 걷다 보면 주택가 도로를 지나 순례길⁶로 접어드는 등산로가 시작된다. 북한산 자락을 따라 걷는다고는 하지만 우이령 구간을 빼고는 대부분의 코스에 이처럼 딱딱한 포장도로와 등산복이 어색한 주택가 코스가 섞여 있기 때문에 사람에 따라 호불호가 엇갈릴 듯하다.

순례길로 접어들어 이정표를 따라 오르막을 오르고 나무계단과 흙길, 포장도로를 번갈아 지나 다시 등산로로 합류하면 얼마 뒤 국립 4.19 민주묘지가 내려다 보이는 전망대⁷가 나타난다. 4.19 묘지는 1960년 4.19 혁명 당시 이승만 정권의

쉬어가기 좋은 솔밭공원의 끝에서 주택가 쪽으로 접어든다.

5

독재에 목숨 바쳐 저항했던 199위의 영령이 잠들어 있는 곳으로 오늘날 대한민국 민주주의의 뿌리이자 성역으로 꼽힌다.

전망대에서 정릉방향으로 5~6분쯤 떨어진 보광사 입구에 독립운동가이자 교육자였던 강재 신숙 선생의 묘지가 있다. 선생의 묘 앞 삼거리[8]에서 왼쪽으로 3분쯤 더 걸어 정릉방향 이정표[9]를 따라 가다 보면 또 다른 묘지가 시야에 들어온다. 바로 독립투사이자 만인의 진정한 자유를 꿈꿨던 아나키스트 단주 유림 선

전망대에서 바라 본 4.19민주묘지.

Walking Tip | 둘레길 주택가를 걷는 자세

인수동과 정릉동, 평창동 등 북한산 자락에 자리 잡은 주택가를 수시로 드나들어야 하는 북한산 둘레길. 둘레길을 찾는 길손들에겐 이 같은 주택가 코스도 전체 둘레길 중 일부일 뿐이지만, 그곳에 사는 사람들에겐 소중한 일상을 영위하는 삶의 터전이자 안식처. 따라서 주택가 코스를 지날 때는 등산로나 공원 등으로 이뤄진 구간에서보다 세심한 주의와 배려하는 마음이 요구된다.

우선 걸을 때는 등산용 스틱 사용을 자제하고 발걸음 소리를 줄이도록 신경 쓴다. 일행과 대화를 하거나 전화를 할 때는 목소리를 낮추고 되도록 간단히 마무리하도록 한다. 싸온 밥이나 간식은 주택가를 벗어난 공원이나 쉼터에서 먹고, 특히 주택가에 함부로 쓰레기를 버리는 일은 절대 없도록 한다. 어디서나 마찬가지지만, 쓰레기는 꼭 되가져오거나 정해진 장소에 버려야 한다.

또한 대문이나 담장 너머를 침범하거나 기웃거리지 말고, 사진은 반드시 해당 주민의 허락을 받고 촬영하도록 한다. '주민들의 사생활을 절대 침해해서는 안 된다'는 얘기다. 언제나 그렇듯이 '입장 바꿔 생각하면' 해법은 간단하다.

▲ 북한산 둘레길이 생기면서 등산을 하지 않고도 여유롭게 북한산의 정취 속을 누빌 수 있게 됐다.
▼ 숲길 걷기의 묘미를 더해주는 구름다리는 1구간의 인기코스 중 하나다.

생이 영면해 있는 곳[10]이다.

계곡 물소리가 잔잔하게 들리는 유림 선생 묘소 앞에서 왼편 정릉방향으로 나있는 섶다리를 건넌다. 3~4분 걸어 아치문[11]을 지나 흰구름길로 접어들면 잘 정돈된 등산로와 조용한 주택가 도로를 오가는 산책 코스다. 통일교육원 앞 큰길로 빠져나오기 전 보이는 묘지에는 1907년 네덜란드 헤이그에서 열린 만국평화회의에 고종의 밀사로 파견되었으나 일본의 부당한 국권침탈을 세계에 알리려던 뜻을 이루지 못한 채 안타깝게 순국한 이준 열사가 잠들어 있다.

지금 누리는 자유와 평화, 그리고 소중하지만 늘 곁에 있어서 당연하게 생각했던 수많은 것들. 순례길을 걷다 보면 그 당연한 것들을 가능케 해준 주인공들의 뜨겁고 치열했던 삶을 마주하게 된다. 순례길에 접어들기 전 숙연한 마음가짐을 주문하는 팻말이 서 있는데, 이는 에티켓이라기보다는 도리의 문제다.

주택가, 있는 듯 없는 듯 걷기 _ 탐방안내센터 ▶ 정릉초등학교 12~20

등산로를 벗어나 큰길로 들어서면 왼쪽에 둘레길탐방안내센터[12]가 있다. 건물 안팎에 깨끗한 화장실이 마련되어 있고, 북한산 둘레길 지도와 기념품 등을 살 수 있다.

빨래골공원지킴터 주변 계곡은 땀을 식히려는 길손들 차지다.

안내센터를 나온 후에는 화계사 입구 이정표[13]를 따라 7~8분 전진한 후 도로와 인접한 삼거리[14]에서 오른쪽 가로수길로 방향을 잡으면 된다. 북한산 아래 자리 잡은 성북의 고급 빌라와 주택들 사이를 할 일 없는 사람처럼 거니는 기분이 묘하다.

4~5분 후 나타나는 이정표[15]에서 화계사 방향으로 그대로 10여 분 전진하면 바로 화계사 일주문[16]이다. 왼쪽으로 내려다보이는 희뿌연 서울 시내를 힐끗거리며 풀냄새 그윽한 북한산 흙길을 밟는 내내 '저 속에서 지금껏 어찌 살아왔나…' 하는 생각이 머

릿속을 맴돈다.

 이곳에서 빨래골 공원지킴터 쪽으로 7~8분 거리에 스카이 전망대[17]가 우뚝 솟아 있고, 5~6분 걸어 공원지킴터[18]를 지나 계속 전진하면 길 오른편 미향배드민턴장과 북한산 생태숲으로 이어진 솔샘길[19]이 나타난다. 솔샘길 방향으로 7~8분 떨어진 곳, 등산복 차림이 또다시 어색해지는 아파트 사이 정릉초등학교[20] 앞에서 북한산 둘레길 첫 여정을 마무리한다. 〈노진수〉

화계사

 고려 광종 때 법인대사 탄문(901~975)이 지금의 화계사 근처 부허동에 보덕암이란 암자를 지었다. 1522년 신월선사가 이를 부허동 남쪽의 화계동으로 옮겨 화계사라 이름 붙이고 새 단장했는데 1618년 화재로 소실되어 다시 짓고, 1866년 노후한 부분을 보수하는 등 여러 차례 중수를 거쳐 지금의 모습을 갖추었다. 세도정치로 왕권이 기울어져가던 무렵 흥선대원군이 무거운 마음으로 화계사를 찾았을 때 이곳 만인스님으로부터 "부친인 남연군 묘소를 가야사로 이장하라"는 귀띔을 받았고, 이후 아들 고종이 태어나 왕권을 다잡을 수 있었다는 얘기가 전해진다. 일제강점기였던 1933년에는 이희승, 최현배 등 조선어학회 소속 국어학자들이 일제의 감시를 피해 화계사에 모여 한글맞춤법 통일안을 집필하며 우리나라 최초의 국어사전인 우리말 대사전 편찬의 틀을 다지기도 했다.

교통편

 지하철 4호선 수유역 3번 출구에서 120번(차고지종점 하차), 153번 버스(우이동 도선사 입구 정류장 하차)를 이용한다. 4호선 쌍문역에서 내렸을 경우 2번 출구에서 101번, 130번을 타고 우이동 도선사 입구 정류장에서 내린다.
- 버스 : 101, 109, 120, 130, 151, 153, 1144, 1161, 1218번.
- 지하철 : 4호선 수유역 3번 출구, 4호선 쌍문역 2번 출구.
- 승용차 : 우이동 유원지 주변은 주차할 곳이 마땅치 않고 늘 혼잡한 편이므로 되도록 대중교통을 이용한다.

버스안내사이트 : 서울 topis.seoul.go.kr 경기 www.gbis.go.kr

02

2구간 _ 솔샘길~명상길~평창마을길

인생 닮은 길을 묵묵히 걷다

정릉에서 시작해 평창동 끝자락으로 이어지는 북한산 둘레길 2구간은
좋았다 싫어지기를 반복하는 우리 인생 같다. 숲을 지나면 큰길가가 나오기도 하고 고개를 넘으면
으리으리한 저택 옆이다. 요동치는 마음을 다스리는 것은 걷은 이의 몫이다.

| 추천 테마 | 아이들과 ★ | 연인끼리 ★★ | 여럿이 ★★★ | 숲 ★★ | 들 | 계곡 ★ | 강 | 바다 | 문화유적 | 봄 ★★ | 여름 ★★ | 가을 ★★★ | 겨울 ★★ | 난이도 조금 힘들어요 |

담쟁이넝쿨에 가을빛이 듬뿍 녹아들었다(12~13지점).

둘레길 코스가 바뀐 이유 __ 정릉초교▶삼거리 1~4

오르막 내리막이 있는 인생처럼, 걷기 좋은 길을 만나기 위해 그보다 힘든 길을 묵묵히 걸어가는 시간이 필요할 때가 있다. 북한산 둘레길 2구간은 바로 그런 인내의 시간을 요구한다. 북한산 숲길을 통과하기도 하지만 그에 못잖게 그늘 하나 없는 딱딱한 주택가 아스팔트길을 한참 걸어 다녀야 하기 때문이다. 좋게 말하면 자연과 도시가 조화된 구간이고 나쁘게 표현

◀ 북한산 자락을 깊숙이 파고 들어간 평창마을길. 전통 부촌을 끼고 도는 아스팔트길은 호불호가 엇갈리는 구간이다(10~11지점).
▼ 2구간 곳곳에서 만나는 산동네 풍경(12~13지점).

걷는거리	● 총 7.7km	출 발 점	● 성북구 정릉동 정릉초교
걷는시간	● 3시간 30분~4시간	종 착 점	● 종로구 구기동 버스정류장
난 이 도	● 조금 힘들어요	추천테마	● 숲, 마을길, 사계절

하면 등산복 차림이 수시로 어색해지는 코스다.

  그래서 단언컨대, 만약 도시생활에 찌든 탁한 영혼을 북한산의 피톤치드 샤워로 말끔히 씻어볼 요량이라면 지금 소개하는 코스는 피해야 한다. 까짓 거 신경 쓰지 않는' 호방한 대륙성 기질을 가졌거나, 북한산 둘레길 일주가 목표이거나, 으리으리한 평창동에 발 한번 담그고 싶다면 신발 끈 질끈 매고 나서면 된다. 다만, 둘레꾼들의 무신경+사생활 침해에 고생하는 우리 이웃을 위해 휴대폰은 진동모드로.

▶ 둘레길 개장 전에 코스가 수정되면서 걷기에 불편한 구간이 늘었다.
▼ 좁고 딱딱한 인도를 한참 걸어 만나는 명상길이 어지러운 마음을 달래준다.

북한산 둘레길 2구간의 첫 걸음은 정릉초등학교 뒤편[1] 근린체육공원에서 시작된다. 기구 위에서 운동에 열심인 주민들 사이를 초연히 걸어 둘레길 이정표를 따라가면 폭신한 조깅 트랙이 끝나고 산길 등산로[2]로 접어든다. 가파른 내리막 계단을 조심조심 내려가면 중앙하이츠아파트[3]가 눈앞에 나타난다.

애초 북한산 둘레길 기획안에 이 구간은 그대로 아파트 단지를 가로질러 보덕사로 이어진 산자락을 통과하도록 되어 있었지만 최종 개통되는 시점에서 큰길로 우회하도록 수정됐다. 둘레길이 정식 개방되기도 전에 몰려든 사람들 중 일부 몰지각한 이들이 고성방가와 쓰레기 투기 등으로 주민들의 분노를 산 탓이다.

지역민들의 탄원으로 수정된 코스는 아파트 앞 도로에서 왼쪽 내리막길로 걸어가 버스가 다니는 큰 도로[4]를 따라 북한산탐방안내소[5]가 있는 오른쪽으로 6~7분쯤 나아가도록 되어 있다. 원래도 썩 좋지는 않았던 코스가 큰 도로를 따라 우회하는 길로 바뀌면서 더욱 힘들어졌다. 그야말로 실망스러운 결과지만, 이 모든 게 산과 자연을 사랑한다면서 정작 주위 사람은 배려할 줄 모르는 길손들 탓이니 탐방안내소까지는 업보를 등에 진 심정으로 걷자. '내 탓이오'는 바로 이럴 때 곱씹어볼 말이다.

북한산 둘레길 2_솔샘길~명상길~평창마을길 29

그늘 한 점 없는 아스팔트길이 2km 넘게 이어진다.

명상길 지나 평창마을로 __ 북한산탐방안내소▶연화정사 5~11

버스가 쌩쌩 달리는 도로변 좁은 인도를 따라 5~6분쯤 걸어가면 북한산 탐방안내소가 나온다. 어떤 길이 눈앞에 나타나건, 좋고 싫음의 판단을 유보한 채 묵묵히 걷는 것이 걷기를 통해 깨달은 지혜 중 하나다. 그저 묵묵히 걷다보면 생각이 맑아지고 몸도 한결 가벼워진다. 안내소에서 필요한 지도나 안내책자를 미리미리 챙겨두고 구간을 통틀어 가장 청결하게 관리되는 화장실도 이용한다.

안내소를 나와 주차장을 지나면 광장 왼쪽에 산길로 이어진 오르막 계단6으로 진입한다. 이곳에서부터 '명상길'이 시작되는데 원래 '사색의 길'이었던 명칭이 바뀐 것이다. 열악한 구간을 지나온 후의 어지러운 마음을 명상을 통해 극복하고 위안을 얻으라는 의미인 건가.

계단은 중간쯤에서 흙길로 바뀌지만 가쁜 숨을 몰아쉬며 조

금 더 올라가면 내리막이다. 편리한 도시생활에서 숨이 찰 일은 좀처럼 없으므로 숨 가쁜 오르막도 즐거운 마음으로 걷는다. 주위에 펼쳐진 아름다운 북한산 풍경이 충분한 보상이다.

내리막을 내려오다 만나는 작은 삼거리[7]에서 우회전하면 오른편에 화장실이 있는 조금 넓은 길[8]이 나오고 그곳에서 왼쪽길로 들어선다. 얼마 후 삼거리[9]에서 다시 오른쪽으로 진입하면 임도 느낌의 길이 산길 내리막으로 이어지다 주택가 아스팔트 도로로 접어든다. 이곳이 형제봉입구삼거리[10]다. 오른쪽으로 뻗은 오르막 도로가 바로 평창마을길의 초입으로, 오르막을 지난 후 연화정사[11] 앞에서 왼편 내리막 주택가 포장길로 발걸음을 옮긴다.

평창동 집집마다 골목마다 넘쳐나는 CCTV.

'묵언수행' 끝에 보는 시원한 전망 __ 평창공원지킴터▶버스정류장 [12~16]

도로를 따라 번듯한 단독주택들이 가지런히 이어진다. 강북의 '전통부촌' 평창마을길 입구에는 '제발' 조용히 지날 것을 당부하는 팻말이 붙어있다. 아름답

14
전망대에 오르면 평창동 끝단을 병풍처럼 둘러싼 북한산의 장관을 볼 수 있다.

기도 위압적이기도 한 이런저런 저택 앞을 지나다보면, 그런 당부 없이도 수다를 떨고 싶은 생각이 사라진다. 산길에서 편안했던 마음도 온데간데없다. 북한산 자락의 말끔한 주택가 도로를 걷는 일은 누군가에게 설렘이거나 아무렇지 않은 일이겠지만 어떤 이에겐 고역일 수 있겠다. 그늘도 흙길도 없는 건조한 아스팔트길을 10분 정도 걸어가면 평창공원지킴터**12**가 나오고 왼쪽의 차가운 돌담을 끼고 15분쯤 내리막을 지나면 청량사**13** 앞 쉼터다.

쉼터에 앉아 잠깐 숨을 돌린 뒤 100m 정도 더 내려가면 이정표와 함께 오른편 산길로 들어가는 가파른 오르막으로 접어든다. 바로 전망대**14**로 향하는 길이다. 거리상으론 600m 남짓이지만 오르막 산길을 힘겹게 올라가니 전망대까지 15분쯤 걸린다. 탁 트인 전망대에 오르자 아직 따가운 가을 햇살 사이로 서늘한 북서

풍이 온몸의 땀을 개운하게 식혀준다. 전망대에선 멀리 비봉과 향로봉, 수리봉 아래 이북5도청사를 중심으로 평창동의 서쪽 끝자락이 펼쳐진다.

전망대를 지나 남서쪽 사면을 타고 올라오는 더운 바람을 맞으며 능선을 따라 내려간다. 비좁은 산길 내리막이 이어지다 주차장[15] 50~60m 앞에서 넓은 임도로 바뀐다. 다시 주택가가 시작되는 주차장에서 오른쪽 샛길로 빠져 텃밭과 허름한 여염집이 자리 잡고 있는 비탈을 4~5분 내려가면 종착점인 구기동 버스정류장[16]이다. 〈노진수〉

맛집 | 그때 그 민속집

국산 콩으로 빚은 두부와 콩 요리 전문점이다. 식당에 들어서는 순간 구수한 청국장 향기가 식욕을 돋운다. 순두부와 두부, 콩비지, 된장찌개 역시 국산 콩으로 만들어 믿을 수 있다. 뚝배기에 따끈하게 끓여낸 청국장과 순두부찌개는 이 식당에서 제일 인기 있는 점심 메뉴다. 해조류와 채소로 구색을 차린 정갈한 반찬과 담백한 숭늉 한 그릇은 덤. 콩 요리 전문점이지만 간장게장정식과 홍어삼합도 꽤 맛깔나게 차려내 찾는 이가 많다. 탁주 한 사발에 두부버섯전골을 곁들이면 산행에서 쌓인 피로가 싹 가신다.

☎ (02)379-4897 ⏰ 10:30~23:00 🅿 가능 ₩ 두부버섯전골 2만~3만5천 원, 홍어삼합 3만~5만 원, 간장게장정식 3만2천 원 🅰 종로구 신영동 11-1

교통편

지하철 4호선 길음역 3번 출구에서 1114번 버스를 타거나, 4호선 성신여대입구역 6번 출구에서 1014번 버스를 타고 성북생태체험관 정류장에서 하차한다.
- 버스 : 1014, 1114번.
- 지하철 : 4호선 길음역 3번 출구, 4호선 성신여대입구역 6번 출구.
- 승용차 : 성북생태체험관 근처에는 주차할 곳이 마땅치 않으므로 되도록 대중교통을 이용하도록 한다.

버스안내사이트 : 서울 topis.seoul.go.kr 경기 www.gbis.go.kr

03

3구간 _ 옛성길~구름정원길~마실길

넉넉한 품 지닌 그 산과 친구하다

걷는 동안 넓고 넓은 북한산이 품에 들어온다.
풍경에 취해 걷는 것이 이루 말할 수 없이 즐겁고 공원에서 마시는 약수 한 사발도 소중하다.
등정이 아닌 수평으로 이어지는 둘레길의 뜻을 이곳에서 알 수 있다.

추천 테마	아이들과	연인끼리	여럿이	숲	들	계곡	강	바다	문화유적	봄	여름	가을	겨울	난이도
	★★	★	★★	★★		★				★★	★★	★★★	★★	무난해쓰

빠르게 북상한 '걷기 열풍' __ 구기터널 입구 ▶ 옛성길 1~5

평창마을길을 둘러본 며칠 뒤, 이어 걷기 위해 다시 북한산을 찾았다. 인터넷에는 벌써 북한산 둘레길 전 코스를 다녀 온 이들의 후기가 블로그며 카페에 올랐다. 우이지구 소나무숲길에서 만난 한 여행객은 "다음에는 아이와 함께 전체 구간을 다 걸을 생각"이라며 북한산 둘레길에 깊은 애정을 보였다. 제주에서 불기 시작한 걷기 열풍이 지리산을 거쳐 북한산까지 북상해 있었다.

평창마을길을 지나 옛성길로 향한다. 평창마을을 내려오면 구기터널 못 미쳐 큰 도로와 만난다. 옛성길로 가기 위해 도로변에 있는 버스정류장1에서 음식점

▲ 이름 그대로 이웃에 놀러가듯 편하게 걸을 수 있는 마실길(14~15지점).

◀ 구름정원길로 들어서기 전에 만나는 북한산생태공원. 족두리봉이 시원스레 바라보인다(5~6지점).

걷는거리	● 총 9.2km	출 발 점	● 종로구 구기동 구기터널 입구 버스정류장
걷는시간	● 4시간~4시간 30분	종 착 점	● 은평구 진관동 입곡삼거리 버스정류장
난 이 도	● 무난해요	추천테마	● 숲, 사계절

  이 즐비한 구기터널 방향 로터리를 지난다. 전봇대에 붙어 있는 둘레길 이정표를 따라 포장길로 오르면 숲길이 이어진다. 옛성길 시작점[2] 이다.

  짙은 흑갈색 길을 밟으며 북한산 둘레길에서 유일하게 만나는 성곽문, 탕춘대성 암문[3]으로 오른다. 탕춘대성(蕩春臺城)은 방어 목적으로 도성과 북한산성을 연결해 만든 성으로, 병자호란 이후 북한산성을 재축성하면서 함께 지었다.

  암문을 통과해서 '장미공원 2.0㎞' 이정표 방향인 완만한 내리막길로 걸어가면 서울시에서 선정한 조망명소[4]가 나온다. 이곳에서는 족두리봉·향로봉·비봉·사모바위·나한봉·문수봉·보현봉 등 북한산의 내로라하는 봉우리들이 나란한 진풍경을 볼 수 있다.

조망명소에서 20분쯤 내려가면 거북약수터가 있는 장미공원[5]이다. 시원한 약수로 목을 축인 후 건널목을 건너 북한산생태공원(불광근린공원)으로 향한다. 정면으로 흰 속살을 드러낸 봉우리가 푸른 하늘 아래 선명하다. 족두리를 닮았다고 해서 이름 붙은 족두리봉이다. 그러고 보니 전체적인 산의 모양새도 족두리를 쓰고 다소곳이 앉아 있는 신부 같다.

길 오른쪽으로 구기터널 반대쪽 입구가 보인다. 구기터널 입구에서 시작해 반대쪽으로 내려왔으니 터널 위를 돌아온 셈이다. 길은 공원 입구에서 왼쪽 아파트 단지 옆으로 이어진다. 제법 가파른 오르막이라 힘들지만 북한산 둘레길의 하이라이트인 구름정원길이 기다리고 있다는 생각에 성큼성큼 걸음을 옮긴다.

누구나 첫손에 꼽는 멋진 길 _ 구름정원길▶마실길 6~15

구름정원길은 하늘에서 바라보는 것처럼 멋진 풍광이 펼쳐진다고 해서 붙은 이름이다. 북한산 둘레길을 완주한 이들 중 대다수가 이 길을 최고로 친다. 초입[6]에서 출발한 지 5분 만에 그 이유를 알게 됐다.

전망대[7]에 오르자 북한산의 웅장한 자태가 병풍을 두른 가운데 서울 도심 풍광이 한눈에 들어온다. 순간 가슴이 뻥 뚫리는 기분. 성냥갑처럼 늘어선 건물들도 멀리서 보니 조형미가 제법이다. 깨끗한 하늘을 이고 선 북한산이 그 넓은 품으로 세상을 끌어안고 있다.

탕춘대성 암문은 북한산 둘레길에서 유일하게 만나는 성곽문이다.

14~15

"전망도 좋지만 구름다리를 지날 때는 하늘 위를 걷는 기분이죠. 여기서 조금 더 가서 기자촌 전망대에 오르면 북한산 줄기도 기막히게 보입니다."

북한산 둘레길 중 구름정원길이 가장 좋아서 세 차례나 왔다는 한 여행객의 말이다. 그의 말대로, 산사면 위로 곧게 놓인 구름다리는 하늘 길처럼 짜릿하다. 주위 풍경이 워낙 시원해 기분이 상쾌해진다.

잠시 후 독바위역으로 가는 길과 나뉘는 삼거리[8]에서는 오른쪽 산길을 따라 내려간다. 얼마 지나지 않아 나오는 마을길을 통과한 후 불광중학교 후문[9]에 도

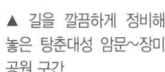

▲ 길을 깔끔하게 정비해 놓은 탕춘대성 암문~장미공원 구간.
◀ 마실길은 30분이면 걸을 만큼 짧지만 한적한 숲길을 만날 수 있는 게 매력이다.
▶ 구름정원길 전망대에서 바라본 서울 시내.

전망대를 지나 산사면에 놓인 구름다리를 지날 때는 하늘을 걷는 듯 짜릿하다.

착해 오른쪽 숲길로 들어선다. 길도 풍경도 호젓한 오솔길이다.

참나무 그늘 드리운 오솔길을 20분쯤 걸어 포장길과 만나는 삼거리에서 둘레길 화살표는 폭포동 힐스테이트 아파트 단지를 가리킨다. 단지 뒤편으로 돌아가 선림사 앞 삼거리[10]에서 울창한 소나무들이 심어진 공원으로 들어선다. 5분쯤

Walking Tip

북한산 둘레길에서 '북한산 구간'은 우이지구, 수유지구, 정릉지구, 구기지구, 산성지구, 송추지구까지 총 여섯 지구로 나뉜다. 그중에서 구기지구와 산성지구에 걸쳐 있는 옛성길~구름정원길~마실길은 북한산 둘레길에서 유일하게 성곽문을 통과하는 길이며 가장 빼어난 경치를 볼 수 있는 구간이다. 특히 구름정원길에서 만나는 전망대와 구름다리에서는 병풍처럼 두른 북한산의 위용과 서울 도심 풍경을 한눈에 볼 수 있다.

북한산 둘레길의 특징은 접근이 편리하다는 점이다. 옛성길의 시작점인 구기터널 입구는 길음역에서 출발하는 버스들이 많이 지나다닌다. 옛성길 끝지점(구름정원길 시작점)인 북한산생태공원(불광근린공원)에서는 불광역까지 10분이면 걸어갈 수 있다. 구름정원길 끝지점(마실길 시작점)인 진관사 입구 생태다리에서는 7211번 버스를 타고 구파발역이나 불광역으로 갈 수 있다.

구간별 거리와 소요시간은 다음과 같다. 옛성길은 2.5km(이하 GPS 실측 기준)로 1시간 30분, 구름정원길은 5.1km로 2시간 30분, 마실길은 0.9km로 30분.

걸어 더위를 식히기 좋은 계곡을 지나니 다시 숲길이다. 곧이어 북한산 봉우리들의 빼어난 절경을 볼 수 있는 기자촌 전망대[11]다.

전망대 왼쪽으로 기자촌이 내려다보인다. 기자촌은 60년대 말 언론인들이 북한산 자락의 국유지를 매입해 조성한 마을이다. 이곳에는 우스운 일화가 전해진다. 당시 서울시에서 무주택 언론인에게 집을 마련해준다며 후보지를 안내했다고 한다. 처음 추천한 곳은 강남이었는데 현장을 방문했던 기자들이 어떻게 이런 곳에서 살라는 거냐며 불같이 화를 냈다고 한다. 당시 강남은 개발되기 전이라 서울의 여느 변두리와 마찬가지였다. 다시 진관동으로 데려와 이곳이 어떠냐고 물었더니 기자들이 아주 좋아했다고 한다. 지금 생각해보면 땅을 치고 후회할 일이겠지만 말이다.

한때 기자촌에는 언론인 500여 명이 살았다고 한다. 하지만 40여 년 세월의 피로가 고스란히 쌓인 듯한 지금의 모습으로 봐선 언론인은커녕 일반인들도 몇 살지 않을 것 같다. 또한 은평뉴타운 개발 지역에 포함됐다고 하니 조만간 기자촌이란 이름도 사라질지 모르겠다.

향로봉 가는 길과 나뉘는 삼거리[12]에서 왼쪽 진관사 입구 방향 이정표를 따

▶ 마실길에서 내시묘역길 가는 길에 만나는 삼천사계곡.
▼ 성종의 아들인 영산군과 두 부인의 묘역이 구름정원길 끝자락에 있다.

른다. 터벅터벅 걷기 좋은 흙길을 따라 내려가면 새롭게 놓은 굴다리[13]가 있다. 일대에 아파트 공사가 한창이어서 다소 산만한 도로 옆 인도를 따라 걷는다. 진관사 가는 길과 나뉘는 생태다리 입구에 도착하면 짙푸른 하늘과 절경이 좋았던 구름정원길이 막을 내리고 마실길로 이어진다[14]. 길 옆 언덕에는 성종의 아들인 영산군과 그의 두 부인이 잠든 묘역이 있다.

이름 그대로 이웃에 놀러가듯 걸으면 어울리는 마실길은 북한산 둘레길 코스 중에서 가장 짧다. 놀러가는 데 서두를 일 있나. 느릿느릿 걷는 길에 콧노래가 절로 나온다.

삼천사 가는 길과 나뉘는 삼거리에서 왼쪽을 택해 (구)삼천교 다리를 건너면 도로 옆 인도를 걷게 된다. 차가 달리는 도로변이어서 조금 위험하고 시끄럽지만 곧이어 나오는 삼거리에서 오른쪽 길을 택하면 다시 한적한 숲길이다. 이곳에서 북한산 둘레길의 열째 코스인 내시묘역길[15]이 시작된다.

기자촌 전망대에서 바라본 북한산 바위봉우리들.

걷기 열풍 이전의 북한산도 인기는 높았다. 연간 수백만 명의 등산객이 이곳을 찾았다. 방문객들이 늘수록 새로운 샛길이 생겨나 실핏줄처럼 산을 뒤덮었다. 발길이 닿지 않은 구역을 찾아보기 힘들 정도였다. 수려한 북한산은, 그러나 노동의 피로를 견디지 못하고 주말이면 어김없이 앓아눕는 중년 같았다.

둘레길이 생긴 지금, 북한산의 샛길을 괴롭히지 않으면서도 그 너른 품을 가슴에 담을 수 있어 좋다. 등정의 부담을 벗고 수평으로, 사람과 자연이 함께 어울리며 걷는 그 길이 좋다. 〈김성중〉

맛집 | 지미 知味

불광역에 위치한 불광동 먹자골목은 북한산 산행을 마치고 내려온 등산객들의 모임이 잦은 곳이다. 근래에는 북한산 둘레길을 걷는 뚜벅이들도 가세해 저녁이면 항상 사람들로 북적인다. 먹자골목에는 대중매체에 이미 소개된 맛집들이 즐비한데, 그중 하나가 중화요리 전문점 '지미(知味)'다. 음식이 맛있고 인테리어가 깔끔해 찾는 이가 많다.

주요 메뉴는 여느 중화요리집과 비슷하다. 삼선짬뽕은 구수하면서 담백한 육수가 일품이고 탱탱한 새우가 든 볶음밥도 맛있다. 이밖에 식사류, 요리류, 면류 등 50여 가지 메뉴가 준비된다.

ⓒ(02)389-5591 ⓣ11:00~21:00(연중무휴) ⓟ가능 ⓦ자장면 5천 원, 삼선짬뽕 8천 원, 삼선볶음밥 7천 원, 탕수육(대) 2만8천 원 ⓐ서울시 은평구 불광1동 605-1(먹자골목 내)

교통편

길음역 3번 출구 앞에서 버스를 탄 후 구기터널 입구 정류장에 하차하면 옛성길로 갈 수 있다. 마실길에서 돌아갈 때는 은평구 진관동 입곡삼거리 정류장에서 불광역이나 구파발역으로 가는 버스를 이용한다.

■버스 : 옛성길 7022, 7211, 7212번(구기터널 입구), 마실길 7211번(입곡삼거리).
■지하철 : 4호선 길음역 3번 출구.
버스안내사이트 : 서울 topis.seoul.go.kr 경기 www.gbis.go.kr

04 북한산 둘레길

4구간 _ 내시묘역길~효자길~충의길

세월과 바람이 들려주는 옛이야기

이 길에는 조선왕조의 흔적과 옛 남녀의 사랑이야기가 곳곳에 남아 있다.
날카롭게 또는 부드럽게 짙은 숲으로 스며드는 햇살에 걸음을 멈추기도 한다. 짧지 않은
포장도로가 지겹기도 하지만 기다리고 있을, 더 아름다운 길을 생각하며 힘을 낸다.

| 추천
테마 | 아이들과
★ | 연인끼리
★★ | 여럿이
★★ | 숲
★★ | 들 | 계곡 | 강 | 바다 | 문화유적
★★ | 봄
★★ | 여름
★★ | 가을
★★★ | 겨울
★★ | 난이도
무난해요 |

여기소, 너의 사랑이 잠긴 못 _ 내시묘역길 1~5

설렁설렁 걷기 좋은 마실길을 지나 내시묘역길로 들어선다[1]. 조선 역사의 뒤편에 선 내시들의 묘소가 있다는 길이다. 조경농장 사이로 논두렁처럼 폭신폭신한 흙길이 이어진다. 언젠가는 옮겨져 어느 정원이나 길가에 뿌리내릴 나무들이 윤기 자르르 흐르는 잎을 흔들고 있다. 이삭을 주워 먹다가 인기척에 놀란 꿩의 날갯짓 소리, 찌르르 풀벌레 소리. 행정구역상 서울이 맞는데 전혀 서울 같지 않은 풍경이 신기하다.

숲길을 잠시 걷다 보면 마을 어귀에 닿는다. 여기소(汝其沼) 마을이다. 마을 입구 여기소 경로당[2] 앞에는 마을 이름의 유래를 적어 놓은 조그만 비석이 하나 서 있다. 조선 숙종 때 북한산성 축성에 동원된 연인을 만나러 먼 시골에서 올라온 기생이 결국 뜻을

◀ 내시묘역길의 울창한 숲을 지나는 둘레꾼들(3~4지점).

▶ 슬픈 사랑이야기의 무대 여기소 마을. 정면에 우뚝 솟은 봉우리가 의상봉이다(2~3지점).

걷는거리	총 8.8km	출 발 점	서울시 은평구 진관동 입곡삼거리 버스정류장
걷는시간	4시간~4시간 30분	종 착 점	경기도 양주시 장흥면 우이령길 입구
난 이 도	무난해요	추천테마	숲, 사계절

이루지 못하게 되자 연못에 몸을 던졌다는 전설에서 '너의 그 사랑이 잠긴 못'이라 하여 붙은 이름이라고 한다. 그 연못이 어디쯤 있나 궁금해 평상에 앉아 계신 어르신께 물었다.

"나도 몰라. 30년 동안 이곳에 살았는데 본 적이 없어."

무뚝뚝한 어르신의 말씀. 조금 머쓱해져 혼자 이리저리 찾아본다. 그런데 북한산에서 흘러내려온 계곡만 보일 뿐 연못이라 부를 만한 게 안 보인다. 알고 보니 조선시대에 벌써 이 일대에 집이 들어서면서 연못이 없어졌다고 한다.

마을 안으로 들어서니 정면으로 신라시대 의상대사가 참선했다는 의상봉이 긴 그림자를 드리우고 있다. 오랜 세월 우뚝 서서 지켜봤을 저 북한산 봉우리도 그들의 서글픈 사랑을 알고 있을까. 의상대사는 그녀의 원혼을 달래 주었을까.

"으르르, 멍멍~"

마당에 널브러져 일광욕 삼매경이던 개들이 일제히 짖기 시작한다. 쉬지 않고 따라다니던 개 짖는 소리가 마을길을 벗어나면서 간신히 잦아든다. 이제 조용한 숲길이다.

내시묘역길의 사유지 앞에서 왼쪽 장미아치를 통과한다[3]. 이곳 사유지 안에 내시들의 묘소가 모여 있는데, 후손들이 개방을 원하지 않아 들어갈 수 없다. 길 이름은 '내시묘역길'이면서도 정작 그들의 묘를 전혀 볼 수 없는 이유다. 길가에 드문드문 있는 묘소들은 내시묘가 아니고 무명묘이거나 후손이 관리하는 조상묘들이다.

길은 사유지 외곽 철제 펜스를 따라 이어진다. 깊숙한 산속에서도 담장 하나로 영역을 나누니 기분이 묘하다. 북한산 둘레길은 관계자들이 많은 애를 먹고 조성한 길이라고 한다. 국립공원 경계를 따라 잇다보니 어쩔 수 없이 사유지와 길이 만

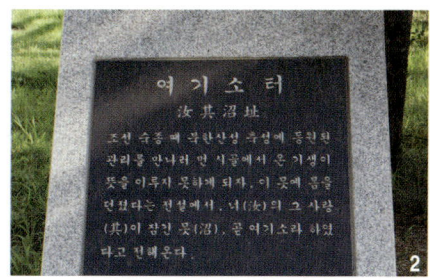

▲ 여기소 경로당 앞에 마을 이름의 유래가 적힌 비석이 서 있다.
◀ 조선시대 내시들의 묘역이 있는 내시묘역길 초입.

4~5 ◀ 잘 가꾼 조경수들 사이로 걷기 좋은 흙길이 나 있다.
▼ 효자길에 들어서면 마을 유래와 연관이 깊은 효자 박태성의 정려비를 볼 수 있다.

7

났다. 전체 구간 중 약 40%가 사유지라고 하니 코스를 만들기가 쉽지 않았을 것이다. 그래서인지 '왜 길이 이렇게 이어지지?' 하거나 '저쪽으로 연결되었으면 좋았을 텐데' 생각했던 구간이 적지 않았다. 길을 만든 이들의 노고를 생각하면 그런저런 길도 고맙지만 말이다.

　철제 펜스만 없다면 더 고울 길이다. 나뭇잎이 수북이 쌓여 걷는 내내 푹신푹신하다. 울창한 나무 사이사이 짙은 그늘과 부드러운 햇살이 숨바꼭질 중이다. 북한산성 입구에 다다를 때까지 한참을 보삭보삭 낙엽 밟는 소리와 함께 걸었다.

　북한산성 입구는 우이동과 정릉동 등산로 입구와 함께 가장 많은 등산객들이 북적이는 산행 기점이다. 길은 북한산성 입구에서 탐방안내센터4를 지나 포장된 등산로를 잠시 따른다. 아웃도어 매장을 지나자마자 왼쪽으로 돌아가면 북한산성계곡에 놓인 구름다리를 볼 수 있다. 북한산의 원효봉과 만경대가 시원스레 조

북한산성계곡을 가로지르는 구름다리. 아름드리나무 뒤로 원효봉을 비롯한 북한산의 봉우리들이 시원하게 펼쳐진다.

조경수농장의 나무들과 막(?) 자란 나무들. 재미있는 대비를 보여주는 내시묘역길.

망되는 징검다리를 건너면 소나무와 당단풍, 참나무 등이 빼곡한 숲길로 들어서게 된다.

숲길을 걷다보면 오른쪽으로 8기(基)쯤 되는 전주이씨묘역이 나온다. 잠시 후 너른 들판을 통과하며 원효봉 가는 길과 만난다5. 직진해서 조경수가 심어진 농원과 마을을 지나 도로와 만나는 삼거리에 이르면 내시묘역길이 끝나고 효자길이 이어진다.

효심처럼 고운 숲길 __ 효자길▶충의길▶우이령 입구 6~12

효자길 시작점6에서 20분쯤 포장된 인도를 걸어야 한다. 지루한 포장도로가 끝나면 음식점이 몇 개 보이는 버스정류장이 나오고 그곳에서 숲길로 들어선다. 길옆으로 커다란 비석 하나가 서 있는데 마을 유래와 연관이 깊은 효자 박태성 정려비(효자비)7다.

박태성 정려비를 지나면 울창한 숲이 이어진다.

Walking Tip

　내시묘역길~효자길~충의길 구간은 북한산에 얽힌 역사와 전설을 들으며 걷는 길이다. 산성지구에 속해 있는 내시묘역길과 효자길에서는 조선왕조를 보좌했던 내시들의 삶을 떠올려볼 수 있고, 마을에 전해지는 구슬픈 사랑이야기와 효성 깊은 박태성 이야기도 들을 수 있다. 송추지구 충의길은 가로수를 따라 벚꽃이 심어져 있어 봄 시즌에 찾으면 좋다.

　내시묘역길~효자길~충의길 구간은 총 8.8km(이하 GPS 측정 기준)로 4시간 정도 걸린다. 구간별로는 내시묘역길이 3.3km로 1시간 30분, 효자길이 2.8km로 1시간, 충의길이 3.3km로 1시간 30분 정도다.

조선시대 관리였던 박태성은 품성이 온화하고 효성이 지극했다. 부친이 세상을 떠나자 이곳 신도읍 효자리에 모셨는데 서울 효자동에 살면서 매일 새벽마다 부친의 묘소를 참배했다. 비가 오나 눈이 오나 3년을 하루같이 다녔는데, 길에서 만난 인왕산 호랑이가 그의 지극한 효심에 감동하여 그를 등에 태우고 다녔다는 얘기다. 그의 효행은 조정에까지 알려져 조선 고종 30년 이곳에 효자비를 세우고 포상했다고 전한다.

박태성의 효심처럼 곱디고운 숲길에 발걸음이 가볍다. 백운대 가는 길과 나뉘는 삼거리에서 11시 방향으로 들어서면 밤골공원지킴터[8]가 나온다. 공원지킴터를 끼고 돌아 동글동글한 계곡 바위들을 밟고 건넌 후, 숲 보호를 위해 설치한 철제 펜스 옆길을 잠시 따른다. '사기막골 0.9㎞' 이정표 방향으로 걸어가다가 철제 펜스 사이로 난 철문을 통과해서 넓은 흙길[9]로 들어서면, 사기막골의 청정 계곡과 만난다. 낙수 소리 들으며 내려가다가 사기막골지킴터를 지나면 잠시

▲ 충의길 끝자락에서 만나는 조각품.
▶ 초록 기운이 내내 함께하는 북한산 둘레길의 늦여름. 잠시 날이 궂었지만 둘레꾼들의 발길에 여유로움이 묻어난다.

후 도로가 나온다. 여기서부터 충의길이 이어진다[10].

　송추지구 충의길은 북한산 둘레길에서 가장 아쉬운 구간이다. 우이령 입구까지 도로 옆 인도를 계속 걸어야 해서 이른바 '걷는 맛'이 떨어진다. 조금 심하게 표현하자면 자동차가 길동무인 길이다. 충의길이란 이름에서 연상되듯이 주변에 군부대와 예비군훈련장이 많다. 사유지도 걸림돌이어서 도로를 따라 걷는 것은 어쩔 수가 없다. 그러나 이어지는 아름다운 코스를 위한 준비운동 단계쯤으로 생각한다면 굳이 불평할 것도 없다.

　솔고개[11]를 넘으면 우이령길 입구[12]다. '오봉산 석굴암'이라는 이정표가 가리키는 방향이 우이령 가는 길이다. 우이령은 한동안 출입이 금지되다가 2009년 개통되면서 많은 탐방객들이 찾고 있다.

　충의길의 끝은 그렇게 아름다운 길의 시작이다. 우이령길이 열려 있고 북한산 둘레길의 최신작인 도봉산 구간도 기다린다. 〈김성중〉

교통편

　은평구 진관동 입곡삼거리 버스정류장에서 5분쯤 걸으면 내시묘역길 입구로 갈 수 있다. 효자길까지 걷고 마무리할 경우 송추IC로 이어지는 39번 국도변 사기막골  정류장에서 버스를 타면 지하철 3호선 구파발역으로 갈 수 있다. 충의길 끝지점(우이령길 입구)에서 돌아갈 경우에도 같은 버스를 이용하면 된다.

■버스 : 내시묘역길 7211번(입곡삼거리), 효자길 34, 704번(효자리), 충의길 34, 704번(사기막골 입구, 우이령 입구).
■지하철 : 3호선 구파발역 4번 출구.
버스안내사이트 : 서울 topis.seoul.go.kr　경기 www.gbis.go.kr

05 북한산 둘레길

5구간 _ 우이령길

41년간 숨겨둔 선물

2009년 여름 41년 만에 개방된 우이령길이다. 1·21 사태의 현장으로, 미군이 닦고 한국 정부가 다듬은 길을 북한 청년 31명이 헐떡이며 지나갔다. 다섯 총각이 원님의 딸을 차지하려던 치열한 로맨스의 무대이기도 하다. 이제 이 길은 느긋한 길손의 차지다.

추천테마	아이들과	연인끼리	여럿이	숲	들	계곡	강	바다	문화유적	봄	여름	가을	겨울	난이도
	★★★	★★★	★★★	★★		★			★★	★★	★★★	★★★	★★	쉬워요

냉전시대의 현장에 들어서다 __ 우이령 입구 ▶ 전망대 1~8

"박정희 목 따러 왔수다."

남한에 왜 왔냐는 기자들의 질문에 당시 스물일곱의 청년은 투박한 북쪽 말투로 담담히 대답했다. 말 한마디로 온 국민을 경악시킨 이 인물이 바로 1968년 1·21 사태 때 유일하게 생포된 김신조 씨다. 붙잡힌 김 씨를 제외한 스물여덟 명이 사살됐고 달아난 두 명은 북으로 돌아가 '인민의 영웅'이 되었다던가. 이 사건으로 그들이 지나왔던 우이령길은 전경대와 군부대가 들어서며 폐쇄되었고, 남한 정부는 그에 대한 보복으로 영화 '실미도'의 소재가 된 684부대를 창설하기에 이른다.

이후 김 씨는 당국의 설득과 배려로 사상 전향 후 한국으로 국적을 바꿨고, 70세 가까운 지금까지 기독교 목회와 안보강연을 병행하며 바쁜 나날을 보내고 있다. 강연 후 "김 선생 때문에 그때 얼마나 고생한 줄 아십니까?"라며 원망 반, 농담 반 인사를 건네는 사람들도 모두 백발이 되었다.

◀ 우이령길은 누구나 가벼운 옷차림으로 편하게 걸을 수 있다(6~7지점).
▼ 길가 숲속에 숨어있는 미군 공병대의 초라한 개통 기념비(13지점).

지나간 세월만큼이나 시대는 바뀌었고 2009년 여름, 41년 만에 경기도 양주 교현리와 서울 우이동을 잇는 우이령길이 다시 열렸다. 하지만 길이 개방된 지금도 아무나 불쑥 찾아가 걸을 수는 없다. 교현과 우이동 쪽에서 하루에 각각 500명만 입장할 수 있기 때문에 우이령길을 걷기 위해서는 최소 전날 오후 5시까지 예약을 마쳐야 한다. 평일에는 예약에 여유가 있는 편이지만 주말과 공휴일은 일찌감치 마감되므로 미리미리 서두르는 게 좋다. 일반인은 인터넷으로만 예약할 수 있고, 65세 이상 노인과 장애인, 외국인은 전화로도 가능하다.

군부대의 경고 표지에서 우이령길 주변에 감도는 긴장이 느껴진다.

　우이령길은 북한산 둘레길의 한 토막으로, 시계방향으로 돌아가는 코스 구성상 자연스레 이어질 수 있도록 교현에서 우이동 쪽으로 방향을 잡았다. 우이령길로 들어서는 출발점은 우이령 입구 버스 정류장[1]이다. 3호선 구파발역 1번 출구 앞 정류장에서 34번이나 704번을 타면 우이령 입구까지 30분쯤 걸린다. 정류장 표지에는 '우이령 입구'로 쓰여 있지만 버스 안내 방송은 '오봉산 석굴암 입구'로 나온다. 우이령길 중간에 석굴암으로 이어진 길이 나오므로 사실상 같은 의미다.
　버스에서 내려 편의점이 보이는 왼쪽으로 100m쯤 걸어가면 오른쪽으로 이어진 널찍한 아스팔트 진입로[2]가 우이령 가는 길이다. 200m쯤 더 가면 왼쪽에 오봉

원님의 딸을 두고 힘자랑을 했다는 오봉. 옛사람들의 상상력이 기발하다.

7~8 우이령길에서 하지 않아도 될 걱정 중 하나가 바로 '길 잃을 염려'다.

길가 배수로에는 산에서 내려온 맑은 물이 흐른다.

아파트와 오른쪽에 쌍용사가 보이고 얼마 안 가 오른편의 독수리사격장 정문4을 지난다.

조금 더 걷다보면 안내 전광판이 반짝이는 교현탐방지원센터5가 시야에 들어온다. 지원센터에는 코스안내도와 함께 작은 문고가 마련되어 있어 누구나 우이령길을 걸으며 독서를 즐길 수 있다. 책은 우이령 탐방로가 끝나는 반대편 지원센터에 반납하면 된다.

탐방지원센터에서 간단한 예약확인을 거친 후 큰 길에 있는 군부대 초소6를 지나면 두꺼운 아스팔트와 보도블록이 벗겨지며 땅의 맨살이 드러난다. 비포장 흙길은 오른쪽으로 꺾어지며 나지막한 오르막으로 이어지는데 200m쯤 올라가면 아까시나무 군락을 끼고 다시 왼쪽으로 휘어진다.

계곡 물소리가 가까워지기 시작할 때쯤 담장이 끝나고 수풀이 옅어지면서 길 왼편 계곡을 따라 흐르는 물줄기가 시야에 들어온다. 졸졸거리는 물소리에 파묻혀 걷다보면 10m 정도 길이의 낡은 콘크리트 다리7가 나타난다. 1978년 만들어진 다리는 표면의 시멘트가 비와 바람에 씻겨나가 모래알갱이가 묻어나온다. 필자보다 어린데 겉모습은 아버지뻘이다.

다리를 지나 15분쯤 더 가면 왼쪽에 보이는 것이 바로 오봉을 감상하기 위한 전망대8다. 전망대에 설치된 안내판에 따르면 고을 원님의 딸을 차지하기 위해

Walking Tip | 우이령 탐방로 예약

인터넷 예약 – www.knps.or.kr 국립공원관리공단
전화 예약 – 우이동 출발 : 우이탐방지원센터 (02) 998-8365
　　　　　　교현(송추) 출발 : 교현탐방지원센터 (031) 855-6559
※ 전화예약은 65세 이상 노인 및 장애인, 외국인만 가능.
입장시 준비물 – 신분증. 인터넷 예약은 예약확인증. 전화 예약은 예약확인번호.
탐방로 입장시간 – 오전 9시 ~ 오후 2시.

우이령까지 이어진 완만한 오르막길. 중간에 석굴암에 들러보는 것도 나쁘지 않다.

다섯 총각이 맞은편 상장능선에 올라 바위 던지기 시합을 했다고 한다. 다섯 봉우리에 둥그스름한 바위가 하나씩 놓여있는 오봉이 그 결과물인 셈인데, 원님의 딸을 신부로 맞았을 맨 뒤 바위의 주인공은 누구였을까.

김신조와 1·21 사태

1968년 1월 13일 청와대 습격과 정부요인 암살지령을 받은 북한 민족보위성 정찰국 124부대 소속 무장공비 31명이 한국군 복장에 수류탄과 기관단총으로 무장하고, 1월 18일 자정 휴전선 군사분계선을 넘어 야간을 이용하여 수도권까지 잠입하는 데 성공하였다. 그러나 청운동 세검정 고개에서 비상근무 중이던 경찰의 불심검문으로 정체가 드러나자, 검문경찰들에게 수류탄을 던지고 기관단총을 무차별 난사하는 한편 그곳을 지나던 시내버스에도 수류탄을 던져 귀가 중이던 많은 시민들이 죽거나 다치고, 현장에서 비상근무를 지휘하던 종로경찰서장 최규식 총경이 총탄에 맞아 순직했다. 군경합동수색팀은 그해 1월 31일까지 수도권 일대에서 대규모 소탕작전을 벌여 김신조를 생포하고 28명을 사살했다. 나머지 2명은 북으로 도주한 것으로 파악되었다.

이 사건을 계기로 북한의 비정규전에 대비하여 향토예비군이 창설되었다.

14~15
우이령길의 백미 중 하나인 잘 보존된 소나무 숲.

미군이 닦고 무장공비가 지나가고 _ 유격장▶우이령 정상 9~13

　전망대를 지나 220m쯤 걸어 올라가면 유격장 표지석이 서있는 넓은 공터9가 나온다. 오봉산 석굴암은 이곳에서 왼쪽길로 빠져 10분쯤 걸어가면 되고, 우이령길은 오른쪽이다. 공터를 빠져나와 왼쪽에 아담한 저수지를 끼고 오르막을 걷다보면 발 그림이 그려진 나무 표지판이 나온다. 이제부터는 신발을 벗고 걸어도 좋은 부드러운 흙길이란 소리다.

　오른편 쉼터10를 지나 노변사방사업 기념비11가 서있다. 기념비에는 1966년부터 17개월간 잔디를 깔고 돌을 쌓는 등 흙길이 무너지지 않도록 하는 사방공사가 이뤄졌다고 적혀있다. 사방공사가 끝난 후 채 석 달도 안됐을 무렵 김신조 일행이 우이령을 지나간 셈이다. 북에서 넘어온 서른한 명의 청년들이 숨을 헐떡이

함부로 드나들 수 없는 울타리에 야생화 한 송이가 수줍게 고개를 내밀었다.

13~14

15~16
40년 만에 개통된 우이령길에서 쉴 새 없이 길손을 반기는 명아주여뀌.

며 달려간 지 40여 년이 흐른 지금 기념비 옆 목재 데크엔 평화로운 휴식만이 가득하다.

   기념비에서 150m 떨어진 곳에 있는 큰 터[12]에는 우이령 코스의 유일한 화장실이 왼쪽에 있다. 오른쪽에는 1·21 사태 등을 소개하는 우이령 안보체험관이 초소 옆에 있다. 이곳을 지나면 드디어 코스의 가장 높은 지점인 소귀고개 정상[13], 즉 우이령이다. 고개의 가장 높은 곳이므로 당연히 이곳을 지나면 어느 쪽에서 출발했든 내리막이 시작된다.

   소귀고개 정상에는 길 양쪽으로 대전차장애물이 흉측하게 서있다. 유사시 적 전차의 진입을 지연시키기 위해 폭약을 터트려 허물 수 있는 커다란 콘크리트 블록으로 휴전선 부근 도로에서 많이 볼 수 있다. 아울러 길 오른편 수풀 속을 자세히 들여다보면 영문 글씨가 흐릿하게 남아있는 시멘트 기념비가 있는데, 원래 좁은 산길이었던 우이령길을 차가 다닐 수 있도록 넓힌 미군 제36공병단이 세운 것이다. 1964년 공사를 시작해 이듬해 4월 24일 개통했다고 적혀있다.

41년 동안 손 타지 않은 자연이란 _ 쉼터▶우이동파출소 14~20

우이령 고개를 지나면 이제 내리막이다. 내리막에서 만나는 첫 쉼터[14]를 지나 왼편으로 완만하게 꺾이는 길을 느긋하게 돌아나가면 우리나라 자생종인 신나무 군락 뒤로 병풍처럼 우거진 소나무 숲이 그윽한 그늘을 드리운다. 이어 당단풍과 병꽃나무 군락을 지난 내리막길은 오른편 화단을 끼고 크게 돌아 나가며 급경사의 부담을 덜어 준다. 기세 높게 뻗은 리기다소나무 사이로 드문드문 서 있는 졸참나무들이 당돌하다.

그렇게 쉼터에서 10여 분쯤 더 내려오면 오른편에 1·21 사태 이후에 들어섰다는 전경대[15] 건물이 보이고 비포장 흙길도 보도블록으로 바뀐다. 오른쪽으로 완만하게 휘어진 딱딱한 벽돌길을 내려오면 왼편에 물오리나무가 자그마한 군락을 이루고 있다. 옛날엔 거리를 나타내는 이정표로 이 나무를 5리(五 里, 약 2km)마다 심었다고 해서 붙은 이름이지만 지금은 무분별하게 베어 대부분 사라지고 그나마 남아있는 오리나무는 대부분 이 물오리나무다.

전경대 입구에서 150m 지점에 있는 우이탐방지원센터[16]가 우이령 탐방로의 공식적인 종점이지만 북한산 둘레길 코스로는 우이동 로터리 앞 치안센터[20]까지 유원지 식당가를 관통해 20분쯤 더 걸어 내려가면 된다.

우이령길은 어두운 역사로 인해 수십 년간 닫혀 있었지만 덕분에 오랜 세월 사람 손 타지 않고 잘 보존되었다. 좋은 길 찾아 다니는 길손들에겐 뜻밖의 귀한 선물이다. 〈노진수〉

교통편

　지하철 3호선 구파발역 1번 출구에서 34번이나 704번 버스를 타고 오봉산 석굴암(우이령 입구) 정류장에서 하차.
■버스 : 34, 704번.
■지하철 : 3호선 구파발역 1번 출구.
■승용차 : 교현 주변에 마땅히 주차할 만한 곳이 없으므로 되도록 대중교통을 이용한다.
버스안내사이트 : 서울 topis.seoul.go.kr　경기 www.gbis.go.kr

6구간 _ 송추마을길~산너미길~안골길

젖은 숲을 걷다 마음까지 젖은 사연

북한산 둘레길 도봉산 구간의 첫 세 코스인 송추마을길, 산너미길, 안골길. 숲과 계곡은 물론 잘 꾸며진 공원이 차례차례 모습을 보인다. 산너미길은 도봉산 구간을 통틀어 가장 힘들지만 의정부 시내를 한눈에 내려 보는 전망이 선물처럼 기다린다.

추천 테마	아이들과	연인끼리	여럿이	숲	들	계곡	강	바다	문화유적	봄	여름	가을	겨울	난이도 조금 힘들어요
	★	★★	★★★	★★★		★			★	★★	★	★★★	★	

경기도 양주에 있는 교현 우이령길 입구[1] 앞. 이곳은 북한산과 도봉산을 가로지르는 우이령길의 초입인 동시에 2011년 6월 30일 새로 열린 도봉산 구간(북한산 둘레길 13~20코스)의 시작점이기도 하다. 도봉산 구간이 개통됨으로써 앞서 단장한 북한산 쪽 12개 코스와 함께 총 길이 70km의 북한산 둘레길이 완전한 모습을 갖추었다.

시골길 따라 접어든 숲길 _ 우이령길 입구▶작은 삼거리 [1~9]

도봉산 구간의 첫 세 코스인 송추마을길과 산너미길, 안골길 탐방에 나선 날은 장마 기간이었다. 고화질카메라로 찍어 확대해 보면 샤워기 구멍이 촘촘히 박혀있을 것 같은 하늘, 물이 뚝뚝 떨어지는 축축한 솜뭉치 같은 구름이 머리에 닿을 듯 가까이 있다. 엎친 데 덮친 격이라고, 장마철에 어딘가 무너지기라도 했

◀ 장맛비에 흠뻑 젖은 산너미길. 도봉산과 사패산 사이 계곡을 관통한다(20~21지점).
▶ 이정표가 잘 되어 있어 길을 헤맬 일이 거의 없다(27~28지점).

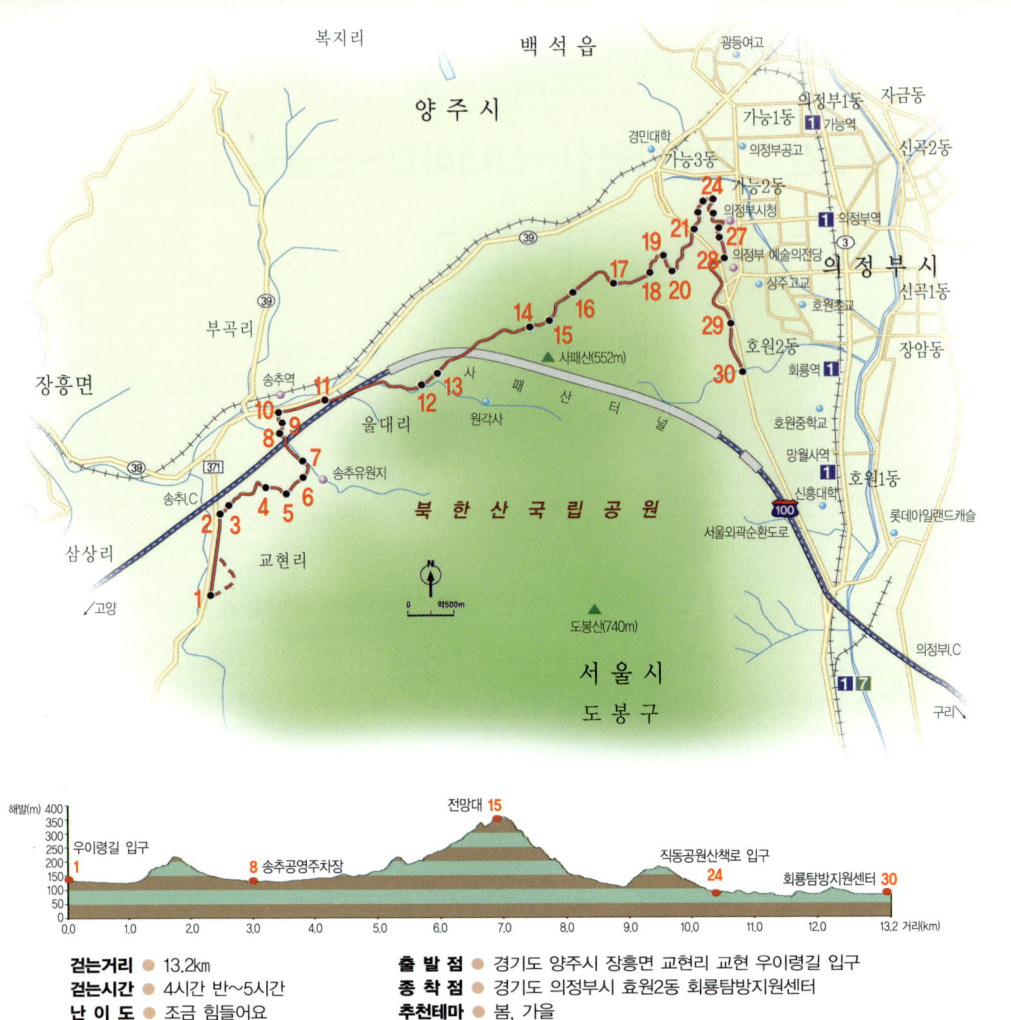

걷는거리	● 13.2km	출 발 점	● 경기도 양주시 장흥면 교현리 교현 우이령길 입구
걷는시간	● 4시간 반~5시간	종 착 점	● 경기도 의정부시 효원2동 회룡탐방지원센터
난 이 도	● 조금 힘들어요	추천테마	● 봄, 가을

는지 코스 초입부터 길을 막아 놓고 공사가 한창이다. 어쩔 수 없이 큰길로 우회한다. (후에 공사가 끝나 지금은 본래 코스, 지도의 점선 구간으로 통행이 가능하다.)

GPS 데이터를 확인하며 이정표 사진을 찍고 있는데 투둑 투둑 굵은 물방울이 사방에 들기 시작한다. 새벽부터 오락가락하던 비가 다시 내리기 시작한 것. 우산을 펼쳐들었지만 빗줄기가 수시로 들이친다.

비가 잦아들 즈음 다시 길을 나선다. 송추마을을 지나 국도를 따라 조금 걷자

▲ 송추마을을 빠져 나와 걷는 국도변은 한산한 편이다.   ▲ 숲길 갈림길에 묵묵히 서있는 이정표.

수도권 북부를 가로지르는 서울외곽순환고속도로(100번 도로) 진입로[2]가 나타난다. 여기서 코스는 오른쪽으로 90도 꺾인 후 산길로 바뀐다. 무덤 앞 삼거리[3]에서 우회전하면 울창한 숲길이 둘레길 표지를 등지고 뻗어있다. 평소 같으면 콧노래를 부르며 종종걸음 칠 만한 길이지만 한걸음 내딛을 때마다 낙엽 덮인 진흙길이 젖은 수건처럼 흙탕물을 뱉어내 상쾌함과는 거리가 멀다. 아무리 바닷물을 마셔도 갈증이 가시지 않는 것처럼, 습한 공기에 더 숨이 가쁘다. 둘레길 표지를 따라 나지막한 고개를 넘어가니 오봉탐방지원센터[6] 앞이다. 바람 한 점 없는 숲길을 빠져 나오자 온몸이 땀과 습기로 흠뻑 젖었다. 카메라와 GPS 수신기를 쥔 손바닥에 물기가 가득하다.

탐방지원센터 앞 논 사이로 뻗은 포장로를 따라 그대로 직진하면 송추계곡유원지[7]로 이어진다. 다리를 건너자 계곡을 따라 빼곡히 자리 잡은 유원지 식당가가 좌우로 펼쳐진다. 흔히 '뽕짝'이라고 부르는 노랫소리가 여기저기 울려 퍼지고, 백숙집과 매운탕집 간판이 교대로 고개를 내민다. 식당가를 따라 이어지는 콘크리트길을 조금만 걸어 내려가면 고가도로 아래 자리한 송추공영주차장[8]이다. 공영주차장을 끼고 우회전 후 얼마 안 가 작은 삼거리[9]에서 둘레길 표지를 따라 좌회전하면 시간이 멈춘 듯한 허름한 마을을 지나 큰 도로가 나온다. 경기도 일산과 의정부를 잇는 39번 국도다.

장맛비 속에서 하염없이 __ 39번 국도변▶아치문 [10~17]

차들이 쌩쌩 질주하는 39번 국도변[10]에서 우회전한다. 북한산 둘레길만 아니

▲ '9200'이라는 군부대 표지판이 보이는 곳에서 우회전한다. ▲ 산너미길은 북한산 둘레길을 통틀어 가장 힘든 구간이다.

▼ 안골계곡이 거센 장맛비를 맞고 있다.

면 일부러 찾아와 걸을 일은 없을 것 같은 국도변 좁은 인도를 따라 걸어간다. 차들이 일으키는 먼지바람과 굉음을 8분쯤 묵묵히 견디다 보면 하얀 글씨로 '9200'이라고 적힌 군부대 표지판[11]이 눈에 들어온다. 이 구간을 걸을 사람들에게 눈을 보호하는 고글과 먼지를 걸러주는 방진 마스크, 소음을 차단해주는 이어플러그 사용을 권하고 싶을 정도다.

표지판을 따라 오른쪽 길로 진입한 뒤 부대 앞에서 다시 좌회전하면 100번 도로를 따라 산너미길 입구[12]로 뻗어있는 포장길이다. 20분 가까이 이어지는 길은 도중에 비포장 오르막으로 바뀌면서 산너미길 입구에 닿는다. 산너미길은 '산을 넘어 간다'는 의미 그대로 북한산 둘레길 코스 중 가장 힘들고 험하다. 오르막은 산너미길로 접어 든 후에도 그대로 이어지다 산길 삼거리[13]에서 우회전하며 내리막으로 바뀐다. 비는 소나기에서 이슬비로 이름만 바꾼 채 쉬지 않고 흩날린다.

코스 오른편에 솟은 사패산의 북쪽 사면을 타고 내려가다 다시 오르막 산길로 접어들며 본격적인 등산코스가 계곡과 능선을 따라 2km 가량 이어진다. 걷는 속도로는 40~50분 거리. 산너미길 중반까지 펼쳐져 있는 산길 구간은 걷기코스치고는 힘든 축에 속하지만, 등산로 기준으로는 평범한 편이다.

빗소리에 묻혀 발소리조차 들리지 않는 숲길을 걷는다. 며칠째 이어진 장마와 수시로 쏟아지는 장대비에 계곡은 희뿌연 안개 세상이다. 태양이 비칠 순간만을 고대하고 있는 듯 물기에 젖어 반들거리는 이파리들은 힘없이 늘어진 채 빗방울만 하염없이 떨구는 중이다.

오르막과 내리막을 오가던 산길은 두어 개의 이정표를 스치며 전망대[15]를 지난다. 바위길 옆에 꾸며놓은 평평한 데크를 발견하지 못했더라면 이곳이 전망대인지도 모를 만큼 온 사방이 구름인지 안개인지로 자욱하다. 명색이 의정부 시내를 내려다 볼 수 있는 전망대인지라 그냥 지나칠 수 없어 카메라를 들이대 보지만 뷰파인더를 아무리 들여다봐도 오직 희뿌연 풍경 뿐, 도시는 보이지 않는다.

눈으로 보아 없는 풍경이 카메라라고 보일 리 없는데, 자꾸만 김 서린 렌즈를 닦고 또 닦으며 뷰파인더 속 무언가를 찾으려 애쓴다. 어른이 된다는 것은 빨리 포기하는 법을 배우는 것이라 했던가. 안개 같은 풍경이 바뀔 기미가 없자 미련 없이 전망대를 등진다. 잠잠히 이슬비를 흩뿌리던 날씨는 더욱 거센 빗줄기를 내리 꽂는다. 안경에, 얼굴에, 카메라에 묻은 물기 닦기를 포기한다. 쉴 새 없이 여기저기를 닦아내던 수건도 이미 흠뻑 젖어 아무리 쥐어짜도 그때뿐. 옷과 장비도 숲처럼 젖어 버렸다.

코스는 정점을 벗어나 하산길로 접어든다. 조금 가다 바위 끝에 매달린 물기 머금은 나무계단[16]을 내딛자 본격적인 내리막이 시작된다. 7~8분쯤 숲길을 내려와 계곡을 지나는 나무다리를 건너면 산너머길이 끝나고 안골길 입구로 이어지는 아치문[17]이다. 아치문을 지나 아스팔트 도로에서 왼쪽 내리막으로 진행한다. 소나기는 다시 폭우로 바뀌어 눈앞에 밝은 회색빛 블라인드를 친다.

젖은 발로 직동공원을 산책하다 __ 안골공원지킴터 ▶ 회룡탐방지원센터 [18~29]

포장길을 내려오다 안골교를 건넌다. 다리 아래를 흐르는 안골계곡에는 거센 물살이 소용돌이치며 하류로 내달린다. 돼지며 염소 한 마리쯤 떠내려가도 전혀 이상하지 않을 것 같은 물살이다. 안골공원지킴터[18]를 지나 안골길 아치문[19]으로 들어선 후 다리를 건너면 정작 진입로가 눈에 잘 띄지 않지만, 자세히 보면 다리 끝 오른편에 산길로 이어지는 입구가 숨다시피 자리하고 있다. 장대비를 헤치며 오르막을 따라 동쪽 약수터[20]로 이어진 등산로를 오른다. 고지를 점령하기 위해 총탄이 빗발치는 전쟁터를 기어가는 심정이 이럴까. 마음까지 젖는 기분이다.

약수터 앞에서 맨 왼쪽 샛길로 끝까지 걸어가다 만나는 넓은 길에서 다시 좌회전한다. 완만한 내리막을 7~8분 정도 걸었을까, 39번과 3번 국도를 잇는 사패터널 위에 자리 잡은 콘크리트 구조물[21]이 길을 가로 막는다. 유사시 터널를 이용해 남하하는 적을 저지하기 위한 군사용 방어 진지다. 비에 젖은 구조물을 오른편으로 돌아 삼거리를 통과한 후 150m 쯤 뒤에 만나는 산길 사거리[22]에서 2시 방향 오른쪽 내리막으로 직진하면 얼마 안 가 숲길을 벗어나 의정부

직동공원에는 체력단련을 위한 다양한 운동기구가 준비되어 있다.
[27~28]

▲ 회룡탐방지원센터로 가다보면 왼편에 의정부 시내가 펼쳐진다.   ▲ 공원 끝의 서늘한 터널 구간.

남쪽 외곽에 위치한 직동공원23에 닿는다. 숲을 빠져나오자 거짓말처럼 비가 그친다.

2005년 가을 의정부 시청 뒤편에 문을 연 직동공원은 직동축구장을 보듬고 펼쳐진 보금자리숲과 마루정원, 야생화정원 등으로 꾸며진 의정부 시민들의 휴식공간이다. 숲길을 벗어나 아파트 옆 포장도로를 따라 내려오다 5시 방향 오른편 직동축구장 쪽으로 크게 돌아 공원 산책로 입구24로 들어선다. 축구장을 끼고 이어지는 산책로는 정자 앞에서 오른편 나무다리25를 건넌 후 숲길로 접어든다. 비가 그친 틈을 타 하나 둘 나타난 사람들이 물에 빠진 생쥐 꼴로 어슬렁대는 방랑자를 일부는 수상한, 다수는 측은한 시선으로 지나친다.

잠시 후 나무다리 지나 만나는 모래길에서 표지 따라 좌회전, 다음 삼거리26에서는 내리막 흙길로 우회전한다. 아무런 방향 표지가 없는 다리 끝27에서는 왼쪽 길로 가면 된다. 이후 5분 정도 산책로를 따라가다 정자 뒤편 터널28을 통과한다. 포장로를 오르내리며 15분쯤 걸어가다 만나는 터널 앞 샛길29로 들어선 후 그대로 탐방로를 따라 터널을 지나면 회룡탐방지원센터30가 보인다.

비는 완전히 그쳤지만, 몸과 마음은 완전히 젖었다. 〈노진수〉

교통편

■ 대중교통 : 지하철 3호선 구파발역 1번 출구에서 34번이나 704번 버스를 타고 오봉산 석굴암(우이령 입구) 정류장에서 하차.
■ 승용차 : 송추 공영 주차장 이용. 3천 원.
■ 버스안내사이트 : 서울 topis.seoul.go.kr   경기 www.gbis.go.kr

07 북한산 둘레길

7구간 _ 보루길~다락원길~도봉옛길~방학동길~왕실묘역길

바쁜 세상에서 게으름이 필요할 때

보루길~왕실묘역길 구간, 편안한 길에서 만나는 시골정취가 마음 푸근하다.
쉴 새 없이 자동차가 달리는 서울외곽순환도로 바로 아래로 난 숲길을 걸으면 세상은 바쁜데 혼자만 온갖 시름 다 잊고 행복한 게으름을 피우는 듯하다.

추천 테마	아이들과	연인끼리	여럿이	숲	들	계곡	강	바다	문화유적	봄	여름	가을	겨울	난이도
	★	★★	★★	★★★		★★			★★	★★	★★	★★★	★★	조금 힘들어요

힘들거나 놀랍거나 __ 회룡탐방지원센터▶도봉옛길 1~11

'꽤 힘들다'는 생각도 잠시였다. 어느 정도 오르막을 지나자 길은 정상궤도에 들어선 비행기가 순항하듯 편안하게 끝까지 이어졌다. 보루길~왕실묘역길 구간의 북한산 둘레길은 길이 조금 힘들다 싶으면 어김없이 우회로를 거치거나 내리막으로 향했으며 '최신 길'인 만큼 갈림길마다 세워진 이정표가 가야할 방향을 확실하게 짚어주었다.

길의 처음은 회룡탐방지원센터[1]다. 이곳에서 북한산 둘레길의 각 구간 거리와 소요시간 등 간단한 내용을 담은 리플릿(1천 원)을 구할 수 있다. 지원센터를 지나 잠시 걸으면 길 왼쪽으로 '보루길'이라는 명패가 달린 아치모양의 문[2]이 보인다. 사패능선으로 향하는 등산로를 뒤로하고 아치문을 통과하면 본격적으로 둘레길이 시작된다. 길의 초반은 '북한산 둘레길'이 아니라 '북한산'만 떠오를 정도로 가파르다. 다행히 오르막이 그리 길지는 않아 소나무 숲이 점점 짙어지면서 그 속으로 조붓한 길이 완만하게 이어진다.

사패산 3보루 지점[3]은 보루길~왕실묘

◀ 보루길의 초반. 활엽수 우거진 숲으로 조금은 가파른 길이 이어진다(2~3지점).
▼ 왕실묘역길에 볼 수 있는 연산군묘. 연산군과 그의 부인 신씨가 함께 잠들어 있다(21지점).

걷는거리	총 13.2km	출 발 점	경기도 의정부시 호원동 회룡탐방지원센터
걷는시간	6시간~7시간	종 착 점	서울시 강북구 우이동 왕실묘역길
난 이 도	조금 힘들어요	추천테마	여럿이, 혼자서, 숲길, 사계절

    역길 중에서 고도가 가장 높은 곳(해발 222m)이다. 보루는 적의 침입을 막기 위해 쌓은 방어벽으로 사패산 보루는 고구려가 쌓은 것으로 추정한다. 현재까지 총 3개가 발굴되었고 규모로는 이곳 3보루가 가장 크다. 그러나 서쪽 일부구간만 온전한 모습으로 남아있고 대부분 훼손된 상태.

    사패산 3보루에서 정점을 찍은 길은 내리막을 그린다. '원도봉 입구'를 알리는 이정표를 따라가면 돌계단 깔린 활엽수림 속을 지나고 원심사 앞에서 잠시 시멘트포장길도 걷는다. 갈림길마다 등장하는, 제주올레 못지않게 친절한 이정표 덕에 길 헤맬 염려가 거의 없다.

　한동안 걸어 숲을 빠져나오면 다음 숲으로 가기 위해 서울외곽순환도로 아래⁴를 잠깐 지나게 된다. '웅~웅~' 수백만 마리 벌떼 소리처럼 자동차 소음을 끊임없이 울리는 고가도로. 바로 그 아래, 딴 세상 같은 길에 서 있자니 너무도 바삐 돌아가는 도시에서 혼자만 여유를 부리고 있다는 기분이 든다. 정말이지 행복할밖에.

　풀향기 가득한 숲을 오랫동안 걸어 원각사⁶ 앞까지 이르면 포장도로다. 왼쪽으로 방향을 돌려 5분쯤 걸으면 보루길이 끝나고 다락원길이 시작되는 원도봉 입구⁷에 도착한다.

　다락원길(3.3km)은 의정부 호원동 도심을 거쳐 도봉산 남동쪽 끝자락으로 이어진다. 길이 전반적으로 평탄해서 지나온 보루길(3.1km)에 비해 거리가 좀 더 긴데도 걷는 데 걸리는 시간은 오히려 짧다. 원도봉 입구에서부터 한동안 도심을 지나다가 서울외곽순환도로 아래를 지나면 동네주민조차 모를 법한, 숲으로 드

보루길에서는 서울외곽순환도로 아래를 잠시 지난다.

▲ 원도봉 입구가 가까워진 원각사 주변. 곧 보루길이 끝나고 다락원길이 시작된다.
▶ 포장도로에 페인트로 그린 북한산 둘레길 이정표. 다락원길 구간.

는 길목이 나온다. 주변 도로의 자동차 소음이 다 들릴 정도로 깊지 않은 숲이지만 몸통 곧은 소나무들이 즐비하고 물소리 상쾌한 계곡도 만날 수 있다. 낡은 주택가9로 나와 YMCA 다락원 캠프장10을 지나면 또다시 숨은 듯한 길목에 나무계단이 놓였다. 다시 숲. 우거진 나무가 넓고 반듯한 길을 터널처럼 덮었다. 마음 편하게 걸음을 옮기다 보면 익숙한 아치모양의 문이 등장한다. 도봉옛길11이다.

경기도에서 서울로 __ 도봉탐방안내센터▶왕실묘역길 12~20

도봉옛길로 접어들면서 북한산 둘레길은 경기도에서 서울로 행정구역이 바뀐다. 도봉옛길과 방학동길에서 점점 많아지는 탐방객들이 '서울' 임을 느끼게 하지만 정작 길의 분위기는 크게 변함없다.

탱화가 그려진 도봉사 담벼락. 도봉옛길 구간.

도봉옛길로 들어서면 나무에 붙은 이름표가 눈에 띈다. 가을이면 유달리 붉게 단풍이 드는 붉나무, 나뭇잎 뒷면이 흰솜털로 덮여있는 은사시나무 등 야산에서 흔히 자라지만 이름은 생소한 나무들에 대한 설명이다. 비가 많이 와도 질척거리지 않는 마사토 깔린 길을 따라 걷다보면 적당히 우거진 나무 사이로 도봉산 능선이 드문드문 보인다.

산자락을 벗어난 때는 학교운동장만 한 공터로 나오면서다. 포장길을 따라 도봉탐방안내지원센터[12]까지 내려가서 도봉사 쪽으로 방향을 돌린다. 우거진 나무가 계곡 옆으로 난 널찍한 길에 그림자를 짙게 드리웠다. 마치 공원 산책로 같은 '자연관찰로' 다.

능원사를 지나 도봉사[13]까지 오면 '무장애 탐방로' 라는 데크길이 나온다. 어린아이나 노약자도 쉽게 숲을 거닐 수 있도록 완만한 경사로 데크를 놓았다. 둘레길은 무장애 탐방로의 일부구간만 잠시 거쳐 간다. 다시 흙길로 접어들면 곡장(능 뒤를 감싼 담), 문인석(능 앞에 세워진 동상) 등으로 구성된, 왕족의 것으로 보이는 묘가 곳곳에 있는데 이는 무수골에 조선 왕족인 이인(세종대왕의 손자)의 후손이 많이 살았기 때문이다.

숲을 빠져나오면 방학동길[14]이다. 아스팔트 포장길을 따라 내려가다 길 오른편에 세일교[15]가 나오면 다리를 건넌 뒤 바로 왼쪽에 보이는 방학동길 아치문을 통과한다. 무수천 바로 옆으로 난 흙길이 그저 산책로처럼 편안하다. 5분 정도 걸으면 방학능선에 접어드는 사거리. 이곳에서 정의공주묘 방향인 오른쪽으로

▲ 연산군묘 앞에 있는 방학동 은행나무. 나이가 860살이 넘었고 키는 아파트 10층 높이와 맞먹는다.

▲ 왕실묘역길의 마지막 숲에 깔린 데크.

간다. 어느새 오가는 사람이 많아졌다. 방학능선은 서울 도봉구의 대단위 아파트 단지에서 가깝고 길이 편하고 아늑해 둘레길에 포함되기 전부터 인기가 많았다.

길 중간에서는 아파트 3층 높이쯤 되는 철제구조물, 쌍둥이 전망대[16]를 만난다. 방학동 일대를 한눈에 조망하라는 취지로 세웠지만 꼭대기에 올라도 나뭇가지가 전망을 가려 만족스런 풍경을 볼 수 있지는 않다.

정의공주묘를 알리는 이정표만 계속 따라가면 점점 하산하는 기분이 들고 결국 산자락에 있는 아파트 주변까지 이른다. 산을 완전히 벗어날 듯하던 둘레길은 그러나 조그만 포도밭[19]을 지나쳐 숲을 바라보는 나무계단으로 향한다. 숲을 조금 더 걸어 왕실묘역길 아치문[20]까지 가면 방학동길도 끝이 난다.

짧은 길, 긴 여운 _ 연산군묘▶우이동 [21~23]

왕실묘역길은 불과 1.6km의 짧은 거리지만 조선왕실의 무덤인 연산군묘와 정의공주묘, 800년 넘은 거대한 은행나무, 쉽게 걸음이 떼지는 편한 숲, 낡았지만 정감어린 서울의 변두리 풍경 등 볼거리가 많다.

왕실묘역길 아치문을 지나면 바로 방학동 중심부. 이정표를 따라 큰길까지 가면 세종대왕의 둘째 딸로 훈민정음 창제에 큰 기여를 했다는 정의공주의 묘가 있다. 꽤 큰 규모에 잘 정비되어있지만 울타리를 둘러놓아 출입할 수 없다. 이곳에서 길을 건너 공장과 아파트가 뒤섞인 어수선한 주택가로 접어들면 조선의 폐위된 왕, 죽어서도 능 대신 묘라는 이름을 가져야한 연산군과 그의 부인 신씨를 합장한 연산군묘(무료관람, 월요일 휴관)[21]를 만난다. 관리사무실을 지나 들러보면 다른 왕릉에 비해 규모가 작다.

연산군묘 앞에는 서울시 지정보호수 제1호인 '방학동 은행나무'가 있다. 나이가 860년이라는 이 나무는 만화에나 등장할 법한 모습을 하고 있다. 높이가 무려 24m로 아파트 10층 높이와 맞먹고 둘레는 9.6m로 어른 세 명이 양손을 맞잡아야 감쌀 수 있다.

도심도 아니고 숲도 아닌 애매한 분위기의 길을 아주 잠시 걸으면 정면으로 황가네 식당이 보이는 삼거리[22]다. 오른쪽으로 방향을 돌리면 길 왼쪽에 숨은 듯 아치형 문이 기다리고 있다. 적당한 크기로 자란 굴참나무들이 빽빽한 이 숲에는 오가는 사람이 드물다. 10분 정도 걸어가면 왕실묘역길은 우이동의 도롯가[23]로 나오면서 끝난다. 왼쪽으로 방향을 잡아 도로를 따라가면 우이령길과 북한산 둘레길의 첫 코스인 소나무숲길이 기다리고 있다. 〈정규찬〉

교통편

보루길이 시작되는 회룡탐방지원센터까지 걸어간다. 회룡역 2번 출구에서 나와 직진하는 기분으로 15분쯤 걸으면 된다. 왕실묘역길이 끝나는 우이동에서는 버스를 이용해 지하철 4호선 수유역까지 갈 수 있다.

- 버스 : 회룡역 7, 106, 108, 133, 203번.
  우이동 도선사 입구 101, 130, 151, 153, 1144, 1161, 8153, 도봉02번.
- 지하철 : 1호선 회룡역 2번 출구, 4호선 수유역.
- 승용차 : 회룡역 주변은 주차할 곳이 마땅치 않다. 보루길이 끝나는 원도봉 입구에서 무료주차장 이용 가능.

버스안내사이트 : 서울 topis.seoul.go.kr 경기 www.gbis.go.kr

section 2
성곽길

01 성곽길

남한산성

패배의 아픔 치유하는 순례길

치욕어린 패배의 역사와 한 맺힌 충신의 죽음이 켜켜이 쌓인 남한산성 길은
마음 무겁지만 처연하리만치 아름다운 길이다.
상한 마음으로 이 길에 서면 마치 그 세월이 곁으로 와 위로와 격려를 건네주는 것 같다.

추천테마	아이들과	연인끼리	어렷이	숲	들	계곡	강	바다	문화유적	봄	여름	가을	겨울	난이도
	★★	★★	★★	★★					★★★	★★	★★	★★★	★	조금 힘들어스

치욕스러웠던 역사의 현장 __ 남한산성유원지 입구▶전망대 1~10

　누구나 세상을 뜻대로, 마음대로 살려고 노력하지만 정작 아주 사소한 일도 생각처럼 되지 않는 것이 바로 인생이다. 남한산성 둘레길은 스스로는 도저히 감당할 수 없어 보이는 인생의 막다른 길, 사면초가의 위기와 조우할 때 한번쯤 마음을 다스리고 생각을 정리해 보며 걷기에 좋은 길이다.

　조선시대 때 오늘날의 윤곽이 거의 잡혔지만 그 시초는 백제시대 초반으로 거슬러 올라갈 만큼 남한산성의 역사는 유구하다. 하지만 남한산성을 배경으로 한 역사의 대부분은 영광스러움과는 거리가 멀다. 그 중에서도 1636년 청나라 태종 황태극이 12만 대군을 이끌고 꽁꽁 언 압록강을 건너 조선을 침략한 병자호란의 기록은 370여 년이 지난 지금까지 그 지독한 패배의 잔향이 남아 있을 정도다.

◀ 북동쪽 성벽, 지키고자 쌓았지만 지킨 것은 거의 없었다(18~19지점).
▶ 이끼 낀 성벽 사이로 본 맑은 오후 (3~4지점).

걷는거리	●	총 10.7km	출 발 점	●	경기도 성남시 중원구 은행2동 남한산성유원지입구
걷는시간	●	3시간 30분~4시간	종 착 점	●	경기도 성남시 중원구 은행2동 남한산성유원지입구
난 이 도	●	조금 힘들어요	추천테마	●	유적지, 봄, 가을, 겨울

    당시 남한산성에 피신해 있던 인조는 45일 만에 성문을 열고 나와 삼전도(지금의 송파)에서 맥없이 항복했다. 번들거리는 비단과 보석으로 치장한 채 조롱과 멸시의 시선으로 내려다보는 '여진족 오랑캐' 황태극 앞에 초라한 소복차림으로 나아간 인조는 한 번 절할 때마다 세 번 바닥에 이마를 대는 치욕스런 예를 세 번이나 반복해야 했다.

    남한산성 둘레길에 오르려면 남한산성 유원지를 출발점으로 삼는다. 지하철을 타면 8호선 남한산성입구역에서 1번 출구로 나와 20여 분 쯤 직진하면 되고,

버스로 남한산성입구 정류장에 내리면 로터리 지나 곧바로 유원지 입구다. 자가용 이용자는 유원지 입구 분수대[1] 오른쪽 공영주차장에 차를 세우면 된다. 분수대 포장길을 따라 지화문(남문)까지 오르는 약 1.5㎞의 등산로는 조금 힘들 수 있지만 곳곳에 자리 잡은 약수터와 쉼터 덕에 어렵지 않게 닿을 수 있다. 분수대에서 지화문[4]으로 향하는 중간 지점[3]에서 수어장대로 곧장 이어진 길(왼쪽)이 나오지만 오른쪽 방향으로 계속 전진한다. 갈림길에서 7~8분쯤 오르면 드디어 남한산성 둘레길의 시작점인 지화문과 주변 성곽이 모습을 드러낸다.

남문이라고도 불리는 지화문은 남한산성 4대문 중 가장 크고 웅장한 중심문으로 유일하게 현판이 남아있는 곳이다. 문 앞엔 성곽 사면의 토양 유실을 막기 위해 심은 380년 수령의 느티나무가 오롯이 서있다. 지화문 앞 오른편엔 백련사와 검단산 정상으로 이어진 길이 있고, 남한산성 성곽을 따라 걷는 둘레길은 지화문을 통과해 왼편 오르막길로

▼ 등산로 초입에 평화통일을 염원하는 돌탑들이 무리지어 서있다.
▼▼ 지화문 앞은 잘 가꾼 정원 같다.

1~2

우익문은 인조가 항복하기 위해 나아갔던 비통의 문이다.

가면된다. 지화문 성곽에 올라 이끼 낀 성벽을 오른쪽에 끼고 긴 오르막을 걷다 보면 서울과 성남지역이 한 눈에 내려다 보이는 영춘정[5]이 나온다.

5~6 성곽길 오르막 구간에서 잠시 쉬고 있는 탐방객.

영춘정을 지나 5분쯤 가면 오른쪽에 넓은 포장길이 나타난다. 이 길을 낀 채 왼편 성곽을 따라 20m 정도 더 걸으면 오른쪽에 보이는 오르막 계단이 바로 수어장대[7]로 이어진 길이다. 군사를 지휘하던 곳으로, 1624년 남한산성 축조 때 지은 네 개의 수어장대 중 유일하게 남아있다. 수어장대 앞 버석거리는 모래 마당을 둘러보다보면 뒤편에 자리잡은 청양당과 함께 오른쪽 귀퉁이에 서있는 매바위가 눈에 들어온다.

수어장대 왼편 내리막 돌길을 따라가면 원래의 성곽길이다. 성곽 내리막길 오른편 화장실을 지나 3분 거리에 서있는 커다란 바위가 바로 1779년 50일간의 남한산성 보수공사를 기록한 병암남성신수비[8]다. 이곳에서 우익문[9]으로 이어진 길은 완만한 내리막이라 걸음걸이에 여유가 생긴다.

이회 장군과 매바위 전설

남한산성을 쌓을 때 동남쪽 공사를 담당했던 이회 장군은 기한 내에 공사를 마치지 못하게 되자 주색에 빠져 나랏돈을 탕진하고 공사를 소홀히 했다는 누명을 쓰고 처형당한다. 그는 자신의 과오가 있다면 죽은 후 아무 일도 일어나지 않을 것이라 유언을 남겼고 사형이 집행되자 잘린 목에서 나온 매 한마리가 근처 바위에 앉아있다 사람들이 다가오니 날아가 버렸다고 한다. 매가 앉았던 자리에 발자국이 선명히 남아있었고 이때부터 사람들은 그 바위를 매바위라 부르기 시작했다. 한편 남편의 공사비를 모금해 돌아오던 장군의 부인은 뒤늦게 비보를 전해 들고 한강에 몸을 던지고 말았다. 그 후 이회 장군이 맡은 남쪽 성벽이 다른 성벽보다도 더 튼튼하고 완벽하다는 것이 밝혀졌고 조정은 그와 부인의 넋을 달래기 위해 청양당을 지었다고 전해진다.

우익문에서 성곽을 따라 그대로 직진해도 되지만 탁 트인 전망을 감상하고 싶다면 우익문을 통과해 성 밖으로 발걸음을 옮긴다. 높다란 성벽을 올려다보며 좁은 오솔길을 따라 100m쯤 걷다보면 관람용 망원경 두 대가 설치된 남한산성 도립공원 전망대가 나온다. 왠지 500원짜리 동전을 넣어야할 것 같은 망원경이

맛집 | 청와정

청와정은 남한산성 북문 밑에 위치한 20년 된 한정식 전문식당으로 일품요리도 취급하고 있다. 인기 메뉴인 한방 백숙은 잘 손질한 토종닭에 녹각, 오가피, 구기자, 인삼, 대추 등 갖가지 한약재를 넣고 삶아 기름기가 적고 담백하다. 백숙을 먹은 후 국물에 찹쌀을 풀어 끓여주는 죽도 빼놓을 수 없는 별미다. 청와정 정식은 잡곡밥에 30여 가지 밑반찬으로 구성되어 있다. 식당 내부는 홍송으로 꾸며 내 집처럼 편안하면서 고풍스럽다.

(031)743-6357　10:00~22:00　가능　한방백숙 4만5천 원(3~4인분), 청와정 정식 1만5천 원
경기도 광주시 중부면 산성리 623번지

◀ 성의 방어력을 높이기 위해 쌓은 장경사신지옹성.
▶ 파란 가을하늘 아래 예스런 성벽이 늠름하다.

지만 고맙게도 공짜. 서울 남산을 중심으로 왼쪽으로 관악산과 청계산, 오른쪽으로는 아차산과 도봉산까지 두루 조망할 수 있다. 전망대를 오가는 중에 지나는 우익문이 바로 인조가 삼전도로 항복하러 갈 때 비통한 심정으로 나아갔던 문이다.

패배를 되새기며 승리를 기원하다 _ 우익문(서문)▶좌익문(동문) 11~17

전망대에서 다시 우익문 안으로 들어와 성곽을 따라 10분쯤 가면 성 밖으로 나있는 통로를 볼 수 있다. 성 밖으로 나가든 안으로 계속 걷든 얼마 후 다시 만나므로 어느 쪽을 선택해도 상관없다. 통로를 지나 약 5분 거리에 우뚝 솟은 전승문[13]은 전쟁에서 승리하자는 뜻을 담고 있지만 아이러니하게도 병자호란 당시 이 문을 통해 300명의 군사로 남한산성을 포위한 청나라군을 기습하다 전멸당한 뼈아픈 패배의 역사가 서려있다.

전승문에서 남한산성 여장[14]까지 동쪽으로 뻗은 약 1.4km의 성곽길은 오르막과 내리막이 교차되는 다소 지루한 구간이지만, 붉게 물든 자산홍과 까끌까끌한 물오리나무, 매끈한 서어나무 군락이 길손을 반긴다. 성곽길은 남한산성 여

남한산성 곳곳에 설치된 친절한 안내판들은 옛 역사를 더듬는 데 도움이 된다.

장을 약 70m 앞두고 동장대터와 장경사신지옹성을 지난다. 동으로 가로지르던 내리막길은 여장에서 남쪽으로 방향을 튼다. 오랜 세월 서글프게 무너져 내린 여장은 얼마 남지 않은 조선시대 성곽의 잔재다.

여장에서 비포장 오솔길을 20m쯤 내려오면 하남시와 광주시의 경계를 지나게 된다. 기나긴 내리막 오솔길은 제2암문[15]까지 거의 그대로 이어지다 가파르고 거친 돌길로 바뀌어 공터까지 계속된다.

보드라운 흙길로 이뤄진 공터를 지나 오르막길이 시작되는 곳이 제1암문[16]이다. 암문을 뒤로하고 오르막의 정점에 닿으면 오른쪽에 말끔한 포장길이 나타나지만 성곽을 따라 왼쪽으로 진입한다. 완만한 내리막과 가파른 계단길을 따라 남에서 서로 크게 돌아가면 좌익문[17]이 버티고 서있다. 좌익문 뒤편으로 내려가면 포장길 맞은편에 화장실이 있고, 왼쪽으로 포장길을 따라 10m쯤 내려가면 2차선 도로가 나온다. 도로 건너편 오른쪽이 성곽길로 이어지는 비포장길 입구다.

'잘 살아내라'는 가르침의 길 _ 동암문(제11암문) ▶ 남한산성유원지 입구 [18~22]

비포장길을 따라가면 동암문[18]과 함께 도로에 의해 끊어졌던 성곽길이 다시 나타난다. 15분 거리의 남장대터[19]까지 가파른 오르막과 내리막 돌길을 번갈아 걷다보면 팥배나무와 떡갈나무, 신갈나무 숲이 바람에 술렁인다. 남장대터와 마주보고 있는 왼편 성곽이 제2남옹성치다. 여기에서 250m 떨어진 곳이 제1남옹성 암문이고 돌계단 내리막이 시작되는 지점이기도 하다.

　비포장길과 가파른 돌계단을 한걸음씩 밟아 7분쯤 내려가면 남한산성 둘레길의 출발점이었던 지화문[21]이 보인다. 지화문을 통과해 유원지로 이어진 등산로를 따라 20여 분 내려가면 맨 처음 여정을 시작한 남한산성유원지 입구[22]다. 병자호란 당시 남한산성에 고립되어 이도저도 할 수 없었던 인조의 고뇌를 되섭으며 걸었던 성곽길의 종착점이 반가우면서도 왠지 섭섭하다.

　제대로 저항 한 번 못해본 채 속절없이 밀리고 밀린 싸움. 무기력한 패배의 대가를 온몸으로 떠안아야 했던 인조의 참담한 심정을 떠올려 보면 어느새 현실의 고민과 걱정거리는 먼발치로 물러난다. 왕의 명예와 위신을 버린 채 무기력한 나라와 백성을 대신해 지독한 치욕을 견뎌낸 인조와 슬픈 역사가 있었기에 어쩌면 오늘날 우리의 삶이 이어지고 있는 것인지도 모른다. 좋든 나쁘든 우리에게 주어진 지금 이 순간을 묵묵히 살아내라고 견뎌내라고, 누군가 등을 한 대 툭 치면서 나직하게 말하는 것 같다. 〈노진수〉

교통편

　버스를 타고 남한산성입구 정류장에 내리면 로터리 지나 곧바로 남한산성유원지로 들어갈 수 있고, 지하철 8호선 남한산성입구역에서는 1번 출구로 나와 유원지까지 20여 분 걸어야 한다.
■버스 : 남한산성입구 정류장
462, 4419, 240, 30, 30-1, 33-1, 340, 442, 51, 55, 6, 70, 720, 720-1, 88, 9, 333, 7200번.
■지하철 : 8호선 남한산성입구역 1번 출구.
■승용차 : 남한산성 유원지 공영주차장 이용. 1일 요금 6천 원.
버스안내사이트 : 서울 topis.seoul.go.kr 경기 www.gbis.go.kr

02 성곽길

몽촌토성
'뚜벅이'에게 들려주는 백제인의 꿈

전성기 백제의 위세를 알 수 있는 토성은 지금 서울의 올림픽공원에 남았다.
토성을 따라가는 산책로가 곱고 그곳에서 바라보는 세상이 생각보다 드넓다.
걸을수록 백제인의 꿈이 얼마나 원대했을지 자못 궁금해진다.

추천 테마	아이들과	연인끼리	여럿이	숲	들	계곡	강	바다	문화유적	봄	여름	가을	겨울	난이도 무난해요
	★★★	★★★	★	★	★★★				★★	★★	★★	★★★	★★	

때로는 꿈결 같은 산책길 __ 몽촌토성역▶몽촌해자 1~5

저녁 무렵의 올림픽공원은 아름답다. 햇빛 좋은 하루를 마감할 때면 금박 입은 호수와 조각품들, 생명의 기운 물씬한 푸른 숲이 비현실적인 느낌을 전할 만큼 찬란하다. 산책을 하다보면 서울 도심에 이렇게 보석 같은 장소가 있었나 싶을 정도다.

멋진 곳이다 보니 찾는 이들도 많다. 백제의 흔적이 남아 있는 몽촌토성까지, 올림픽공원에 가면 세 가지 맛(숲, 길, 역사문화 이야기)을 즐기는 이른바 '일도삼락(一道三樂)'의 즐거움이 크다.

올림픽공원 내 언덕처럼 보이는 몽촌토성은 백제시대 유적이다. 한때 한반도를 호령하고자 했던 백제인의 기상 위로 꿈결처럼 깔린 몽촌토성 산책길에는 많

◀ 백제시대 유적인 몽촌토성. 연인들의 나들이 코스로 인기다(8~9지점).
▶ 전망대에서 바라본 몽촌해자(몽촌호수). 고요한 호숫가의 정취가 물씬하다(4지점).

은 사람들이 오간다. 부드러운 곡선으로 뻗은 길은 아름드리나무와 꽃들이 수를 놓고, 여백이 넉넉한 공간에서는 벤치와 잔디밭이 쉬어갈 것을 권한다.

몽촌토성이 중심을 이룬 올림픽공원에는 산책로가 여럿 있다. 크게 젊음의 길, 토성의 길, 연인의 길, 호반의 길이란 이름으로 나뉘는데, 짧게는 1km에서 10km 안팎 코스까지 다양하다. 산책로 시작점은 접근성을 따져 정하면 된다. 올림픽공원 동서남북 어디로든 입구가 나 있다. 대부분은 대중교통을 이용해 접근하기 좋은 올림픽공원역이나 몽촌토성역에서 시작한다.

몽촌토성역 1번 출구[1]로 나오면 서울88올림픽의 상징적인 건물인 평화의 문[2]이 바로 보인다. 평화의 문이 있는 넓은 광장을 지나 만나는 올림픽공원 조형물 광장[3]에는 올림픽에 참가한 세계 국기가 걸려 있고 빨갛게 꽃잎을 피운 칸나정원이 아름답다. 이곳에서 오른쪽 벚나무와 단풍나무 숲길을 따르면 잔잔하게 흐르는 몽촌해자[4]와 만난다.

몽촌호수라고도 부르는 몽촌해자는 몽촌토성을 지을 당시 성 주변을 둘러 파서 토성방비용으로 만든 연못이다. 지금은 당시보다 면적이 훨씬 더 커져 제법 호수다운 면모를 갖추었다. 잠시 후 나오는 풍광 좋은 몽촌해자 전망대는 서울시에서 선정한 조망명소 중 하나다. 잔잔한 호숫가 너머로 뭉게구름이라도 피어오르면 기막힌 풍경을 사진에 담을 수 있다.

전망대에서 시계반대 방향으로 호숫가를 지나면 올림픽공원 산책로를 잘 정리해 놓은 안내판[5]이 나온다. 이곳부터 몽촌토성 산책길의 울타리 안이다. 오른쪽으로는 언덕길을 이룬 몽촌토성, 왼쪽으로는 고요하게 흐르는 몽촌해자를 바라보며 걷는 숲길이 이어진다.

초록빛 곡선으로 그린 그림 __ 몽촌토성 산책로 ▶ 몽촌토성역 [6~16]

2010년 여름 한반도를 강타한 태풍 곤파스는 올림픽공원 곳곳에도 흔적을 남겼다. 뜨거웠던 여름이 지나고 가을이 온 지 한참 되었지만 뿌리째 뽑혀 나간 소나무와 느티나무는 아직도 허리를 펴지 못한 채 풀밭에 누워 있다.

올림픽공원 내 곳곳에서 유명 작가들의 조각품을 감상할 수 있다.

걷다 보면 이렇게 수채화 같은 풍경을 만난다.

5~6
발굴 조사로 확인된 원래 자리에 복원해 놓은 목책이 멋스럽다.

인기척에 놀란 까투리가 푸드득 요란한 소리를 내며 저 멀리 호숫가 수풀 사이로 숨어든다. 잣나무에 올라간 다람쥐는 먹이를 찾아 이곳저곳 부지런히 옮겨 다닌다. 하마터면 발로 밟을 뻔했던 토끼는 사람이 곁에 다가가도 신경을 쓰지 않고 열심히 풀을 뜯어 먹는다. 호숫가를 따라 한적하고 여유로운 산책을 마치고 나면

백제시대 토성

사적 제297호 몽촌토성은 둘레 약 2.3km, 높이 6~7m에 이른다. 성 주변을 둘러 파서 못으로 만든 토성방비용 해자(垓子)를 설치한 독특한 구조의 토성이다. 발굴 결과 3세기 초 백제시대 때 축조된 것으로 밝혀졌는데, 북한산성이나 남한산성처럼 높다란 성곽이 있는 것이 아니라 완만한 구릉 능선을 따라 자연지물을 이용해 쌓은 형태를 취하고 있다. 토성 안쪽은 제주도 오름의 분화구처럼 움푹 들어간 형태를 보인다. 이곳에는 군사 초소와 막사 등이 있었을 것으로 짐작된다.

몽촌토성은 지리적 위치와 축성기술 등으로 봤을 때 이웃한 풍납토성과 함께 하남위례성의 주성일 것으로 추측되고 있다. 1994년부터 해마다 9월이면 백제의 당시 생활상을 재현한 한성백제문화제가 열린다.

연인들의 '닭살 돋는 데이트'를 도와주는 호돌이열차 정류장❻이다. 이곳에서 왼쪽 '몽촌토성 산책로' 이정표를 따른다.

몽촌토성은 백제가 수도였던 한성과 그 부속산성을 적으로부터 지키기 위해 한강 연안의 자연구릉을 이용하여 축조한 것이다. 오랜 세월 잘 알려지지 않았다가 1984~89년 서울대학교 박물관에서 발굴했다. 올림픽을 전후해서 삼국시대 유적으로서의 가치를 드러냄은 물론 아름다운 산책길로 이름을 떨치기 시작한 것. 몽촌토성길은 전체 거리가 2.34km로, 1시간쯤이면 넉넉하게 걷는다. 중간 중간 돌아갈 수 있는 갈림길도 많으므로 부담 없이 걸을 수 있다.

몽촌토성길은 굽이치듯 뻗어 있다. 토성이라고는 하지만 북한산성이나 남한산성처럼 성곽이나 성문이 있는 것도 아니다. 그저 부드러운 굴곡의 아이보리색 길이 푸른 잔디밭과 어울려 흐를 뿐이다. 사실 올림픽공원에 대해 잘 몰랐을 때는 인공호수와 정원, 포장된 공원 길, 무뚝뚝하게 서 있는 경기장이 전부인줄 알았다. 그런데 몽촌토성길을 걸으면서 올림픽공원을 거닌다는 것이 얼마나 기분 좋은 일인지 알게 되었다.

5~6

(위) 올림픽공원에 살고 있는 토끼들.
(아래) 꽃과 나무, 호수 덕분에 빽빽한 아파트 숲도 삭막한 느낌을 덜었다.

아이보리색 곡선, 걸음부터 마음까지 느슨하게 풀어주는 초록빛 잔디밭, 문득 날아오르는 새들과 다채로운 표정을 보여주는 햇빛…. 조금 진부한 표현이지만 막 그려 놓은 수채화 속에 서 있는 기분이다. 걷는 길은 그냥 야트막한 언덕일 뿐인 것 같은데 이 몽환적인 느낌은 대체 어디서 오는 걸까.

길에 취해 생각 없이 걷다가 문득 앞을 보니 동그란 건물이 서 있다. 에스키모인의 얼음집을 연상케 하는 움집터 전시관[7]이다. 백제인의 생활상을 담고 있는 이 전시관을 둘러본 뒤 구불구불 휘어진 토성길로 다시 들어서면 사계절 테마 화원으로 아름답게 꾸민 야생화학습장[8]이 나온다.

야생화학습장을 지나면 정면으로 커다란 보호수가 보인다. 600년이나 된 아름드리 은행나무다. 오랜 세월 곧게 버티고 서 있는 모습이 몽촌토성을 지키던 백제의 장수 같다.

보호수를 지나 코스모스와 해바라기 화사하게 핀 화원으로 들어선다. 잠시 쉬었다 가기에 괜찮은 이곳은 사진 찍기 좋은 곳으로도 이름나 많은 연인들이 찾는다. 해질 무렵 이후부터는 사진 찍는 포즈들이 다소 과감해지기도 하므로, 상처 잘 받는 솔로라면 저녁 이후 시간에는 웬만하면 이곳을 찾지 않는 것이 정신건강에 좋다.

다시 호돌이열차 정류장[9]이 있는 몽촌토성 산책길로 돌아 나와 성내천이 흐르는 무지개다리[10]로 향한다. 성내천의 물길을 따라 걷다가 까치다리[11]를 지나 나오는 정자에 서면 몽촌해자의 아들격인 아담한 88호수가 바라보인다. 학을 형상화

해바라기가 반겨주는 화원. 몽촌토성을 따라 걷는 길 곳곳에 시원한 풍경이 기다린다.

8~9

▲ 아이보리색 길과 초록색 잔디밭이 선명한 대비를 이룬 산책코스.
▶ 몽촌해자와 합류하는 성내천의 다리.

한 조형물과 분수대가 인상적인 이곳에서는 매달 다양한 공연이 펼쳐진다.
　체조경기장이 보이는 오거리[12]에서 몽촌토성 아래로 이어진 숲길로 간다. 잠시 후 축구장을 지나 은행나무 가로수길[13]을 걸으면 조각공원[14]에서 다양한 조각 작품을 감상할 수 있다. 몽촌토성 산책길에서 빼놓을 수 없는 볼거리가 바로 조각품인데, 공원 내 곳곳에 국내외 유명 예술가들의 작품이 들어서 있다.
　다시 몽촌해자가 보이는 갈림길[15]에서 카페와 레스토랑이 보이는 건물을 지나면 평화의 문 광장으로 이어진다. 여기서 광장길을 잠시 걸으면 산책을 마무리하는 몽촌토성역[16]이 나온다. 〈김성중〉

교통편

　지하철 8호선 몽촌토성역 1번 출구로 나오면 올림픽공원 산책로 입구인 평화의 문으로 이어진다.
■버스 : 30-1, 70, 88, 341, 3319, 3411번.
■지하철 : 8호선 몽촌토성역 1번 출구.
■승용차 : 올림픽공원 평화의 문을 시작점으로 잡을 경우 회관정문이나 남4문 주차장을 이용한다. 주차료는 소형차 기준 최초 1시간에 1천 원, 이후 20분당 500원씩 추가.
버스안내사이트 : 서울 topis.seoul.go.kr　경기 www.gbis.go.kr

03 성곽길

북한산성 12성문길 1 _ 시구문~보국문
2천 년 전부터 그 산성이 있었네

쉽지 않은 길이지만 북한산이 얼마나 아름다운지 6개의 성문을 지나며 알게 된다.
산을 따라 흰 띠처럼 이어진 성곽과 그 너머로 보이는 은빛봉우리가 햇살에 더욱 빛난다.
2천 년 전 선조들은 이런 곳에 어떻게 성곽을 쌓았을까.

추천테마	아이들과	연인끼리	여럿이	숲	들	계곡	강	바다	문화유적	봄	여름	가을	겨울	난이도
	★	★	★★★	★★		★★			★★★	★★	★★	★★★	★	많이 힘들어요

고행의 시험을 통과하는 순간 __ 효자구판장▶시구문▶원효봉 1~5

　북한산은 도깨비를 닮았다. 가장 높은 곳에 위치한 백운대와 만경대, 노적봉은 도깨비 머리에 난 세 개의 뿔을, 어깨춤부터 내려온 두 개의 능선은 도깨비의 우락부락한 두 팔을 닮았다. 쭉 뻗은 팔을 따라 내려가 끝에서 만나는 원효봉과 의상봉은 도깨비의 손에 들린 뾰족한 방망이 같다.

　선조들은 도깨비의 양손 부분을 이어 길고 긴 산성을 쌓았다. 세 개의 봉우리와 팔뚝에 솟은 암봉들은 그 자체가 난공불락이었다. 시작부터 험준한 바위가 도사리고, 지나갈 만한 길은 성곽이 막아서니 천혜의 요새가 따로 없었다. 험상궂은 도깨비성에 외적들은 감히 발 디딜 엄두를 내지 못했다.

◀ 위문에서 노적봉으로 향하는 길에 바라본 백운대(11~12지점).
▶ 남장대, 북장대와 함께 북한산성 장군 지휘소로 사용했던 동장대(15지점).

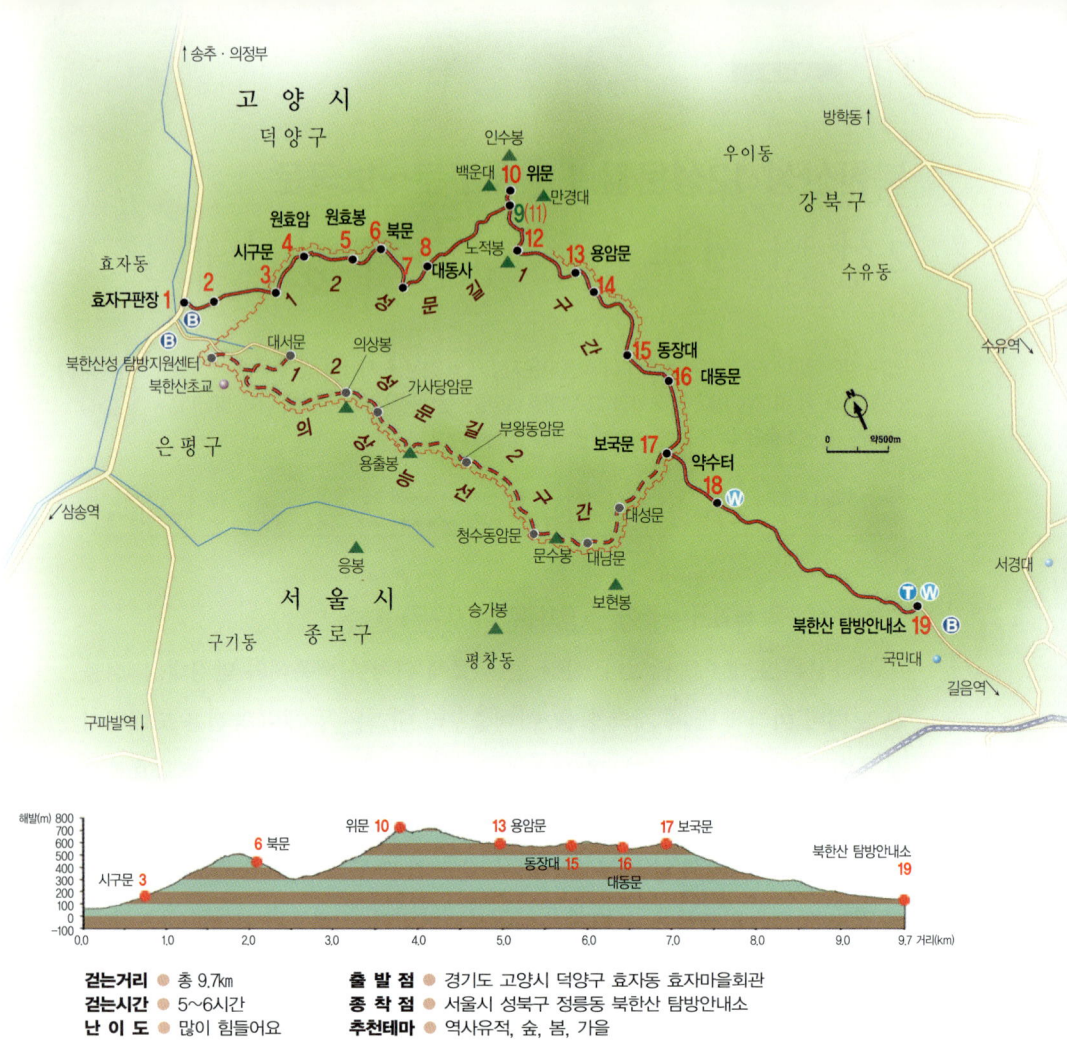

걷는거리	총 9.7㎞	출 발 점	경기도 고양시 덕양구 효자동 효자마을회관
걷는시간	5~6시간	종 착 점	서울시 성북구 정릉동 북한산 탐방안내소
난 이 도	많이 힘들어요	추천테마	역사유적, 숲, 봄, 가을

    유구한 세월 동안 든든한 수호신이 되어준 북한산성에는 12개의 성문이 나 있다. '산꾼'이 아닌 이상 하루에 완주하기엔 무리가 있는 길이어서 성문 6개씩 두 구간으로 나누어 돌아보기로 했다.

    북한산성 12성문길의 첫 성문인 시구문으로 가려면 북한산성 입구 다음 버스 정류장인 효자마을회관에서 내린다. 효자마을회관 앞 효자구판장[1]에서 마을 골목을 지나 숲길로 들어서면 북한산 둘레길인 내시묘역길과 만나는 사거리[2]다. 여기서 시구문으로 가기 위해 원효봉으로 이어진 길로 직진한다.

원효봉은 원효대사가 이 봉우리에서 수련했다 하여 붙은 이름이다. 이름뿐만 아니라 미소를 띤 듯 온화한 느낌의 형세가 원효대사를 떠올리게 한다. 흰 바위로 뒤덮인 정상은 민머리처럼 보이고 밑으로 두른 숲은 덥수룩한 수염 같다. 하지만 오르는 길은 그다지 부드럽지 않다. 원효대사의 고행길을 연상케 할 만큼 힘들다.

얼마 오르지 않았는데 종아리가 뻐근하다. 평지였다면 10분이면 걸었을 '시구문 0.8㎞' 이정표가 순 거짓말 같다. 더위에 발걸음이 느려진 탓도 있지만 오른 지 20분이 지나도 시구문을 찾아볼 수 없다.

"힘내세요. 이곳만 지나면 바로 시구문이에요."

산행을 마치고 내려가는 아주머니가 한마디 한다. 다시 힘을 내 오르길 10여 분. 갑자기 시원한 바람이 온몸으로 파고든다. 북한산성 12성문길의 서곡 시구문[3]이 눈앞에 서 있다. 바람은 그 통로에서 불어오고 있었다.

서암문이라고도 하는 시구문(屍口門)은 말 그대로 시체를 내가는 문이다. 얼마나 많은 병사의 주검이 저 문을 지났을까 생각하니 바람이 저승사자 입김처럼 싸늘하게 느껴진다.

오싹한 느낌을 떨쳐내며 다시 오름길로 들어선다. 원효봉 정상까지는 1㎞. 계속해서 이어지는 돌계단이 힘겹다. 원효암[4]에서 잠시 숨을 고르고 돌계단을 오르면 등그렇게 솟은 바위 지대가 나온다. 난간을 잡지 않고는 못 오를 정도로 가파

12성문 중 첫째로 만나는 시구문.

른 바윗길이다. 바위 지대를 지나 소나무숲을 벗어나면 원효대사의 정수리 부분, 원효봉 정상[5]이다. 12성문의 첫 문지기 시구문이 내준 고행의 시험을 통과하는 순간이다.

시험 통과의 대가는 꼭꼭 숨어 있던 비경이다. 흰 띠 같은 성곽 너머로 만경대, 노적봉이 은빛 봉우리를 드러낸다. 계곡 너머 의상봉이 원효봉과 눈높이를 맞춘 채 손짓한다. 그 뒤로 12성문길이 굽이치며 흐른다. 두려움과 설렘을 반반씩 안겨주는 '용의 능선'이다.

보기에도 걷기에도 아름다운 산 _ 북문▶보국문▶정릉계곡 [6~19]

원효봉 정상에서 둘째 성문인 북문으로 향한다. 정상부터는 계속해서 부드러운 내리막길이고 10분쯤 걸어 북문[6]에 닿으면 길이 살짝 휘어진다. 정면으로 보이는 염초봉은 전문 등반장비 없이는 접근할 수 없기 때문에 북문에서 오른쪽길로 우회해서 가야 한다.

◀ 원효봉에 올라서면 백운대, 만경대, 노적봉(왼쪽부터)이 연이은 절경을 감상할 수 있다.
▶ 가을을 맞으며 하나 둘 단풍이 들기 시작한 만경대.

▲▲ 위문에 올라서면 성곽 너머로 서울 시내가 한눈에 들어온다.
▲ 위문에서 백운대로 오르는 길은 와이어로프를 잡고 올라가야할 만큼 험한 편이다.

북문부터는 잠깐 숨 고르는 시간이다. 한적한 숲길을 따라 내려가면 백운대와 만경대의 골을 타고 맑은 물이 흐르는 북한산성계곡이 나온다. 계곡에는 평상처럼 넓은 암반이 곳곳에 있어 쉬었다 가기 좋다. 계곡을 건너 나오는 삼거리7부터 다시 가파른 오르막길이다.

위문으로 가는 길은 북한산 정상인 백운대 가는 길과 같아서 백운대 이정표 방향을 쫓아가면 된다. 그만큼 힘들 것은 각오해야 한다. 대동사8를 지나면서 길은 더욱 가팔라진다. 위문까지 남은 1km

북한산성

만들어진 시기는 2천여 년 전으로 거슬러 올라간다. 북한산성은 132년(개로왕 5년) 백제에 의해 처음 축성된 후 고려시대엔 몽골과 거란 등 외세의 침입에 대비한 전략적인 군사요충지로 사용됐다.

이후 한동안 소규모의 증축만 이루어지다가 현재의 모습을 갖춘 건 1711년 조선 숙종 때다. 당시 정묘호란, 병자호란 등 외침으로 인해 서울 방어의 필요성이 크게 대두되어 본격적인 축성이 진행되었는데, 성문을 비롯해 임금이 묵는 행궁(行宮)부터 식량을 저장하는 군창(軍倉), 산성 지휘본부였던 장대(將臺) 등이 모두 이때 만들어졌다.

현재 북한산성에는 성문 14개가 남아 있다. 대서문, 대동문, 대남문, 대성문, 북문 등 주요 성문 5개와 가사당암문, 부왕동암문, 청수동암문, 보국문, 용암문, 위문, 시구문(서암문), 문수문, 중성문 등 암문(비상출입문) 7개이다.

Walking Tip

북한산성 12문길은 북한산 산행의 백미로 꼽힐 만큼 아름다운 코스지만 하루만에 걷기는 쉽지 않다. 시구문에서 의상봉을 거쳐 북한산성 입구로 내려서는 거리만 14㎞. 웬만큼 등산에 자신 있는 사람이라도 8~9시간은 잡아야 한다. 그래서 무리하지 않고 걸을 수 있도록 접근로와 거리 등을 고려해 두 구간(이틀 코스)으로 나누었다.

효자마을회관에서 시작해서 시구문~북문~위문~용암문~대동문~보국문 총 6개의 성문을 거쳐 정릉계곡으로 하산하는 코스가 한 구간이고, 다시 정릉계곡에서 시작해서 대성문~대남문~청수동암문~부왕동암문~가사동암문~대서문 총 6개의 성문을 거쳐 북한산성 입구로 하산하는 코스가 둘째 구간이다.

코스를 둘로 나누었어도 오르막 내리막이 많아 코스당 5~6시간은 잡아야 한다. 산행 경험이 많지 않다면 1구간만 다녀오는 방법을 권한다. 2구간은 암봉을 따라 험한 바윗길이 이어진다. 특히 문수봉~용혈봉~의상봉의 암릉 구간은 와이어 로프를 잡지 않고서는 오르내릴 수 없을 정도이니 조심해서 지나야 한다.

남짓한 거리가 정말 멀게 느껴진다. 중간 중간 쉬고 걷기를 1시간, 한동안 나무에 가렸던 하늘이 드디어 모습을 드러낸다. 나무계단이 이어지는 삼거리[9]에서 위문[10]까지는 불과 5분 거리. 북한산성 12성문 중 가장 높은 곳에 위치한 위문이 가까이 있다.

골을 타고 올라오는 시원한 바람이 위문을 지난다. 그 자리에 서서 한껏 더워진 몸을 식혔다. 좁은 문턱에 같은 처지의 등산객들이 발 디딜 틈 없이 빼곡하다. 위문에서 왼쪽 등산로로 오르면 백운대다. 백운대까지는 불과 0.4km로, 가파른 바윗길이지만 40분쯤 시간을 내면 오르내릴 수 있다. 가을 단풍시즌에는 병목현상이 일어나는 구간이다.

그러나 오늘 걸어야 할 코스는 12성문길. 정상 오르는 것은 다음 기회로 미루고 다시 삼거리[11]로 내려와 '대동문 2.6km' 이정표 방향으로 걷는다. 만경대의 사면을 가로지르는 길은 와이어로프를 잡고 지나야할 만큼 험하다. 그래도 중간 중간 바라보이는 백운대의 위용에 감탄이 절로 나온다.

원효봉에 서서 봤을 때는 꽤 멀게 느껴졌던 노적봉이 코앞이다. 전문 등반장비 없이는 오를 수 없는 노적봉 아래[12]에서 왼쪽 '대동문 2.1km' 이정표 방향으로 우회한다. 20분쯤 걷자 넷째 성문인 용암문[13]이 나오고 표백제에 담갔다 건진

맛집 | 산장두부촌

힘든 산행을 마치고 나면 편안한 자리에 앉아 맛있는 음식으로 허기를 달래고 싶어진다. 그럴 때 갈 만한 식당이 '산장두부촌'이다. 정릉계곡의 시원한 물소리를 들으며 맛있는 두부 음식을 즐길 수 있다.

이 집의 인기 메뉴는 해물순두부. 뜨끈뜨끈한 쇠솥 밥을 공기에 덜어 해물순두부찌개와 함께 먹으면 입맛이 확 살아난다. 노릇노릇 누룽지가 깔린 쇠솥에 물을 부어 잠시 두면 구수한 누룽지탕과 숭늉을 즐길 수 있다. 국내산 콩만을 사용해 두부를 만들며, 콩비지와 두부김치도 인기메뉴다.

☎ (02)919-1599 ⏰ 08:00~19:00(연중무휴) Ⓟ 가능 Ⓦ 청국장·콩비지 6천 원, 해물순두부 6천500원, 두부김치 1만2천 원 📍 성북구 정릉4동 822-33(정릉지구 북한산 탐방안내소 앞)

13~14
용암문부터 부드러운 성곽길이 이어진다.

것처럼 하얀 성곽이 줄지어 있다. 꾸준히 이어진 보수공사로 새 화강암이 성벽을 채운 까닭이다.

계속해서 대동문 방향 성곽길을 따른다. 용암문부터 이어지는 성곽길은 가벼운 산책길 같다. 경사가 완만하고 풍광이 아름다워 많은 걷기여행객, 등산객들

▶ 네 갈래 길이 만나는 대동문. 이곳에서 쉬어가는 여행객들이 많다.
▼ 성곽길 옆으로 야생화 별개미취가 곱게 피었다.

이 찾는다. 잠시 후 대피소를 지나면 화장실과 정자가 있는 삼거리[14]이다.

대동문 가기 전 구불구불한 성곽길 중턱에서 만나는 동장대[15]는 북한산성의 남장대, 북장대와 함께 장군 지휘소 세 곳 중 하나였으며 최고 지휘본부로 사용 됐던 건물이다. 1925년 폭우로 인해 기단석 정도만 남았다가 1996년 현재의 모습으로 복원됐다. 동장대 또한 손꼽히는 조망명소다.

동장대를 지나 성곽길을 따라 계속 올라가면 다섯째 성문인 대동문[16]에 도착한다. 대동문은 네 갈래의 등산로가 만나는 접점이기도 해서 항상 사람들로 붐빈다. 대동문을 지나 '보국문~대남문' 이정표 방향으로 난 성곽길을 걷는다. 여기서 1구간 마지막 성문인 보국문까지는 0.6km로, 10분이면 걸어갈 수 있다.

가을 문턱인데 성질 급한 단풍잎들이 성곽 위에 내려앉았다. 붉게 물든 덩굴이 성곽을 따라 길게 늘어진 채 오늘 여행의 마지막 성문으로 가는 길을 알려준다. 얼마 안 가 여섯째 성문인 보국문[17]에 이르렀다. 12성문길의 절반이 되는 지점이지만 여기서 마무리하고 다음을 기약한다. 더 걸어도 12성문길을 완주하기 어렵고 중도에 그만두면 하산길도 마땅찮다.

보국문을 통과해서 정릉계곡을 따라 1시간쯤 내려가면 약수터[18]가 있다. 이

16

약수터는 매달 수질검사를 통해 음용 가부를 적어 놓는데, 부적합인 경우가 많으니 마시기 전에 안내판을 꼭 살피도록 한다. 약수터를 지나 내려오면 휴게소와 화장실을 지나고, 이어 정릉동 기점인 북한산 탐방안내소[19]가 나온다. 〈김성중〉

교통편

　구파발역 1번 출구 버스정류장에서 북한산성 방향으로 가는 34번과 704번 버스를 탄다. 시구문으로 오를 경우 북한산성 입구 다음 정류장인 효자마을회관에서 하차한다. 정릉계곡으로 하산할 때는 북한산 탐방안내소에서 110B번과 143번을 타면 길음역으로 갈 수 있다.

- 버스 : 구파발역 34, 704번,　북한산 탐방안내소 110A, 110B, 143, 162, 1020번.
- 지하철 : 3호선 구파발역 1번 출구, 4호선 길음역 3번 출구.
- 승용차 : 정릉지구 북한산 탐방안내소와 북한산성 입구에 대형 주차장이 있다. 비수기에는 (소형차 기준) 최초 1시간에 1천 원이며, 초과 10분당 200원씩 추가된다. 성수기에는 최초 1시간 1천500원, 초과 10분당 300원 추가.
- 버스안내사이트 : 서울 topis.seoul.go.kr　경기 www.gbis.go.kr

04 성곽길

북한산성 12성문길 2 _ 보국문~대서문
옛 성곽의 흔적을 찾아서

북한산성 보국문에서 대서문으로 가는 방향은 아름답지만 험한 봉우리가 많아 걷기에 힘들다. 6개의 성문을 지나는 길이 꽤 숨 가쁘지만 청수동암문과 부왕동암문, 가사당암문에서 세월의 풍파를 잘 견뎌낸 옛 성곽을 보면 뿌듯한 마음을 감출 수 없다.

추천테마	아이들과	연인끼리	여럿이	숲	들	계곡	강	바다	문화유적	봄	여름	가을	겨울	난이도
	★	★	★★★	★★		★★★			★★★	★★	★★	★★★	★	많이 힘들어요

기다리면 저 용이 날아오를까 _ 북한산 탐방안내소 ▶ 대남문 [1~5]

　북한산성 12성문길 중 일곱째 성문으로 향한다(편의상 남은 코스를 '12성문길 2구간'으로 칭함). 지난번 시구문을 시작으로 성문 6개를 돌아 내려왔던 종착점인 정릉지구 북한산 탐방안내소[1]에서 첫발을 내딛는다. 탐방안내소를 지나 바로 이어지는 정릉계곡 등 산로는 북한산성계곡에 비해 완만한 편이라 많은 등산객들이 선호한다. 특히 탐방안내소에서 10분쯤 걸어가면 나오는 '정릉생태관찰로'는 가볍게 둘러볼 수 있는 길이어서 가족나들이 코스로 인기가 높다.

　정릉생태관찰로를 지나

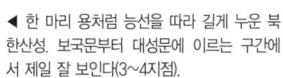

◀ 한 마리 용처럼 능선을 따라 길게 누운 북한산성. 보국문부터 대성문에 이르는 구간에서 제일 잘 보인다(3~4지점).
▶ 임금이 산성에 오를 때 드나들던 대성문. 천장에 구름무늬 단청이 곱다(4지점).

계곡을 가로지르는 구름다리를 건넌다. 울긋불긋 물든 단풍 사이로 흐르는 맑은 시냇물이 운치를 더한다. 계곡을 따라 1시간쯤 오르면 약수터[2]이고, 30분쯤 더 오르면 12성문 중 여섯째 성문인 보국문[3]에 도착한다.

암문(산성 비상출입문)인 보국문부터 이어지는 성곽길은 조망이 기막히다. 12성문길 2구간은 1구간에 비해 험한 길이 많은데, 보국문에서 대성문을 거쳐 대남문에 이르는 1㎞ 남짓한 구간은 능선을 인 산등성이가 한눈에 들어오고 길이 완만해 걷는 즐거움이 크다.

보국문에서부터 성곽의 모습이 뚜렷하게 눈에 들어온다. 능선을 따라 구불구불 이어지는 산성의 모습이 마치 하늘로 날아오르려는 용 같다. 조금만 지켜보면 꿈틀거리는 순간을 포착할 수 있을 것이다. 오색 단풍에 둘러싸인 한 마리 용이 비상을 준비하는 가을의 북한산성은 카메라 셔터를 누르지 않고는 참을 수 없을 만큼 매혹적이다.

　10분쯤 걸어 대성문4에 오르자 시원한 바람이 불어온다. 용의 등에 올라타 잠시 바람을 쐰다. 대성문은 임금이 산성에 오를 때 드나들던 문이라 그런지 여느 성문에 비해 큰 편이다. 천장의 구름무늬 단청이 단풍만큼 곱다. 여기서 5분 거리

물이 맑기로 유명한 정릉계곡.

대성문 가기 전 뒤편으로 북한산성이 굽이친다.

성곽길을 따라 단풍이 찾아왔다.

인 대남문[5]에 도착하면 성곽이 잠시 끊긴다. 문수봉을 지나 나한봉~나월봉~증취봉~용혈봉~용출봉~의상봉으로 이어지는 암봉 구간(의상능선)이 성곽 역할을 대신하는 것이다.

입이 쩍 벌어지는 절경 __ 문수봉▶대서문▶북한산성 탐방지원센터 [6~15]

대남문에서 10분쯤 걸어 오르면 문수봉[6]이다. 문수봉에서부터 승가봉과 비봉, 향로봉으로 이어지는 비봉능선은 설악산의 용아장성처럼 바위봉우리들의 기세가 하늘을 찌른다. 입이 쩍 벌어지는 북한산 절경의 주역들이다.

문수봉에서 정면으로 보이는 나한봉으로 향한다. 나한봉은 험한 바윗길이 이어지므로 전문 등반장비 없이는 위험해서 오른쪽으로 우회해야 한다. 나한봉의 허리를 돌아 10분쯤 걸으면 12성문 중 아홉째인 청수동암문[7]과 만난다. 청수동암문 주위로 보이는 성곽들은 새로 쌓다시피 한 보국문~대성문~대남문 구간과

12성문 중 여섯째 성문인 보국문.

달리 옛 산성의 자취가 그대로 남아 있다. 2구간에서는 암봉과 암봉 사이 안부지대(양쪽에 완만한 경사면을 가지는, 넓고 편평하며 낮은 곳)에 있는 성문들에서 이러한 성곽의 흔적을 볼 수 있다.

청수동암문에서 '의상봉 2.5㎞' 이정표 방향으로 직진하면 다시 거대한 봉우리와 만난다. 나월봉이다. 나월봉도 가파른 바위로 이루어져 있지만 오른쪽으로 우회로가 있어서 안전하게 지날 수 있다.

나월봉을 지나 부왕동암문[8]으로 내려선다. 청수동암문과 함께 옛 성곽의 자취를 지닌 성문이다. 이곳부터 12성문길 중 가장 험난한 구간이 이어진다. 증취봉과 용혈봉, 용출봉으로 이어진 바위 능선은 난간과 와이어로프를 붙잡아야 오르내릴 수 있다. 가파른 데다 미끄러운 구간도 있으므로 비가 많이 올 때나 겨울철에는 도전하지 않는 것이 안전하다.

부왕동암문부터 의상봉까지 거리는 1㎞. 완만한 능선이라면 30분이면 갈 수 있지만 바위봉우리가 연이어 꽤 오랜 시간을 잡아먹는다. 증취봉과 용혈봉의 가파른 바윗길을 지나면 정면으로 철계단이 놓여 있는 암봉이 보인다. 용출봉[9]이

Walking Tip

　북한산성 12성문길 2구간은 여섯째 성문인 보국문을 거쳐 대성문~대남문~청수동암문~부왕동암문~가사당암문~대서문을 차례대로 밟는 길이다. 보국문부터 대남문까지는 완만한 경사를 이루고 있어 어렵지 않게 걸을 수 있지만, 문수봉부터 의상봉까지 이어지는 바위 능선은 꽤 위험한 편이라 주의해야 한다. 특히 증취봉~용혈봉~용출봉 구간은 북한산성 12성문길 중 가장 험한 구간이기 때문에 악천후 때는 산행을 피하도록 한다.

　2구간에는 산성의 옛 흔적이 대부분 남아 있어 비로소 역사의 현장 속을 걷는 느낌이 난다. 특히 청수동암문과 부왕동암문, 가사당암문 주변 성곽을 자세히 살펴도록. 12성문길 2구간의 거리는 1구간과 거의 비슷한 9㎞로, 걷는 데 5~6시간 걸린다.

▶ 북한산성 12성문길의 대미를 장식하는 대서문.

▶▶ 부왕동암문 주변에는 성곽의 옛 모습이 비교적 잘 보존되어 있다. 암봉과 암봉 사이에 위치한 청수동암문, 가사당암문에서도 옛 산성의 흔적을 찾아볼 수 있다.

▼ 전망 좋은 문수봉 바위지대에 걸터앉아 비봉 능선을 바라보고 있는 탐방객들.

다. 이곳에서는 2007년 낙뢰로 인해 사망자 4명을 포함, 사상자 10여 명이 발생했다. 그만큼 악명 높은 봉우리라서 원효봉과 의상봉의 절경을 보려면 정상까지 조심조심 올라야 한다.

용출봉에서 내려와 가사당암문10에 도착하고 나니 한숨 돌릴 여유가 생긴다. 위험구간을 거의 다 지나고 마지막 고비인 의상봉만 남았다. 의상봉을 지나면 12성문의 끝을 알리는 대서문이 기다린다.

맛집 | 가야 밀냉면

가야 밀냉면은 북한산성 입구에 자리 잡은 지 40년도 더 된 식당이다. 이 집은 밀냉면으로 유명한데, 밀로 반죽한 쫄깃한 면발과 시원한 육수가 일품이다. 또 싱싱한 해산물을 넣은 해물칼국수, 한약재를 넣어 진하게 우려낸 국물과 연한 닭고기가 일품인 백숙은 삼삼오오 산행을 마친 등산객들에게 인기다.

📞 (02)356-5546 🕘 09:00~19:00 🅿 가능 🍴 밀냉면·비빔밀냉면 6천 원, 왕만두 5천 원, 한방닭백숙 4만 원
📍 은평구 진관내동 85번지 북한산성 내추럴파크 A동 106번지(북한산성 입구 식당가 내)

원효봉~백운대 능선이 눈길을 빼앗는 의상봉 정상[11]에 서서 한동안 주변 경치에 취했다. 정상에서 내려와 중턱쯤부터 와이어로프를 잡고 계속 내려가면 암릉 구간의 기나긴 줄기가 끝난다. 포장길[12]이 나오면 오른쪽길을 잠시 따른다. 5분쯤 걸어 대서문[13]과 만나면 12성문은 모두 둘러본 것이다. 다시 왔던 길로 되돌아와 삼거리[14]를 지나면 북한산성 탐방지원센터[15]다. 〈김성중〉

교통편

길음역 3번 출구로 나와서 북한산국립공원사무소(청수장) 방향으로 가는 110B번이나 143번 버스를 타고 종점에서 내리면 북한산 탐방안내소다. 북한산성 입구로 하산해서 34번이나 704번 버스를 타면 구파발역으로 갈 수 있다.
- 버스 : 북한산 탐방안내소 110A, 110B, 143, 162, 1020번, 구파발역 34, 704번.
- 지하철 : 4호선 길음역 3번 출구, 3호선 구파발역 1번 출구.
- 승용차 : 정릉지구 북한산 탐방안내소와 북한산성 입구에 대형 주차장이 있다. 비수기에는 (소형차 기준) 최초 1시간에 1천 원이며, 초과 10분당 200원씩 추가된다. 성수기에는 최초 1시간 1천500원, 초과 10분당 300원씩 추가다.
- 버스안내사이트 : 서울 topis.seoul.go.kr 경기 www.gbis.go.kr

05 성곽길

서울성곽 1 _ 숭례문~장충체육관
'한양은 안녕하신가?' 성곽의 돌에게 묻다

한양을 설계하는 데 있어 핵심은 행정경계이자 방어진지인 18km의 서울성곽이었다.
세월이 흘러 성곽은 주택가 골목에 숨겨지고 없어지기도 했다.
서울성곽을 찾아 걷는 일을 단순히 산책이라고 할 수 없는 것은 그 역사의 무게가 크기 때문이다.

추천 테마	아이들과	연인끼리	여럿이	숲	들	계곡	강	바다	문화유적	봄	여름	가을	겨울	난이도
	★★	★★	★	★★					★★★	★★	★★	★★	★★	무난해요

남산도서관 지나 본격적인 순례길 _ 숭례문▶남산케이블카 종점 1~7

4대문, 4소문, 4개의 산으로 연결된 서울성곽의 전체 길이는 18.25km. 여기서 주변 볼거리를 찾아 또는 걷기 좋은 길을 따라 성곽을 벗어나는 경우를 추가하면 거리가 5km쯤 늘어나 총 23km쯤이 된다. 서울성곽 탐방로를 찾아내고 책자에 담은 환경단체 '녹색연합'은 남산, 낙산, 북악산, 인왕산을 주요거점으로 하고 이를 네 번에 나눠 시계반대방향으로 걷는 방법을 권한다. 거리를 적당히 조절하고 북악산의 오르막길을 피해갈 수 있기 때문이다.

서울성곽 1구간은 숭례문1에서 시작해 남산을 거쳐 장충동 주택가에 있는 성곽을 따라 동대입구역까지 가는 것으로 한다. 숭례문광장에서 '남대문시장 1번 게이트' 이정표가 세워진 큰길로 가면 남산 가는 방향. 숭례문과 남산 사이의 성곽은 거의 소실되었는데 유일하게 남은 부분이 SK빌딩 앞2에 있다.

성곽은 몸통에 해당하는 성벽과 머리에 해당하는 성가퀴·눈썹 돌로 구성되어 있다. 성가퀴(여장)는 아군의 몸을 숨기고 적을 공격할 수 있도록 성벽위에 쌓은 것이고 눈썹 돌(옥개석)은 성가퀴를 빗물로부터 보호하기 위해 삿갓처럼 덧씌운 것을 말한다. SK빌딩 쪽에 있는 성

▼ 자유총연맹 뒤편 장충동 주택가에 있는 서울성곽. 비교적 온전하게 남아 있다(17~18지점).
▼ 남산의 봉수대. 월요일을 제외한 매일 오전에 봉화의식이 열린다(7~8지점).

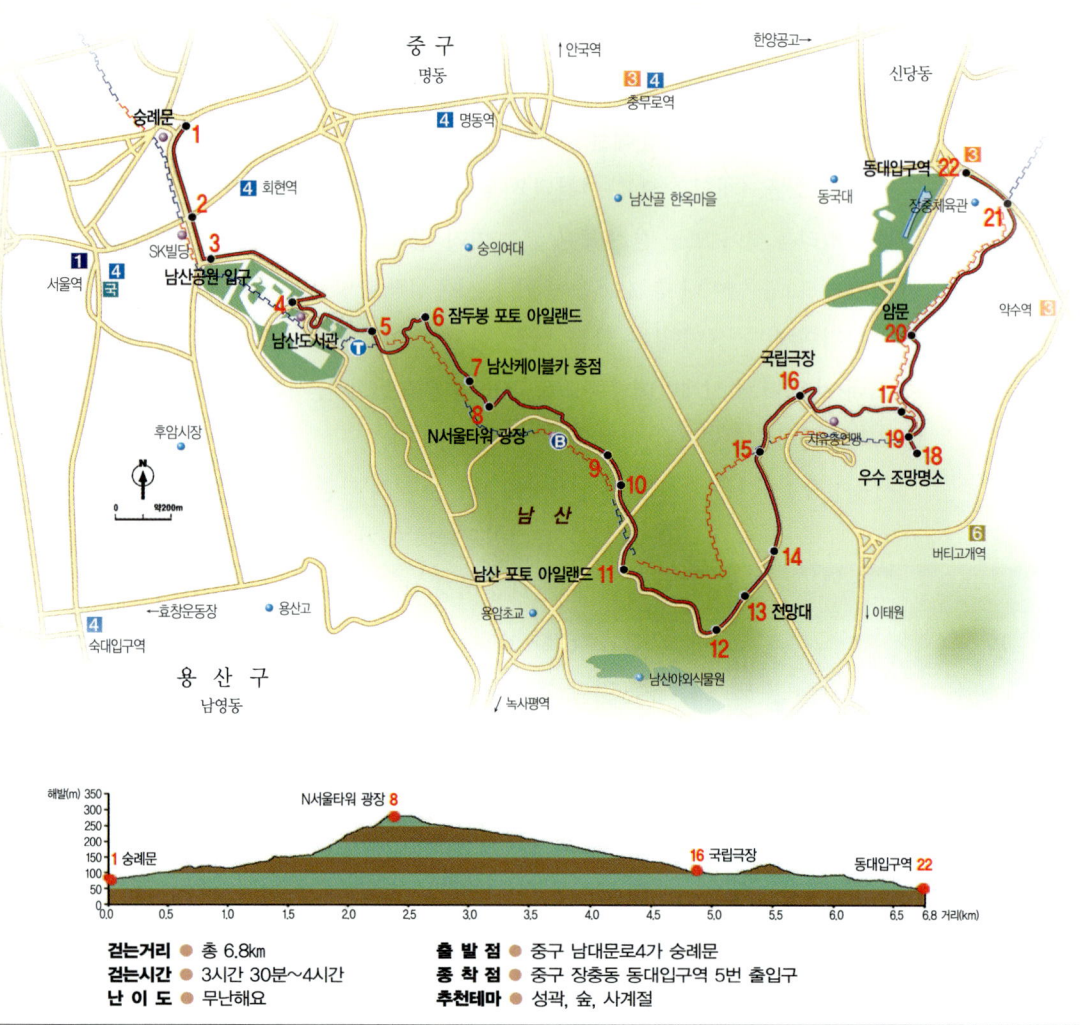

걷는거리	총 6.8km	출 발 점	중구 남대문로4가 숭례문
걷는시간	3시간 30분~4시간	종 착 점	중구 장충동 동대입구역 5번 출입구
난 이 도	무난해요	추천테마	성곽, 숲, 사계절

곽은 몸통은 보이지 않고 보도 옆 장식물처럼 성가퀴와 눈썹 돌만 솟아있다.

  얼마 안 가 남산공원 앞[3]에 도착한다. 횡단보도를 건너 공원으로 들어서면 된다. 계단을 올라 '성곽산책로와 백범광장'을 알리는 이정표가 등장하면 '성곽산책로' 쪽으로 방향을 튼다. 이곳의 성곽은 최근 복원한 것으로, 세월의 때가 묻지 않아 어쩨 낯설다. 짧은 성곽을 따라 나오면 공원은 찻길에 끊긴다. 남산야외음악당(축벽에 가려 보이지는 않는다)을 오른쪽에 두고서 찻길 따라 언덕을 오르면 남산도서관으로 가는 계단[4]이다. 영화나 드라마 속 연인들이 가위 바위 보를 하며 오르고 내려오고 하던 바로 그 장소.

계단을 다 오르면 남산도서관과 그 앞 분수대가 나온다. 멀리 보이는 N서울타워를 이정표 삼아 곧장 가면 화장실이 있고 그 옆으로 다시 계단[5]이다. 이제부터 본격적인 남산탐방이자 성곽순례의 시작이다. 조금 힘든 오르막길과 장쾌한 서울 풍경이 기다린다. 전망대인 잠두봉 포토 아일랜드[6]를 지나고 남산케이블카 종점[7]까지 가면 N서울타워가 코앞이다.

N서울타워 광장은 서울 중심점 _ N서울타워 광장▶국립극장 [8~16]

백두산과 함께 애국가에 등장하는 산. 남산타워라는 이름으로 더 익숙한 N서울타워가 솟아있고 산중턱으로 이어진 산책로엔 계절이나 시간과 관계없이 산책객이 끊이지 않는 장소. 서울시민이 아니거나 가본 적이 없다 해도 익숙한 산이 남산이다. 애국가에 등장할 정도면 그 존재감이 남다른 게 분명한데 왜, 언제부터 그랬을까?

한양이 조선의 도읍으로 정해지면서부터 남산의 유명세가 시작된다. 경복궁을 짓고 궁 둘레에 있는 네 개의 산(북악·인왕·남산·낙산)에 성곽을 쌓으면서 궁궐에서 정방향(남쪽)에 있는 안산(案山-풍수지리에서 말하는 집터와 맞은편에 있는 산)이 되었기 때문이다. 그래서 태조는 국사당을 짓고 나라의 안녕을 기원하는 제(祭)를 이곳 남산에서 지냈다.

N서울타워 광장[8]에 닿으면 그런 역사의 흔적이 남아있다. 우선 눈에 띄는 것이 봉수대로, 지금도 월요일을 제외하곤 매일 오전 11시~12시 30분 봉화의식이

명동 일대를 내려다볼 수 있는 잠두봉 포토 아일랜드.

열린다. 국사당은 일제 강점기 때 인왕산으로 옮겨져 지금은 팔각정 앞에 터로만 남았다.

남산은 서울의 중심점이기도 하다. 흔히 서울의 중심점으로 알고 있는 광화문 네거리의 도로원표는 단순히 한반도 18개 도시의 거리를 표시한 것이며, 종로구 인사동에 있는 중심점은 조선시대를 기준으로 하고 있어 광역화된 현재 서울의 상황을 반영하지 못하고 있다. 최근 N서울타워 광장의 벤치부근이 중심점으로 측정되어 GPS가 내장된 최신식 표지도 세워졌다.

계속 길을 걷다보면 광장에서 잠시 끊어졌던 성곽이 남산 순환로(찻길과 산책로가 같이 있다)를 따라 계속되다가 10여 분 걸으면 다시 길에 의해 끊어진다[10]. 성곽은 산으로 올라가고 순환로는 완만한 내리막을 그리며 국립극장으로 향한다. 성곽과 잠시 떨어져 편한 길을 걷기로 한다. 간혹 등장하는 갈림길들은 모두 '해당사항 없음' 이다. 순환로만 따라 걸어 간다.

'남산 위에 저 소나무 철갑을 두른 듯~' 양 옆으로 애국가 가사 그대로 소나무들이 우거진 길을 한참 걸었다. 바닥에는 지나온 10번 지점처럼 끊어진 성곽흔적[15]이 등장하고 용산구와 중구의 행정경계를 알리는 표지가 함께 있다. 조금 더 걸

▶ 남산 포토 아일랜드에서 본 N서울타워. 옆의 작은 철탑은 KBS 송신탑이다.
◀ N서울타워광장으로 오르는 계단. 길옆으로 성곽이 이어진다.

으면 남산구간이 끝나는 국립극장[16]이다.

공사실명제로 만든 성곽 _ 자유총연맹▶동대입구역 17~22

국립극장에서 큰길로 나오면 '걷는 흐름'이 조금 흐트러지는 기분이다. 국립극장과 장충동 주택가의 성곽을 연결하는 정식탐방로가 없기 때문. 그래서 남의 집 마당을 잠시 빌려야 한다. 자유총연맹 정문으로 들어가 끝까지 가면 언덕으로 이어진 흙길[17]이 나온다. 그 언덕으로 잠시 오르면 봐온 것 중 가장 뚜렷한 모습의 성곽이 기다리고 있다.

서울성곽은 돌의 모양을 통해 축성시기를 알 수 있는데 태조 때는 메주만 한 크기의 자연석을, 세종 때는 옆으로 넓게 퍼진 장방형 돌을, 숙종 때는 정사각형으로 규격화한 돌을 사용했다. 장충동 주택가 성곽의 모습이 뚜렷한 이유는 이곳의 성곽이 세종과 숙종시기에 축성된 것이기 때문이다.

언덕을 오르면 성곽의 안쪽이다. 성곽을 끝까지 따라 걸으려면 성 밖으로 나서야만 한다. 오른쪽으로 조금만 가면 성 안과 밖을 연

장충동 주택가 성곽에 있는 암문. 조선시대 백성들이 성 안팎을 드나드는 비공식 출입구였다.

결하는 계단이 나온다. 밖으로 나서기 전 근방에 있는 정자에 들러봤다. 특별한 이름은 없고 서울시 선정 우수조망명소[18]라는 표지가 하나 있다. 정자에 올라보니 막상 시야를 채우는 건 장충동과 신당동 일대를 빼곡하게 덮은 주택과 아파트들. 무엇이 우수한 조망이라는 건지, 가슴이 죄여오는 기분이다.

성 밖으로 나와서는 성벽 아래에 설치된 산책용 데크를 따라 걷는다[19]. 성벽에는 간혹 글자가 새겨진 각자석(刻字石)이 눈에 띄는데 그 내용은 지금으로 치면 '공사실명제'

최근 장충동의 성벽 아래 데크가 깔렸다. 사진은 공사 이전의 모습.

의 증거. 태조 때는 주로 구간·지명·날짜를 새겼고, 중기 이후에는 감독관과 기술자의 이름까지 기록했다고 한다.

성곽에는 '개구멍' 역할을 하는 장소도 있다. 암문이라는 것인데 백성들이 이용하던 비공식 출입구였다. 이 장충동의 성곽에서도 암문[20]을 하나 지난다. 서울성곽 1구간이 이제 얼마 남지 않았다. 장충체육관 부근[21]에 이르면 성곽은 도로와 건물들에게 자리를 내주고 흔적조차 없이 사라진다. 서울성곽 2구간은 찻길 건너편, 르노삼성대리점과 GS25편의점 사이로 이어진다. 찻길에서 왼쪽으로 방향을 돌리면 지하철 3호선 동대입구역[22]이다. 〈정규찬〉

교통편

숭례문에 가까운 지하철역은 시청역(2호선), 서울역(4호선). 숭례문에 정차하는 버스는 매우 많다.

- 지하철 : 2호선 시청역 7번 출구, 4호선 서울역 4번 출구.
- 승용차 : 남산도서관 주변 노상주차장과 국립극장 주차장을 이용할 수 있다. 요금은 10분당 500원.

버스안내사이트 : 서울 topis.seoul.go.kr   경기 www.gbis.go.kr

06 성곽길

서울성곽 2 _ 장충체육관~혜화문
도심에 포위된 달동네 성곽

서울성곽의 동쪽거점인 낙산은 다른 내사산에 비해 규모가 작아 주변 도심을 품고 있는 것이 아니라 거꾸로 도심에게 포위된 것처럼 보인다. 낙산에 들어선 낡은 주택가를 보면 서울의 시간이 여기에서만 멈춘 것 같다. 번화한 동대문 도심과 혜화동 대학가 사이에 위치한 달동네 성곽을 따라 이어진 길. 70~80년대의 정서와 2000년대의 풍경이 함께 걷는다.

| 추천 테마 | 아이들과 ★★ | 연인끼리 ★★ | 여럿이 ★ | 숲 | 들 | 계곡 | 강 | 바다 | 문화유적 ★★ | 봄 ★★ | 여름 ★★ | 가을 ★★ | 겨울 ★★ | 난이도 무난해요 |

개발에 밀려 사라진 성곽 __ 동대입구역▶오간수교 1~6

　동대입구역(장충체육관)에서 시작해 한성대입구역(혜화문)에서 끝나는 서울성곽 2구간. 성곽이 보존되었거나 복원된 구간은 코스전체에서 60% 정도밖에 되지 않는다. 특히 동대입구역과 흥인지문(동대문)사이는 광희문(남소문)부근을 제외하고 성곽이 전무하다. 다른 구간에 비해 도심개발이 급속도로 진행되고 규제가 적었음을 짐작케 한다.

　1구간이 끝났던 동대입구역 5번 출입구[1]에서 2구간을 시작한다. 출입구에서 곧장 걷다 르노삼성대리점과 편의점이 보이는 반대편으로 길을 건넌다[2]. 성곽의 흔적이라곤 찾아볼 수 없는 주택가 골목길. 길 왼쪽으로 꽤 번듯한 양옥집이 들어서 있는데 원래 성곽이 있었던 터다. 최근 성곽복원 작업이 이뤄지고 있어 간혹 '유적 발굴조사 중' 임을 알리는 안내문이 붙은 대문도 눈에 띈다. 주택가 골목길을 따라 직진하듯 걸으면 삼거리다. 여기서 '백구컴퓨터크리닝[3]' 간판이 있는 쪽으로 우회전한 뒤, 곧이어 나오는 큰길에서 신당약국을 끼고 좌회전하면 광희문[4]이 멀지 않다.

◀ 낙산의 서울성곽. 성 밖으로 개발의 그늘 같은 서울의 또 다른 모습이 빼곡하다(12지점).
▼ 흥인지문(동대문)은 도성과 밖을 연결하는 실질적인 출입문이었다(7지점).

광희문(남소문)은 소의문(서소문)과 함께 도성 안의 시신을 성 밖으로 내보내는 역할을 하여 시구문(屍軀門) 또는 수구문(水口門)이라는 별칭을 가졌다. 한양공고 쪽으로 길을 건너 '동대문역사문화공원'(왼쪽)으로 방향을 꺾으면 흥인지문(동대문)으로 가는 길이다. 광희문에서 흥인지문까지 소실된 성곽을 가상으로 그려보면 한양공고 앞에서 동대문역사문화공원 쪽으로 방향을 돌리는 순간 성곽 안으로 들어가는 셈이다. 원래 동대문운동장이 있던 자리인 동대문역사문화공원·디자인플라자에서는 성곽 터가 발견되어 현재 발굴조사 중이다. 문화공원

둘레를 따라 걸으면 청계천 위에 놓인 오간수교6를 지난다. 청계천을 내려다보면 하천 왼편으로 아치모양의 구멍 5개가 보이는데 원래 청계천에 있던 오간수문(5개의 수문)을 재현해 놓은 것이다.

달동네 풍경이 익숙한 이유 __ 흥인지문▶광장쉼터 7~12

성곽 4대문은 각각 '인·의·예·지'의 뜻을 담은 이름을 지니고 있다. 동쪽 방위를 뜻하는 인(仁)이 들어간 문이 흥인지문(興仁之門)이다. 숭례문, 돈의문, 숙정문과 달리 이름이 4음절인 이유는 낙산이 다른 내사산에 비해 상대적으로 크기가 작아 동쪽의 기운을 보완하기 위해서였다. 서울의 지형은 서고동저형으로, 풍수지리학으로 보면 동쪽으로 쏠리는 기운을 잘 다스려야만 했다. 겸재 정선의 〈동문조도〉를 보면 지금과 달리 흥인지문의 돈대가 높게 그려져 있는데 이는 도성에서 흘러나가는 기운을 막기 위함이라고 한다.

흥인지문은 왕이 실질적으로 사용하는 출입문이기도 했다. 실록에는 왕이 선

오간수교에서 본 청계천. 왼편에 보이는 다섯 개 문이 오간수문을 재현해 놓은 것이다.

◀ 낙산의 서울성곽은 보존 상태가 양호한 편이다.
▶ 낙산에는 아직 이런 집들이 남아 있다. 저 멀리 현대식 고층건물이 있는 곳과 이곳은 분명 같은 서울하늘 아래다.

대 왕릉에 참배하러 갈 때뿐만 아니라 사냥이나 온천여행 등 사적인 출입에도 사용했음이 기록되어 있다.

　흥인지문[7]에서 낙산성곽은 쉽게 찾을 수 있다. 길 건너편 동대문교회 옆으로 이어진 성곽이 보인다. 동대문역 6번 출입구로 들어가 1번 출입구로 나오면 된다. 낙산공원 입구[8]를 지나 몇 분 언덕을 오르면 낙산성곽 길을 알리는 이정표[9]가 등장한다. 쉼터가 간간이 등장하고 길에는 붉은색 보도블록이 깔린, 성곽만 아니라면 흔히 볼 수 있는 근린공원 분위기다.

　조금 더 가면 암문[10]. 당연한 얘기지만 지대가 높은 성곽 안으로 걸어야 주변 풍경을 즐길 수 있다. 암문을 통해 성곽 안으로 들어서는데 다소 뜻밖의 풍경이 기다린다. 가파른 언덕에 다닥다닥 붙은 낡은 집, 머리 위로 무질서하게 드리운 전깃줄. 서울에서 몇 남지 않은 '달동네'다. 그런데 이상하게도 이곳 참 익숙하다. 곰곰이 생각해보니 드라마나 뮤직비디오에서 심심찮게 봤던 장소다. 주로 여주인공이 성곽에 서서 보석처럼 반짝이는 도시의 불빛을 바라보곤 했던 것 같다. 밤에 이곳을 찾았으면 어땠을까 잠시 생각해 보다가 남은 거리를 생각해 미련 없이 언덕을 오른다.

　'달동네 풍경'은 '중앙광장·팔각정·홍덕이밭' 이정표[11]가 나오는 곳에서 끝이 난다. 팔각정이 보이는 아랫길로 내려서면 이쪽은 잘 정비된 공원이다. 2~3분쯤 직진하면 광장쉼터[12]. 이곳에도 암문이 있다. 성 안과 밖 어느 쪽의 길을 택하건 성곽과는 잠시 후 멀어진다. 혜화동으로 나서는 성곽 안쪽 길을 택했다.

맛집 | 진미파전

낙산공원 입구로 들어서서 언덕을 몇 걸음 오르는데 구수한 멸치육수냄새가 걸음을 멈추게 했다. 고개를 돌려보니 허름한 식당인데 간판에 '멸치잔치국수 2,500원' 이라고 붙어있다. 식당으로 들어가 한 끼 때울 요량으로 국수 한 그릇을 주문했다. 기다리는 동안 메뉴판을 보니 파전·부추전·두부전·김치전 등 주로 전 종류를 파는 집이다.

국수는 냉면그릇보다 조금 작은 크기의 양은그릇에 담겨 나왔다. 반찬은 김치와 단무지가 전부. 아주 연한 갈색이 도는 멸치육수에 뽀얀 면이 탱글탱글 잠겨있고 김가루와 볶은 호박을 고명으로 조금 얹었다. 양념간장을 살살 뿌리고 휘휘  저어 한 젓가락 크게 퍼 후루룩~ 들이키니 그 맛 참! 구수하면서도 개운하다. 젓가락질 몇 번 만에 남은 건 빈 그릇뿐. 국물 한 방울도 남김없이 비웠다. 다음엔 곱배기로 먹어봐야겠다. 근데 곱배기가 있었나?

ⓦ 파전 7천 원, 부추전 6천 원, 두부전 5천 원 **Ⓐ** 종로구 창신성곽길 6(낙산공원 입구 근방).

▲ 중앙광장으로 향하는 낙산공원의 산책로. '달동네' 풍경이 이곳에서 사라진다.
▼ 혜화동로터리에서 한성대입구역으로 향하는 길. 짙게 드리운 가로수 사이로 혜화문이 보인다.

혜화동 가로수 그늘 아래 서서 _ 나무계단▶한성대입구역 13~17

성곽 안쪽 내리막길이 왼쪽의 나무계단[13]으로 이어지면 성곽은 더 이상 볼 수 없다. 계단을 끝까지 내려오면 골목길이 어지럽게 나 있는 이화동 주택가. '내리막' 만 택해서 가면 된다. 평지에 다다른다 싶으면 동숭이용원이 있는 사거리[14]가 나온다. 여기서 왼쪽으로 보이는 로봇박물관 앞까지 간 뒤 오른쪽으로 방향을 꺾으면 혜화동의 대학로다.

'그 햇빛 타는 거리에 서면 나는 영원한 자유인일세, 그 꿈의 거리에 서면 나는 낭만으로 가득 찰 거야~.' 90년대 초반 활동했던 그룹 마로니에가 부른 '동숭로에서'의 가사다. 처음 이 노래를 들었을 때 도대체 어떤 거리이기에 영원한 자유와 낭만을 품고 있을까 싶었다. 지금 노래가사 속 그 길, 대학가에 서 있다. 일찍이 젊음과 낭만의 거리로 불렸던 이 동네, 알고 보니 유행가 탄생과 관련 깊다. 작곡가 고 이영훈이 '라일락 꽃향기 맡으면 잊을 수 없는 기억' 을 떠올려 '가로수 그늘 아래 서면' 을 쓴 장소도 혜화동이라고 한다.

80~90년대의 정서가 지금 이 거리에 얼마나 남아있는지는 모르지만, 그때 그 대학로도 지금처럼 젊음으로 가득했을 것이다. 그 젊음에 섞여 혜화동로터리[16]를 지나 한성대입구역[17]까지 걷다 보면 서울 성곽 2구간 산책이 끝난다. 〈정규찬〉

교통편

동대입구역에서 길을 시작해 혜화역이나 한성대입구역에서 마무리한다.
■지하철 : 3호선 동대입구역 5번 출구, 4호선 혜화역 1번 출구, 4호선 한성대입구역 4번 출구.
■승용차 : 장충체육관 주차장(수용대수 120대) 이용. 요금은 10분당 1천 원.
버스안내사이트 : 서울 topis.seoul.go.kr 경기 www.gbis.go.kr

서울성곽 3 _ 혜화문~창의문

북악에서 보니 서울 진경이 여기구나

북악산을 거점으로 하는 3구간은 오르막이 있고 신분확인 같은 절차가 있음에도
가장 인기 있는 길이다. 그래서인지 성곽이 잘 보존·복원되어 있고 숲도 풍성하다.
산마루에서 북악의 바람을 맞으며 바라보는 서울이 다름 아닌 진경(珍景)이다.

추천테마	아이들과	연인끼리	여럿이	숲	들	계곡	강	바다	문화유적	봄	여름	가을	겨울	난이도
	★★	★★	★★	★★★					★★★	★★	★★	★★	★★	조금 힘들어요

주택가에 숨은 성곽의 흔적 _ 한성대입구역▶경신고 1~4

고백하자면 첫 발걸음은 무거웠다. 서울성곽 3구간, 북악산 길은 꽤 힘들다고 알려진데다 군사보호지역이라 사진촬영에도 제한이 있을 터였다. 본디 여행이라는 것이 그렇지만 특히나 걷기여행은 '여정'이 중요하다. 헉헉거리며 언덕을 오르느라 주변풍경을 놓치거나 감시의 대상이 되고 싶지는 않았다. 서울성곽 중 가장 많은 사람들이 찾는 장소라는 사실도 호젓한 걷기여행과는 거리가 멀어 보였다.

성곽 2구간 걷기여행을 마무리했던 한성대입구역에서 다시 걷기 시작했을 때만 해도 그런 생각이었다. 그러나 골목골목에 남아있는 성곽의 흔적을 거쳐 북악에 오르니 주저했던 마음들이 눈 아래로 펼쳐진 서울 풍경에 싹 사라졌다. 창의

◀ 북악산 성곽. 신분증을 지녀야만 탐방이 가능하다(10~11지점).
▶ 북대문인 숙정문. 출입문 역할은 거의 하지 않았다(12지점).

걷는거리	● 총 5.2km	출 발 점	● 성북구 성북동 한성대입구역 5번 출입구
걷는시간	● 3시간~3시간 30분	종 착 점	● 종로구 부암동 부암동주민센터
난 이 도	● 조금 힘들어요	추천테마	● 성곽, 숲, 사계절

문에 다다를 무렵엔 무거웠던 발걸음이 기분 좋은 뻐근함으로 바뀌어 있었다.

    한성대입구역 5번 출입구[1]를 나오자마자 유턴하듯 방향을 꺾어 혜화동로터리 쪽으로 조금만 가면 혜화문[2] 이 보인다. 서울 4소문 중 동소문으로, 일제 때 철거 되었으나 1992년에 복원한 것이다. 북방과 연결되는 관문이어서 여진의 사신은 반드시 혜화문을 통해서만 도성으로 들어올 수 있었다고 한다. 혜화문과 연결된 성벽을 따라 잠시 걸어가자 팔각정자가 보이는 삼거리[3]. 주택가 도로에 의해 잠 시 끊어진 성곽은 성북동 서울시장 공관 축벽으로 이어진다. 이 길에서 보게 되는 성곽은 축벽으로 온전하거나, 어느 집 담벼락에 성돌 몇 개로만 남았다.

주택가 길로 걸으면 경신고등학교[4] 앞을 지난다. 선교사 '언더우드'가 1885년 설립한 역사 깊은 학교다. 운동장에서 학생들이 공을 차고 있는 모습을 보니 문득 생각나는 사람이 있다. 고등학생 신분으로 축구 국가대표가 되었던 차범근. 경신고등학교는 그의 모교다. 골목길에 있는 학교 담벼락도 성곽이다. 정확하게 말하면 성곽 위에 학교 담벼락을 덧쌓았는데, 마치 순서대로 역사를 기록한 유물을 대하는 기분이다.

산에서 겪은 통행정체 _ 와룡공원▶말바위쉼터 [5~11]

경신고등학교 담벼락을 지나면 서울과학고 앞의 찻길 삼거리. 성곽은 당연히 끊긴다. 횡단보도로 길을 건너 오른쪽 내리막으로 몇 걸음만 가면 와룡공원 입구[5]. 성곽이 다시 모습을 보이고 북악산을 향한 본격적인 길이 시작되는 장소다. 소나무가 짙게 우거져 있어 길이 어둑어둑하다. 서늘한 기운을 느끼며 오르막을 오르자 서울도심이 발아래로 서서히 낮아져 간다. 성곽을 길잡이 삼아 직진하다 삼거리[7]가 나오면 성곽이 이어지는 방향(오른쪽)으로 걸음을 옮긴다. 암문[8]이 있는 곳에선 돌계단으로 올라야 한다.

정자쉼터와 간이매점이 보이면 이제 북악산 자락[9]. '말바위쉼터 가는 길'이

혜화문(왼쪽)과 성벽. 둘 다 90년대 초반에 복원된 것이다.

8 와룡공원의 성곽 밖 풍경. 성북동 일대다.

정표를 따라 성 밖으로 나서면 숲이다. 흙길은 빼곡하게 담쟁이가 붙은 성벽과 무성하게 자란 작은 나무들 사이로 특별한 오르내림 없이 숲으로 이어진다. 어느새 길에는 삼삼오오 무리를 지은 탐방객들이 많아졌다. '말바위안내소 가는 길'이라는 안내문이 붙은 나무계단[10]이 나오면 계단을 올라 성곽 안으로 든다. 계단 끝은 우수조망장소. 유달리 쾌청한 가을하늘 아래 펼쳐지는 성북동 일대의 풍경이 장쾌하다. 잠룡(潛龍)처럼 북악산 산등성이에 누운 성곽도 또렷이 눈에 들어온다.

말바위안내소[11]에 도착하자 극장 예매창구 앞처럼 사람들이 길게 줄을 섰다. 통행증을 교부 받는 장소인데 탐방객이 유달리 몰렸다. 흔히 보는 등산객들뿐 아니라 외국인, 어린 학생들, 연인 등 옷차림만큼 다양하고 많은 사람들이 순서

말바위안내소 가는 길에 있는 전망대. 열이면 열, 걸음을 멈추고 풍경을 즐긴다.

를 기다리고 있다. 20여 분을 기다려 통행증을 받아들었다. 이제부터 창의문까지는 군사보호시설. 정해진 탐방로를 벗어날 수 없고 사진촬영에도 일부 제약이 있다.

가파른 내리막길에 다리가 후들 _ 숙정문▶부암동주민센터 12~16

"방금 찍은 사진 보여 주세요." 나직하지만 단호한 목소리. 숙정문에 다다를 무렵 한 사복군인이 촬영한 사진을 보자고 한다. 말바위안내소에서 창의문까지는 초소가 규칙적으로 등장하는데, 이 같은 군사시설이 노출되는 것을 방지하기 위해서다.

숙정문12에서는 자유롭게 촬영할 수 있다. 4대문 중 북대문인 숙정문은 '엄하

맛집 | 자하손만두

　80년대 한국영화에 등장하던 부잣집이 꼭 이랬다. 창의문 옆, 자세히 보지 않으면 식당인지 저택인지 구분하기 힘든 양옥 한 채. 이미 잘 알려진 '자하손만두'다. 충무로 신세계백화점에 지점을 둘 만큼 '만두' 하나로 성공한 이 집 비결은 '맛'에다 더한 '멋'이다. 외할머니 때부터 손수 빚어온 전통 서울만두 맛에 손녀 박혜경 사장이 '멋'을 더한 것. 그릇, 수저, 물컵 하나도 고급스럽다. 만두에 들어가는 두부, 애호박, 숙주나물 같은 재료가 느끼하지 않고 담백한 맛을 낸다. 김치, 장 종류를 모두 직접 담아서 사용한다. 만두 외에 수육냉채·콩국수 등 계절음식도 판다.

C (02)379-2648　**❋** 12:00~22:00　**P** 가능　**W** 만둣국 1만1천 원　**A** 종로구 부암동 245-2

게 다스린다'는 뜻. 출입의 기능으로는 거의 사용하지 않고 풍수지리학적으로 북쪽 음기를 막는 개념이다. 실제로 나라에 가뭄이 들면 숙정문을 열어 음기를 받아들이고 기우제를 지냈다고 한다. 위치만 봐도 도성의 도로와 연결되지 않는 산 중턱에 있어 출입문 역할은 불가능해 보인다. 길을 이어가려면 숙정문 문루로 올라야 한다.

1968년 1월 21일, 북한 특수부대가 청와대로 침투하려 했던 사건이 있었다. 북악산에 북한 특수부대원들이 국군과 총격전을 벌였던 장소가 있는데, 그 역사 속 현장을 정상 근방에서 만날 수 있다. 소나무 몸통에 총탄자국이 있는 1·21 사태 소나무[13]. 이유는 모르겠지만 총탄자국은 모두 시멘트로 메워놓았다. 1·21 사태 소나무에서 몇 분만 가면 갈림길이 하나 나온다. 여기서 왼쪽으로 잠깐 올

말바위안내소부터 창의문에 도착할 때까지는 성곽 안쪽으로만 길이 나 있다.

라야 북악산 정상인 백악마루[14]다. 배드민턴장만 한 넓이의 화강암 지형에 '백악산'이라고 적힌 정상표석이 있다. 백악산은 북악산의 또 다른 이름이다. 한때 발칸포 진지로 사용되었을 만큼 사방이 확 트인 이곳에 이미 많은 사람들이 자리를 잡고 산 아래 서울을 구경하고 있다.

지나온 갈림길로 돌아가면 서울성곽 3구간의 최대 난코스, 급경사 내리막이다. 반대편에서 힘들게 올라오는 이를 보면 그나마 내리막이 낫겠다 싶으면서도 후들거리는 다리는 어쩔 수 없다. 게처럼 옆으로 걸어보고 아예 몸을 돌려 거꾸로 계단을 밟아도 본다. 창의문[15]까지 이르면 내리막길은 끝이 난다. 700m가 넘는 거리였다. 안내소에 통행증을 반납하고 창의문 문루에 앉아 뻐근해진 다리를 쉰다. 숙정문을 대신해 실질적인 북문 역할을 했던 창의문은 현재 4소문 중 유일하게 원형을 보존하고 있어 눈여겨볼 가치가 있다.

창의문을 통과해 부암동 찻길로 나서자 가을햇살이 나른할 정도로 쏟아진다. 길 반대편으로는 서울성곽의 마지막 구간인 인왕산이 기다린다. 돌아갈 때는 부암동주민센터[16]에서 버스를 타면 된다. 〈정규찬〉

교통편

한성대입구역에서 시작해 부암동주민센터 앞에서 버스를 이용한다.
- 버스 : 7212, 1020, 7022번.
- 지하철 : 4호선 한성대입구역 5번 출구.
- 승용차 : 한성대입구역 주변엔 주차할 장소가 마땅치 않다. 혜화역 근방의 사설 유료주차장(1시간 3천~4천 원선)을 이용해야 한다.

버스안내사이트 : 서울 topis.seoul.go.kr 경기 www.gbis.go.kr

08 성곽길

서울성곽 4 _ 창의문~숭례문

인왕산 넘어 다시 숭례문에 서다

숭례문에서 출발했던 서울성곽은 인왕산을 넘어 다시 숭례문으로 돌아온다.
인왕산을 넘어 도착한, 고층빌딩이 점령해 버린 서울 한복판.
시멘트로 봉인한 성곽의 역사가 일부 남아 반가움과 안타까움을 함께 전한다.

| 추천
테마 | 아이들과
★★ | 연인끼리
★★ | 여럿이
★★ | 숲
★★★ | 들 | 계곡 | 강 | 바다 | 문화유적
★★★ | 봄
★★ | 여름
★★ | 가을
★★ | 겨울
★★ | 난이도
조금 힘들어요 |

말벌 때문에 길을 돌아가다 __ 부암동주민센터▶인왕산 성곽 1~7

　걷다보면 뻔히 보이는 길을 놔두고 둘러가거나 되돌아서야만 할 때가 있다. 보통 이런 경우는 군사시설 등이 들어선 '접근불가 지역'이거나 '공사 중' 또는 '자연재해'로 길이 막혔을 때다. 성곽 4구간을 걸으면서 이런 경우를 두 번 겪었는데, 한 번은 정식 코스를 이탈해 둘러갔고, 한 번은 들어가선 안 될(그러나 정식 코스였던) 길을 무단으로 걸어버렸다.

　서울성곽 4구간. 부암동 주민센터[1]에서 창의문 앞 큰길로 가다 검은색 글씨로 '시인의 언덕 오르는 길' 이라 쓰인 계단을 오르면서 시작된다. 여기서 시인은 윤동주를 말하는 것이고 시인의 언덕은 청운공원[2] 의 한 구역이다. 이곳에 윤동주의 이름이 거론되는 이유는 그가 생전 인왕산과 북악산 능선을 걸으며 '서시', '별

◀ 창의문 옆 청운공원에는 윤동주를 기리는 공간이 마련되어 있다. 그 장소로 오르는 계단(2지점).
▶ 서울성곽 일부가 남은 청운공원(2~3지점).

서울성곽 4_창의문~숭례문 147

혜는 밤' 등 대표작을 구상했기 때문이라고 한다.

 계단 바닥에도 윤동주의 시가 적혀 있었으나 지금은 알아보기 힘들 정도로 지워진 상태다. 계단을 다 오르면 옮겨 심은 듯한 작은 나무들이 드문드문 잔디밭에 들어서 있고, 황토 느낌의 포장산책로가 그 사이를 가로지른다. 성곽도 일부 모습을 보인다. 산책로 따라 팔각정자를 지나면 찻길 옆으로 흙길이 시작된다. 찻길은 사직공원으로 연결되는 인왕스카이웨이이고, 흙길은 역시 같은 방향인 인왕스카이웨이 산책로다.

인왕산 성곽으로 가려면 찻길 건너편에 있는 등산로 입구를 찾아야 한다. 횡단보도가 있고 초록색 철문으로 되어 있어 쉽게 알아볼 수 있다.

첫째 등산로 입구[3]에 도착하니 구급차 한 대가 서 있고 119대원과 등산객들이 모여 있다. 알고 보니 등산객 한 명이 말벌에 쏘인 것. "이 길은 지금 말벌 때문에 위험하니 다른 길로 돌아가라"는 말을 듣고 둘째 등산로 입구로 향했다. 강원도에서 멧돼지를 만난 적은 있었지만 벌 때문에 길을 못 간 건 처음이다.

3분쯤 가면 둘째 등산로 입구[4]다. 계단으로 오르자 초소가 있는 삼거리[5]가 나오고 여기서 이정표가 가리키는 인왕산 정상으로 간다. 길에 놓인 블록만 따라 걷다 철책으로 앞이 막히면 왼쪽으로 방향을 꺾어 흙길로 가면 된다. 얼마가지 않아 인왕산 성곽[7]이 모습을 보인다.

호기심 덕분(?)에 무단통과 _ 인왕산 정상▶공원 출구 [8~12]

성곽 앞에서 '인왕산 정상' 방향(왼쪽)으로 간다. 가파른 오르막으로 성곽이 이어져 있다. '그 옛날 이런 규모의 성곽을 어떻게 쌓았을까' 생각하다가 '수많은 민초들이 목숨 걸고 돌 나르고 쌓았겠지' 싶은 게 왠지 숙연해진다. 성곽은 아

인왕산 정상 부근의 헬기장. 오른쪽으로는 서대문 안산(鞍山)이 보인다.

12 가로수와 풀밭 사이에 숨어있는 교남동 주택가의 성곽.

무 말 없이 인왕산 능선 모양을 따라 꽤 가파르다가 완만해지더니 거의 평지 수준으로 길고 길게 이어진다.

   정상이 가까워지면서부터 시야가 확 트이더니 익숙한 것들이 하나둘 눈에 들어온다. 뾰족하게 솟은 북악산, 그 아래 청와대, 넓은 터를 가진 경복궁, 야트막한 낙산, N서울타워가 솟은 남산. 말 그대로 서울성곽 안, 한양의 모든 풍경이다.

   인왕산 정상[8]도 북악산처럼 화강암 지형인데 크기는 탁자 몇 개를 놓을 수 있을 정도로 넓다. 헬기장을 지나 내리막을 그리는 길에서 출입통제 지점[9]을 만난다. 선바위 방향의 성곽이 보수공사 중(2010년 12월 말까지)이기 때문이다. 원칙대로라면 이 갈림길에서 옥인동 쪽으로 내려가야 했다. 하지만 보수 중인 성곽을 잠깐 보겠다는 호기심으로 내딛은 걸음의 수가 점점 쌓여 그대로 걷고 말았

7~8
2010년 말까지 복원이 완료될 인왕산의 성곽.

다. 새 성곽이 능선을 따라 치아처럼 하얗게 박혀가고 있다.

결국은 군부대 근처 선바위 지점을 막 지났을 때 사복군인을 만나 핀잔을 들었다.

"어떻게 이쪽으로 오셨어요?"

"아, 그냥 성곽 따라 왔는데요."

"공사 중이라 이쪽으로 다니시면 안 됩니다. 여기까지 왔으니깐 일단 내려가세요."

꼭 나쁜 짓하다 걸린 아이처럼 머쓱해진 기분은 이후에도 한 번 더 느껴야 했다. 10분 거리에 있는 등산로 출구[10]가 잠겨 있었던 것. 철문 밖에 서 있던 또 다른 사복군인이 문을 열어줬다.

실질적인 인왕산 구간은 이곳에서 끝나고 성곽은 공원산책로 같은 길을 따라 돈의문 터(서대문)로 이어진다. 산책로가 끝나고 슈퍼마켓(옥경이슈퍼)12이 보이면 완전히 주택가로 접어든다.

다시는 복원될 수 없는 성곽 __ 상록수어린이집▶숭례문 13~20

옥경이슈퍼 옆으로 직진하면 화단과 가로수 사이로 성곽 윗부분(여장과 옥개석)이 숨어있다. 상록수어린이집13을 지나 오른쪽으로 방향을 꺾어 곧바로 삼거리슈퍼가 나오면 왼쪽으로 나선다.

교남동 주택가다. 걷다보면 붉은색 2층 벽돌집, 그러나 아담하고 담쟁이가 잔뜩 붙은 고택 한 채가 눈에 들어온다. 홍난파가 말년을 보낸 '홍난파 가옥' 이다. 1930년대 지은 이 주택에는 원래 독일선교사가 살았다. 근처에 독일영사관이 있어 이 일대로 독일인 거주지가 형성되었다고 한다. 홍난파 가옥 주변은 월암근린공원으로 꾸며져 있다. 공원 옆을 지나 송월동 쪽으로 직진하면 성곽하단부가 서울복지재단 축벽에 남아있다. 주황색 '건강프라자' 간판이 보이는 사거리에서 왼쪽으로 방향을 돌려 강북삼성병원 정문까지 오면 돈의문 터15다.

경향신문 쪽으로 길을 건너면 정동길의 시작이다. 건축가 김수근이 도쿄대 시절 설계했다는 경향신문 사옥부터 러시아공관 터, 을사늑약이 이뤄진 중명전, 한국최초의 여성교육기관인 이화학당(이화여고), 정동제일교회, 덕수궁 돌담길 등 고색창연한 건물들이 한국근대사의 흔적을 보여주는 아름다운 거리다. 작은 로터리가 있는 정동제일교회 앞에

고색창연한 건물들이 즐비한, 한국 근대사의 흔적이 남아있는 정동길.

15~16

서울성곽의 시작이자 끝인 숭례문. 2008년 화재로 전소 후 가림막을 치고 복원 중이다.

서 신아(新亞)빌딩 쪽으로 가면 배재학당 역사박물관을 지나 시청역 근방의 큰길(서서문로)로 나서게 된다. 반대편으로 길을 건너 오른쪽으로 방향을 잡는다 17. 중앙일보 사옥이 보이면 왼쪽이다18.

송월동 복지재단 축벽 이후로 자취를 감췄던 성곽이 상공회의소 건물에서 일부 모습을 보인다. 건물구조와는 아무 상관없는, 숙종 이후의 성돌과 새것을 섞어 장식물처럼 복원한 성곽이다. 고층빌딩이 점령해 버린 서울 한복판에 자리한 성곽이 반가우면서도 다시는 원래의 모습으로 돌아갈 수 없을 거라는 생각에 안타깝다. 서울성곽을 돌고 돌아 한양의 흔적을 더듬던 순례는 복원 중인 숭례문20에 도착하면서 끝을 맺는다. 〈정규찬〉

교통편

찾아가는 길은 부암동주민센터에 정차하는 버스를, 돌아오는 길은 숭례문 주변 지하철과 버스를 이용한다.
■버스 : 부암동주민센터 7212, 1020, 7022번.
■지하철 : 2호선 시청역, 4호선 서울역.
■승용차 : 부암동에서 식당이나 카페를 이용하지 않으면 마땅한 주차공간을 찾기 힘들다. 경복궁 주차장에 주차, 부암동주민센터까지 대중교통 이용을 추천한다.
버스안내사이트 : 서울 topis.seoul.go.kr 경기 www.gbis.go.kr

section 3
숲과 공원

01 숲·공원

과천서울대공원

걷는 게 다가 아냐, 볼거리도 채워줄게

길지도 짧지도, 힘들지도 싱겁지도 않은 과천서울대공원의 산림욕장.
청계산 둘레를 따라가는 이 길 끝에서는 동물원 관람도 가능하다.
'누구의 손을 잡고 갈까?'만 고민하고 결정하면 된다. 주말 가벼운 나들이에 그만이다.

추천 테마	아이들과	연인끼리	여럿이	숲	들	계곡	강	바다	문화유적	봄	여름	가을	겨울	난이도 무난해요
	★★★	★★★	★★	★★★		★★				★★	★★★	★★★	★	

산림욕장, 시계방향으로 돌다 __ 대공원역▶사림의 숲 1~6

    가을이 깊어가던 어느 토요일 오전, 서울대공원을 찾은 적이 있었다. 지하철 4호선 대공원역 1번 출구로 나서자 양쪽으로 도열한 가로수와 그 사이의 길은 단풍으로 모조리 붉게 물들어 있었다. 역에서 쏟아져 나온 사람들은 붉은 카펫처럼 깔린 단풍잎을 밟으며 높을 대로 높아진 가을하늘 아래를 여유롭게 걸어 공원으로 향했다.

    그리고 시간이 꽤 흐른 지금 대공원역 2번 출구[1]에 서 있다. 지금은 주말도 아니고 가을도 아니다. 그늘이 짙게 드리운 가로수 길은 오가는 사람이 적어 유달리 넓어 보인다. 천천히 걸어 정면으로 보이는 서울대공원 종합안내소[2]까지 간다. 여기서 오른쪽으로 가면 정문 매표소, 왼쪽으로 가면 북문매표소를 통해 동물원으로 입장하게 된다.

    어느 쪽이건 매표소를 지나 산림욕장으로 들어설 수 있다. 어느 방향의 입구가 좋고 나쁘고는 없다. 산림욕장에 설치된 이정표에 의하면 여기서 오른쪽에 있는 입구로 들어서서 반시계 방향으로 도는 것이 정방향으로 소개돼 있긴 하다. 그러나 전에도 그랬듯이 시계방향으로 산림욕장을 걷기로 한다. 순전히 취향의 문제다.

    하늘은 맑지 않다. 서울랜드 다리[3]를 지나면서 보는 과천저수지 물색도 역시 탁하다. 흑백사진 같은 이 풍경은 지난 가을을 떠올리게 한다. 마치 컬러사진을 손에 쥐고 색을 잃어버린 사진 속 풍경과 대면하는 기분이다. 일찍 산림욕장을 돌고 내려오는 등산복차림의 사람들이 한두 명씩 늘어나기 시작한다. 서울랜드

◀ 구불구불, 그러나 오르내림은 적은 서울대공원의 산림욕장(11~12지점).
▶ 서울대공원 정문 근방에 있는 홍학사(21~22지점).

걷는거리	총 11km
걷는시간	3시간~3시간 30분
난 이 도	무난해요

출 발 점	과천시 과천동 대공원역 2번 출입구
종 착 점	과천시 과천동 대공원역 2번 출입구
추천테마	동물원, 사계절

매표소를 지나면 머지않아 북문매표소(성인 3천 원/어린이 1천 원)다. 입장한 뒤 이정표를 따라 왼쪽으로 방향을 잡으면 몇 걸음 거리에 산림욕장 입구(안내판에는 출구라고 적혔다)가 나온다. 당연한 얘기겠지만 산림욕장은 산자락에 조성되어 있어 어느 정도의 궤도에 들기 위해서는 초반에 오르막을 오르는 수고가 필요하다. 그나마 이곳의 산림욕장 입구로 들어서서 시계방향으로 걷는 것이 조금이나마 오르막을 적게 접한다.

산림욕장에서 길 찾기는 무의미하다. 길은 넓고 확실하며 이정표는 곳곳에 있

산림욕장의 초반, 리기다소나무가 빽빽하게 들어선 숲.

다. 만족할 만큼 걷고, 적당한 장소에서 만족할 만큼 쉬어가면 된다. 산림욕장에 들어서면 숲을 이룬 수종(樹種)은 흔히 보는 소나무, 그 중에서도 목질은 나쁘지만 생명력이 좋다는 리기다소나무다. 이정표가 세워진 '소나무 숲[5]' 지점을 지나고부터는 경사가 완만해진다. 풍성해진 여름 숲 사이로 난 길이 곱다. 그 길을 따라 꽤 걸으면 사귐의 숲[6]. 길 오른쪽 비탈에 벤치 여러 개가 꼭 대학교 강의실 책상처럼 놓여 있다.

여자의 마음을 약하게 만드는 숲 _ 밤나무 숲▶아카시나무 숲 [7~18]

사귐의 숲에서 조금 더 가면 맹수사 샛길입구를 지나 곧바로 밤나무 숲[7]이다. 한여름이니 밤이 맺혀있지도 않고, 독특한 냄새가 나는 밤꽃도 이미 지고 없다. 지나온 숲과 크게 달라보이지도 않는다. 그런데 해설판에 적힌 글귀가 흥미롭다.

'아름다운 밤나무 숲에서 고백을 하면, 여자도 마음이 약해져서 남자의 사랑을 순순히 받아들인다는 이야기도 있습니다.' 아쉽게도 지금 내 옆에는 고백할 여자가 없다.

가을과 겨울엔 보지 못했던 계곡수가 지금 한창이다. 길 중간 중간에 있는 조그만 계곡에는 그러나 적지 않은 양의 물이 시원하게 흐른다. 주위를 지날 때면 바위에 낀 초록이끼, 물에 젖은 풀에서 피어나는 냄새가 그윽하다. 그리고 그곳에는 하나같이 사람들이 자리를 잡고 있다. 다음은 독서하는 숲[9]. 이런 짙은 녹음 속에서 독서하는 것만큼 건전한 일도 없을 듯싶다. 근방에는 '망경산막'이 있는데, 산림욕장 코스 내에는 이런 정자모양의 쉼터가 여섯 곳 있다.

산림욕장에는 맨발길이 있다. 총 거리는 400m가 조금 안되고 다른 길에 비해 평탄하고 매끄러운 길이다. 처음에도 말했듯이 나는 산림욕장을 거꾸로(공원에서 설치한 이정표에 따르면) 돌고 있다. 그러다 보니 맨발길 시작이 아니라 종점[10]을 먼저 만난다. 똑같은 모양의 길인데 시작과 끝을 구분한 이유는 종점에 발을 씻을 수 있는 장소(계곡에 딱 발 씻기 좋게 자리가 마련되어 있다)가 있기 때문이다. 물론 지금처럼 계곡에 물이 흐르고 발이 시리지 않은 여름에나 가능하겠지만 말이다. 사실, 말이 좋아 맨발길이지 실제로 그렇게 걷는 사람이 있을까 싶었다. 그런데 그러는 사람이 있다. 조절저수지 갈림길[11]에서 지나친 중년남성 3명은 신발을 모두 손에 들고 있었다. 맨살에 닿는 자갈이 따가운지 "아~ 아~" 소리를 내면서 엉금엉금 걸어도 그들의 입가에는 아이 같은 미소가 가득하다. 맨발이건 신발을 신었건 말끔한 길로 이어지는 걸음에 흥이 난다. 얼마안가 맨발길 시점[12]이다. 종

캥거루과의 왈라비. 산림욕장 출구 앞 호주관에서 볼 수 있다.

얼굴이 귀여운 우파루파. 곤충관 내.

가을의 산림욕장. 숲의 매력은 절정으로 치닫는다.

점처럼 따로 발 씻는 장소를 마련해 놓지 않았을 뿐, 계곡은 있다. 그리고 길은 약간씩 내리막을 그리고 있다. 쉬어가는 숲13에 도착하면 전체거리가 7km정도 되는 산림욕장을 절반 정도 걸은 셈이다. 주변에는 청계산막과 약수터가 마련되어 있

맛집 | 봉덕칼국수

대공원역에서 경마공원 방향으로 10분 정도 걸어가면 과천에서 꽤 유명한 식당이 있다. 샤브버섯칼국수와 해물칼국수를 주 메뉴로 하는 '봉덕칼국수'. 얼큰한 맛을 좋아한다면 샤브버섯칼국수를, 담백한 맛을 선호한다면 해물칼국수를 추천한다. '음식 맛의 절반은 정성' 이라는 말처럼 주방장이 손수 반죽해서 썰어내는 칼국수 면은 기계로 뽑아낸 면발에 비해 입안에서 탱탱하게 살아있다. 해물칼국수에는 처음부터 보리밥이 따로 나오고, 샤브버섯칼국수는 국수를 다 먹은 후 밥을 볶아준다. 쑥을 섞어 반죽한 만두피를 사용한 만두도 빼놓을 수 없는 인기 메뉴다.

📞 (02)502-7791 🍜 샤브버섯칼국수, 해물칼국수 각 6천 원. 만두 5천 원 📍 경기도 과천시 과천동 642

다. 벤치에 앉아 숨을 깊게 들이마셔 본다. 여름 숲에서 뿜어지는 공기는 그만의 풍취를 가졌다. 아주 연한 녹색 물감이라도 풀어놓은 것처럼 은은한 색깔을 가진 듯하고, 손을 대면 말랑하게 잡힐 것도 같다. 축축하게 폐부에 닿는 느낌은 내가 양서류라도 된 기분이다.

 쉬어가는 숲 다음은 생각하는 숲[14]. 이름답게 이곳의 이정표에는 '생각하는 사람(로댕 作)' 사진이 붙었다. 여전히 걷기 편한 길, 상쾌한 공기로 가득한 숲이다. 초봄까지 얼음이 녹지 않을 정도로 차가운 공기가 머문다는 얼음골 숲[16], 송촌산막과 약수터가 있는 자연과 함께하는 숲[17]을 차례차례 지나면 아카시나무 숲[18]에 도착한다.

시간 맞추면 기린 먹이도 줄 수 있어 _ 선녀못이 있는 숲 ▶대공원역 [19~24]

 산림욕장에 있는 마지막 숲의 이름은 선녀못이 있는 숲[19]이다. 못골산막이라는 정자쉼터와 시비(詩碑)가 세워져 있다. 서울대공원이 생기기 전에 이곳엔 마을이 있었는데, 아낙들이 낮에는 빨래를 하고 밤에는 목욕을 했던 장소라고 한다. 그러나 지금은 발 담그기도 옹색한 크기의 웅덩이만 남아, 아낙들이 밤마다 찾아와 은밀하게 목욕을 했던 모습은 상상하기 쉽지 않다.

 출구에 가까워지면 내리막 경사가 급해진다. 감시탑을 지나면 그냥 통나무 계단과 길을 에둘러가는 데크로 길이 나뉜다[20]. 겨울철 눈이 쌓인 경우라면 이 데

동물원 정문 근방에 있는 연못.

크는 꽤나 유용해 보인다. 데크건 통나무 계단이건 내리막을 다 지나면 산림욕장 출구[21]다. 바로 앞으로 보이는 곳은 캥거루, 에뮤, 왈라비 같은 동물을 관람할 수 있는 호주관이다. 동물원으로 들어서선 그저 내키는 대로 걸으면 된다. 울타리를 따라 오른쪽으로 간다

때를 잘 맞추면 기린에게 직접 먹이를 줄 수 있다.

면 곤충관이 나온다. 건물 내에서는 나비, 지네, 반딧불 등 여러 종류의 곤충부터 귀여운 얼굴을 가진 우파루파(올챙이 모습 그대로 자라는 도룡농과)도 구경할 수 있다. 이리저리 걷다가 제1아프리카관에서 걸음을 멈췄다. 기린에게 직접 먹이를 줄 수 있는(하계에는 오후 1시30분/오후 3시 두 차례) 기린 전망대가 있기 때문이다. 시간이 맞지 않아 직접 먹이는 줄 수는 없었지만, 이 커다란 동물을 가까이에서 보고 있으려니 아이처럼 즐겁다. 동물원 정문[22]이 가까워진 길에서는 홍학(紅鶴)사를 만난다. 주황·분홍색·흰색이 뒤섞인, 관능적인 색상의 깃털을 가진 이 아름다운 새는 도도하게 걷거나 검은 부리로 제 깃털을 다듬고 있다.

　동물원 정문을 나오면 큰길을 따라 곧장 간다. 처음에 지나쳤던 종합안내소[23]에 이어 대공원역[24]이 모습을 보인다. 〈정규찬〉

교통편

　대공원역(4호선)과 과천서울대공원이 바로 연결된다.
- 지하철 : 대공원역 2번 출구.
- 승용차 : 대공원역 주변에 6천700여 대를 수용할 수 있는 주차장이 있다(1일 4천 원).
　버스안내사이트 : 서울 topis.seoul.go.kr　경기 www.gbis.go.kr

02 숲·공원

낙성대공원·관악산
관악산에서 가장 편한 길을 만나는 방법

'산을 올랐다'고 말하긴 쑥스럽다. 정상까지 가지 않았을 뿐더러 출발장소도 남달랐기 때문.
고려의 명장 강감찬이 태어날 때 별이 졌다고 해서 이름 붙은 낙성대(落星垈)에서 관악산을 찾으면
'등산' 아닌 다른 방법으로 관악산을 즐길 수 있다.

추천 테마	아이들과	연인끼리	여럿이	숲	들	계곡	강	바다	문화유적	봄	여름	가을	겨울	난이도 무난해요
	★★	★★	★★	★★★		★★			★★	★★	★★	★★★	★★	

별이 진 자리에서 길을 시작하다 __ 낙성대역 ▶ 안국사 1~7

관악산에서 걷기코스를 찾는다는 건 어찌 보면 말이 안 되는 얘기였다. 개성의 송악산, 파주의 감악산, 포천의 운악산, 가평의 화악산과 더불어 경기5악(岳)으로 불릴 만큼 산세가 수려하지만 더불어 그만큼 험한 산이기 때문이다. 관악산은 언제나 '등산' 이라는 이름하고만 어울릴 것 같은 산이었다.

그러나 이번에 만난 관악산은 좀 다르다. 낙성대공원에서 시작된 산길은 거친 바위지대를 피해 전반적으로 숲으로 들고 났다. 때로 관악산의 본모습, 바위가 이곳저곳에 솟아 있는 돌산을 만나기도 했다. 그럴 때면 어김없이, 보상하듯 장쾌한 전망이 뒤따른다. 모르는 사람이 있다면 소개해주고 싶은, 그래서 자랑하고 싶은 길이다.

우선 낙성대역(2호선)으로 가야한다. 낙성대공원으로 가는 가장 빠른 4번 출입구**1**로 나오면 봉천동 도심. 평일 낮, 거리를 지나는 많은 사람들 사이에서 등산복을 입고 걷자니 어째 쑥스럽다. 걸음에 속도를 내어 출구에서 나온 방향대로 곧장 걷는다.

몇 분 지나지 않아 낙성대입구**2**다. 이 사거리에서 왼쪽에 있는 커다란 건물(세계복음선교협회)

◀ 낙성대공원 내 강감찬 장군의 동상(6지점).
▶ 강감찬 장군의 영정을 모시고 있는 안국사(7지점).

낙성대공원·관악산 165

걷는거리	총 6.0km	출 발 점	관악구 봉천6동 낙성대역 4번 출입구
걷는시간	2시간~2시간 30분	종 착 점	관악구 봉천6동 낙성대역 1번 출입구
난 이 도	무난해요	추천테마	숲, 사계절

을 끼고서 방향을 돌려 가면 10분 거리에 낙성대공원이 있다. 공원으로 가는 길은 변함없는 서울도심. 지나온 큰길보다 조금 한적해진 맛은 있지만 도로에는 여전히 차가 끊임없이 지나고 사람도 적지 않다. 인도 옆으로 꽃가게들이 보일 때 즈음에야 한적해진다. 그러다 간판처럼 붙여놓은 커다란 글씨, '낙성대공원 3' 이 나타난다.

낙성대(落星岱)는 '별이 진 자리'라는 뜻으로, 귀주대첩으로 유명한 강감찬 장군이 태어난 곳으로 알려져 있다. 강감찬 장군의 명성은 세종실록과 동국여지

승람에 설화로 기록되어 있을 정도다.

《어느 날 밤 중국사신이 큰 별이 떨어지는 것을 보고, 별이 떨어진 집을 찾아갔더니 마침 그 집의 부인이 아기를 낳았다. 그 아이가 곧 강감찬이며, 뒤에 송나라 사신이 와서는 문곡성(文曲星-아홉 개의 별 중 네 번째 별)의 화신임을 확인했다고 한다.》

공원 안으로 발을 들여 놓는다. 맨흙이 깔린 공터 주위로 벤치와 철봉이 들어서 있고 기와집 형태로 된 매점·화장실과 관악예절원4이 보인다. 상락당(常樂堂)이라는 본채와 크지도 작지도 않은 마당을 가진 예절원은 전통혼례식장(02-516-5703)으로 유명하다. 이곳에서 관악산으로 바로 오를 수 있지만 강감찬 장군의 동상6과 그의 영정을 모신 안국사(安國祠)7를 먼저 들러보도록 한다. 예절원 정문으로 도로 나와 왼쪽으로 1분만 가면 된다.

서울 위를 걷는 기분, 가랑비도 후드득 _ 등산로 입구▶상봉약수터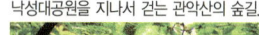

안국사에서 다시 혼례식장으로 되돌아가면 길 오른쪽에 산으로 오르는 나무계단이 나온다. 이곳에서 이어지는 등산로를 그려놓은 이정표도 함께 세워져 있다. 관악산 등산로 입구8다. 몇 개 되지 않는 계단은 흙길로 바뀌어 소나무 숲 사이를 지난다. 지금은 여름이 절정으로 치닫는 7월 중. 날까지 흐려 후텁지근하다. 경사는 그리 심하지 않은데 땀은 비 오듯 쏟아진다. 이런 경우엔 항상 담배를 끊지 못하고 있는 것과 전날의 과음에 대한 후회가 밀려온다. 그 다음으로는 '길을 다 걷고 난 후엔 얼음장처럼 시원한 맥

낙성대공원을 지나서 걷는 관악산의 숲길.

숲길을 지나면 관악산의 본모습, 암반지역을 걷게 된다.

주부터 마셔야겠다'는 다짐.

  5분쯤 오르자 더 위쪽에서 다시 합쳐지는 갈림길이 나온다. 벤치 하나를 지나면 문이 있는 철망[9]이 앞을 막고 있다. 문을 지나 오른쪽으로 방향을 잡는다. '숲으로 난 산책로'다. 길은 넓고 반듯하며 굴곡이 거의 없다. 짙을 대로 짙어진 7월의 숲 속이라 걸음이 가볍다. 오른쪽에 계속 보이던 철망이 자취를 감춘 건 또 다른 갈림길[10]에서다. 이정표가 있는 ㅏ자 모양의 삼거리. 연주대·상봉약수터를 가리키는 정면은 내려가는 나무계단이고, 낙성대공원 방향인 오른쪽은 평평한 흙길이다.

  산책하기 좋은 날씨는 아니다. 습기 가득한 공기는 뜨겁게 데워져 있고 하늘은 곧 비를 쏟을 듯 잔뜩 찌푸려 있다. 그런데도 오가는 사람이 많다. 그들이 걷고 있는 이 아늑한 숲은 관악산에서 가장 편한 길이다. 10여 분 걸었을 무렵 갈림길[12] 앞에 섰다. 이정표는 없다. 다만 내리막으로 된 오른쪽 길과 달리 오르막이 시작되는 정면의 계단이 연주대·상봉약수터로 가는 길임을 짐작케 한다. 오르막을 오르자 아늑한 숲이 걷히고 관악산의 본모습, 돌산이 시작된다. 데크가 깔린 조망대[13]에서 잠시 쉰다. 회색빛 하늘 아래로 아파트와 고층건물이 빼곡하게 들어찬 서울이 한눈에 들어온다. 이제부터 상봉약수터가 있는 곳까지는 계속 이런 길이다. 숲길에 비해 힘은 들지만 시야는 모두 트여 '서울 위'를 걷는 기분이다.

울퉁불퉁 암반이 솟은 관악산의 능선을 걷는 중에 가랑비가 내린다. 난감한 기분은 잠시일 뿐, 산이 품은 여름향기를 일깨우는 비는 불청객이 아니다. 더워진 몸과 대기를 적당히 식히고 '후드득' 나뭇잎을 때리는 빗소리가 경쾌하다. 그러나 능선을 걷는 동안 빗발이 더 굵어져, 'K5·상봉약수'라고 적힌 이정표[14]가 있는 곳에 도착했을 때는 비를 피하지 않으면 곤란한 상황에 이르렀다.

사거리 형태의 이 산길에서 오른쪽으로 조금만 가면 상봉약수터[15]다. 주위에는 산에서 흔히 볼 수 있는 운동기구와 열 명쯤 둘러앉을 수 있는 크기의 정자가 마련되어 있다. 정자에는 주민으로 보이는 중년의 남녀들이 비를 피해 자리를 잡고 앉아 바둑을 두거나 마련해온 간식을 나눠먹고 있었다.

이정표 없는 출구로 나와 재래시장으로 __ K5이정표▶낙성대역 [16~22]

비가 그치기를 기다려 꽤 오래 쉬었다. 간혹 정자 바로 앞의 샛길(마당바위로 이어진다)에서 우의를 입은 산행객 한둘이 내려오곤 했다. 정자의 지붕을 두드리는 빗소리가 약해졌을 때 다시 걸음을 옮겼다. K5이정표가 있는 곳[16]으로 되돌아가 '군인아파트' 방향으로 곧장 갔다. 부담되지 않을 정도의 내리막길이 서서히 숲으로 들더니 얼마 안 가서 지나왔던 상봉약수터처럼 운동기구와 정자가 있는 장소[17]에 도착한다. '만수천'이라는 이름을 가진 약수터다. 비는 거의 그쳤다.

길은 정자를 등지고 돌계단으로 이어진다. 7월의 숲엔 그 흔한 여름 꽃 한 송이 보이지 않지만 지나간 소나기가 일깨운 풀 향기가 가득하다. 산자락을 완전히 벗어난 건 이런 길을 15분쯤 더 걷고 나서다. 먼발치로 빌라건물이 보이고 길이 양 갈래로 나뉘었다[18]. 어느 쪽이든 도심으로 나가는 건 마찬가지지만 오른쪽은 텃밭을 거쳐 빌라 건물과 건물 사이의 좁은 틈을 지나게 된다. 왼쪽은 길 옆을 따라 관악산에서 시작된 작은 계곡이 실개천처럼 흐르고 있다. 오른쪽 길에 비해 훨씬 넓고 명확한 이 길을 따라 걸음을 옮긴다. 빌라 건물을 지나면 계단 몇 개를

올라 주택가로 나선다[19]. 밖에서 출구를 돌아보니 빌라 이름은 '은송'이다. 그러나 등산로니 산책로니 하는 이정표는 없다. 만약 코스를 반대로 걷는다면 찾기가 쉽지 않을 터. 가야할 방향은 내리막(왼쪽)이다. 10분 정도 인헌동 주택가를 걸으면 왼쪽 귀퉁이에 동인약국이 있는 사거리[20]가 나온다. 약국을 끼고 왼쪽으로 방향을 돌리면 전방으로 '원당시장'이 보이고 행정구역은 봉천동으로 바뀐다.

어릴 적부터 시장에 가는 건 꽤나 즐거운 일이었다. 좁은 길, 그곳의 수많은 사람들, 걸음을 옮길 때마다 눈길을 잡던 이런저런 물건들, 떡볶이·튀김·순대·호떡·족발 등등 다양한 음식냄새. 어른이 되어 물건을 대하는 눈높이만 달라졌을 뿐, 시장이 주는 풍성함은 산책 끝에 처음 만난 서울의 한 재래시장에서도 변함없이 느껴졌다.

원당시장을 통과한 뒤 '바이더웨이' 편의점이 있는 큰길[21]까지 나가 왼쪽을 보면 길을 시작했던 낙성대역[22]이 가깝게 서 있다. 〈정규찬〉

낙성대역 근방의 원당시장. 활기차고 인간미 넘치는 것은 서울의 재래시장도 마찬가지다.

교통편

찾아가는 길과 돌아오는 길 모두 지하철을 이용한다.
- 버스 : 낙성대역 정류장 461, 641, 5413, 5528, 9, 9-3번.
- 지하철 : 지하철 2호선 낙성대역 4번 출구.
- 승용차 : 승용차를 이용할 경우에는 낙성대공원으로 바로 이동, 공원 인근의 관악구민종합체육센터 주차장(무료)에 차를 세우도록 한다.

버스안내사이트 : 서울 topis.seoul.go.kr 경기 www.gbis.go.kr

03 숲·공원

독립공원 · 안산
'낮지만 웅장한 산'의 아름다움

독립협회가 자주독립의 열망을 담아 세운 독립문이 자리한 독립공원.
공원 뒤로는 격동의 근대사를 묵묵히 지켜봐온 안산이 낮지만 웅장하게 솟아 있다.
잘 단장해 놓은 독립공원을 지나 안산을 오르는 코스는 숙연하면서도 아름답다.

추천 테마	아이들과	연인끼리	여럿이	숲	들	계곡	강	바다	문화유적	봄	여름	가을	겨울	난이도
	★★	★★	★★★						★★★	★★	★★	★★★	★★	무난해요

곳곳이 우리 근대사의 흔적 __ 독립문역▶독립공원▶안산 1~5

구 서울구치소 자리에 있는 독립공원은 1992년 광복절을 맞이해 상징적인 의미로 개원했다. 서울 서대문구 현저동에 자리했던 서울구치소는 일제 때 독립투사를 감금하던 형무소로, 광복 이후 1987년 의왕으로 이전하기 전까지는 정치사범을 수용하는 장소로 계속 사용되었다. 독립과 자유가 불가분의 관계임을 생각해보면 구 서울구치소 땅 위에 기록된 근대사는 비극이 아닐 수 없다.

어찌되었건 공원은 드라마나 영화의 주인공이 출소하는 장면을 찍을 때 필요한 촬영지로, 노인과 비둘기가 모이는 쉼터로 자리잡아갔다. 빛바래고 우중충한 느낌의 이곳이 산뜻하게 변한 것은 최근의 일이다. '디자인 서울'이라는 기치아래 공원의 묵은 때가 씻겼다. 파릇한 잔디를 까는 것을 시작으로 주변의 낡은 것들은 다 새것으로 갈아치웠다.

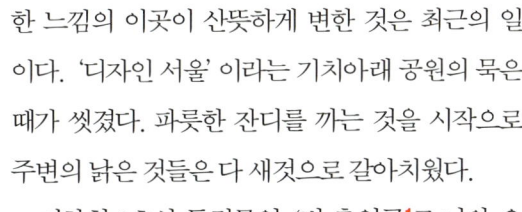

지하철 3호선 독립문역 4번 출입구[1]로 나와 오른쪽 계단으로 올라가면 바로 독립공원이다. 제일 먼저 눈에 띄는 것이 독립문. 구한말 독립협회가 청(淸)으로부터 자주권을 되찾고자 상징적으로 만든 건축물이다. 원래는 종로 교북동(영천시장 부근)에 세웠다가 1979년에 지금 위치로 이전했

◀ 안산 정상에 있는 봉수대(13지점).
▼ 이제는 역사관으로 기능하고 있는 옛 서대문형무소(2지점).

걷는거리	● 총 5.4km	출 발 점	● 서대문구 현저동 독립문역 4번 출입구
걷는시간	● 2시간~2시간 30분	종 착 점	● 서대문구 연희동 서대문구청 버스 정류장
난 이 도	● 무난해요	추천테마	● 숲, 사계절

다.

독립문을 등지고 3·1운동 기념탑을 지나가면 낯익은 건물, 서대문형무소 역사관[2]이다. 경성감옥을 시작으로 서대문감옥, 서대문형무소, 경성형무소, 서울형무소, 서울교도소, 서울구치소로 시기마다 이름을 바꾸면서 애국지사와 운동권학생, 경제사범, 잡범들을 수용했던 이 장소는 이제 평온한 모습으로 학생들과 외국인 관람객을 맞고 있다.

여기서 들러 보아야 할 장소는 이진아기념도서관. 역사관 앞 매점 맞은편으로 가면 된다. 형무소역사관의 주황색 울타리를 곁에 두고 걷다 계단을 오르면 이진아기념도서관[3]이다. 이 도서관은 아버지 이상철 씨가 스물셋 젊은 나이에 사고로 세상을 떠난 딸을 기려 세운 것이다. 사업가인 이상철 씨는 평소 책을 좋아했던 딸을 생각해 수십억 원에

독립공원을 상징하는 독립문.

이르는 건립기금을 내놓았고 서대문구가 부지를 지원해 이 도서관이 탄생했다고 한다.

'도서관명에 딸의 이름을 붙이는 것' 과 '주민에게 유용한 도서관이 되는 것' 두 가지만을 바랐던 진아 씨 부모의 뜻대로, 도서관은 작지만 지역 주민들을 위한 다양한 문화·편의시설과 첨단 멀티미디어 자료까지 갖춰 아름답고 알찬 도서관으로 꼽힌다.

도서관 건물 뒤편 계단을 올라 군부대가 내려 보이는 길을 지나고 난간이 있는 시멘트 계단을 한 번 더 오르면 뭔가 은밀하면서 아늑한 분위기가 기다리고 있다. 아까시나무가 무성하게 자라 공간을 꽉 채우다시피 했고, 길가는 나팔꽃, 천수국이 자생해 주황·파랑·분홍으로 물들었다. 왼쪽 아래로는 도심 아파트

이진아기념도서관에서 안산근린공원으로 가는 길. 발길 뜸한 이 길의 분위기는 뭔가 은밀하다.

가을로 물든 안산근린공원의 산책로.

가 지척이다. 거의 평지에 가까운 이 시멘트 길은 안산근린공원 산책로와 독립공원 사이의 샛길쯤 되는데 다니는 사람이 드물다. 몇 분 걸으면 안산근린공원의 정식산책로[4]와 만난다.

왼쪽으로 방향을 꺾어 포장산책로만 따라 한참 걸으면 철쭉원 이정표가 나오고, 맞은편에 산으로 오르는 나무계단[5]이 있다.

산 정상에서 먹은 '아이스께끼' _ 정자쉼터▶봉수대 [6~13]

산중턱을 가로질러 오르는 길이라 힘에 부친다. 울타리를 두른 천연배수지를 지날 때쯤 걸음을 멈추고 뒤를 돌아봤다. 높게 솟은 아파트와 빌딩 사이에 서대문형무소 역사관이 새둥지처럼 묻혔다. 멀리로는 북한산 줄기가 희미한 지평선처럼 그어져 있다. 지금 있는 곳이 꽤 높다는 얘기다. 계단을 다 오르면 정자[6]가 나오면서 오르막도 끝난다. 능선에 도착한 것. 정자를 뒤로 하고 곧장 가면 된다.

낙엽송이 줄지어선 길, 나뭇가지 사이로 보이는 코발트빛 하늘이 여름의 끝과

안산 오르는 길에서 본 인왕산과 북한산줄기.

가을의 시작을 들려준다. 산책로 수준의 길을 잠시 걸으면 암반에 데크를 덮은 전 망대[7]다. Y자로 길이 나뉜 갈림길[8]이 이어진다. 정면은 바로 정상(봉수대) 행이고, 왼쪽 아랫길은 조금 둘러가는 길이다. 아등바등 오르고 싶지 않기도 하고 느긋하게 숲길을 즐기고 싶어 왼쪽을 택했다. 갈림길이 자주 등장하지만 모두 무시하고 오른쪽으로 돌아간다는 기분으로 걸으면 틀림없다. 비교적 사람들이 적게 다니는 길이라 폭이 좁다. 꽤 걷다보면 조금 애매한 크기와 엉성한 모습을 한 돌탑[9]이 나온다. 이 돌탑을 봐야 제대로 길을 찾은 것이다. 안산에는 이렇게 등산객들이 하나둘씩 쌓은 돌탑이 무척 많다고 한다. 그 뒤로도 비슷한 돌탑을 몇 번 더 보게 된다.

반대편 숲 사이로 사찰건물이 조금 보이고 예불시간인지 때마침 목탁소리도 들려온다. 한국불교태고종의 총본산, 신라시대 창건된 것으로 알려지는 유서 깊은 봉원사다. 숲속 오솔길을 빠져나와 다시 능선[10]에 이르면 왼쪽으로 방향을 잡는다. 조금 걸으면 '봉수대'와 '조망명소'를 알리는 이정표[11]가 서 있다. 이곳에서 안산 정상(봉수대)으로 가는 길은 암반구역으로 조금 험하지만 주변 풍경만큼은

메타세콰이어 산림욕장. 코스 끝 부분에서 등장한다.

짜릿하다. 정상으로 향하는 길에 들자 회색빛 도는 암반 위에 알록달록한 등산복을 입은 사람들이 꽃처럼 피어 있다. 막상 걸어보니 의외로 어렵지 않다. 봉수대까지 370m의 거리를 10분 만에 걸었다.

"아이스께끼이~~ 아이스께끼이~~"

정상 바로 앞 헬기장[12]에서 한 노점상이 아이스바를 팔고 있다. 여름철 등산객 많은 산에서 빙과류 파는 노점상이 드물지는 않지만 60~70년대처럼 대놓고 '아이스께끼'를 외치는 이는 처음 봤다. 소비자 입맛도 나름 고려해 딸기, 멜론, 바닐라 세 종류다. 멜론 맛으로 하나 사서 물고 봉수대[13]에 올랐다. 산 아래 풍경이 '아이스께끼' 만큼 시원하다.

안산에서 가장 아름다운 산책로 _ 무악정▶서대문구청 [14~21]

서대문구청 방향의 안산자락에는 메타세콰이어, 벚나무, 단풍, 잣나무, 자작

나무 등이 자라는 숲이 있다. 하나같이 아름드리나무들이고 그 사이로 곱고 편한 길까지 나있어 한번 걸어보면 오랫동안 인상에 남는다. 안산에서 가장 아름다운 산책로다.

봉수대에서 내려와 숲으로 향한다. 헬기장을 지나쳐 직진, 나무계단을 따라 무악정(毋岳亭)[14]까지 간다. 무악정은 이층 팔각정자로, 동서남북으로 등산로가 나뉘는 분기점에 있어 안산등산로의 주요 지형지물이다.

'옥천약수터' (오른쪽)로 발걸음을 돌린다. 양 옆으로 무성히 자란 졸참나무가 짙게 그늘을 드리웠다. '산' 분위기는 이미 무악정에서부터 엷어지기 시작해 운동시설까지 딸린 옥천약수터에 도착하면 그저 동네 뒷산 공원 같다. 약수터 앞 외길은 오른쪽으로 꺾어진다. 곧 이어 데크와 흙길로 나뉘는 Y자 갈림길[15]이다. 오른쪽 편편한 흙길로 가면 바로 안산에서 가장 아름다운 산책로다. 봄이면 더 좋을 아름드리 벚나무가 줄지어 섰고 왼쪽 비탈엔 하늘 향해 치솟은 잣나무가 빽빽하다. 몇 걸음 옮기고 사진 찍고, 다시 몇 걸음 걷다 셔터 누르기를 반복했다. 그럴 만한 가치가 충분했다.

길만 따라 걷다 산비탈 배수로 위에 놓인 조그만 나무다리(라고 부르기 어색할 만큼 작다)를 건너 왼쪽 아래 방향을 택해[16] 메타세콰이어 산림욕장으로 간

서대문청소년수련관.

근린공원에서 안산으로 오르면 바로 모습을 나타내는 능선 길.

안산과 서대문구청 사이의 이면도로. 여느 숲 못지않게 가로수가 우거졌다.

다. 곧고 긴 몸통에 일정한 간격으로 달린 나뭇가지, 풍성하게 자라난 한여름의 잎. 그런 나무가 수백 그루 줄지어 서 있다. 단순명료한 아름다움을 가진 나무이고 숲이다. 이 짧지만 아름다운 산림욕장엔 그래서인지 지나는 사람보다 머물러 있는 사람이 더 많다. 꽤 많은 벤치 중 빈자리가 하나도 없었다.

산림욕장이 끝나면 나무계단을 따라 산자락을 벗어난다[17]. 계단이 끝나는 곳[18]에는 안산등산로를 그려놓은 지도가 있어 걸어온 길을 대략 확인해 볼 수 있다. 왼쪽으로 방향을 잡아 우레탄 보도를 걷다가 연북중학교 후문을 알리는 이정표가 보이면 주택가 이면도로로 나선다[19]. 유턴하듯 오른쪽으로 돌아가면 서대문청소년수련관을 지나 서대문구청[20], 그 앞 버스정류장[21]에 도착한다.

〈정규찬〉

교통편

찾아가는 길은 지하철 독립문역을, 돌아오는 길은 서대문구청 앞에 정차하는 버스를 이용한다.
- 버스 : 7720, 8874, 7738, 8153번.
- 지하철 : 3호선 독립문역 4번 출구.
- 승용차 : 독립공원에 91대를 수용할 수 있는 주차장(한성과학고와 독립공원 사이로 진입)이 있다. 요금 10분당 300원.

버스안내사이트 : 서울 topis.seoul.go.kr 경기 www.gbis.go.kr

04 숲·공원

뚝섬유원지·서울숲

3시간의 산책, 뉴요커가 부럽지 않구나

뉴욕의 센트럴파크와 허드슨 강, 런던의 하이드파크와 템스 강, 파리의 라빌레트 공원과 센 강.
서울에도 이에 견줄만한 장소가 있다. 바로 서울숲과 한강이다.
느릿느릿 한강변을 걸어 서울숲으로 가니 뉴요커가 부럽지 않다.

추천 테마	아이들과	연인끼리	여럿이	숲	들	계곡	강	바다	문화유적	봄	여름	가을	겨울	난이도
	★★★	★★★	★★	★★			★★★			★★	★	★★★	★	무난해요

뚝섬은 섬인가? __ 뚝섬유원지역▶서울숲 선착장 1~8

언젠가 차를 타고 강변북로를 달릴 때였다. 종일 굿게 내리던 봄비가 해질 무렵 거짓말처럼 그쳤다. 구름에 숨어있던 노을이 깨끗한 물에 떨어진 주황색 물감 한 방울처럼 주위로 퍼지더니 한강마저 물들이고 하늘에는 4색쯤 되는 무지개가 걸렸다. 차를 타고 스쳐갈 수밖에 없는 것이 못내 아쉬웠던, 내가 본 가장 아름다운 서울이었다.

서울에게 한강은 붕어빵의 붕어고 국화빵의 국화다. 그런 한강이 2005년부터 더 새로워졌다. 뚝섬일대에 미국의 센트럴파크나 런던의 하이드파크에 견줄 만

▲ 뚝섬유원지에서 서울숲으로 향하는 강변길(2~3지점).
◀ 서울숲 '파크1'에 있는 조각공원(16~17지점).

뚝섬유원지·서울숲 183

걷는거리	총 7.5km	출 발 점	광진구 자양동 뚝섬유원지역 3번 출입구
걷는시간	2시간 30분~3시간	종 착 점	성동구 성수동 뚝섬역 8번 출입구
난 이 도	무난해요	추천테마	공원, 사계절

한 '서울숲'이 생겨났기 때문.

뚝섬과 서울숲, 문득 예전 기억이 났다. 서울 토박이인 아버지는 어린 나에게 가끔 뚝섬 이야기를 하셨다. 그때는 뚝섬을 한강 어딘가에 있는 섬으로 생각했는데 시간이 흘러 막상 본 뚝섬은 웬걸, 섬이 아니었다. '육지와 가까운 섬이었으나 시간이 흘러 육지와 가까운 부분이 자연적으로 메워졌거나, 개발로 그 모습이 변했나보다' 라고 막연히 생각했지만 그것도 사실이 아니었다. 뚝섬은 지대가 낮아 한강에 홍수가 나면 일시적으로 물길이 생겨 섬처럼 보였던 육지였다.

'뚝섬' 이라는 지명이 생기게 된 것은 조선시대의 왕이 이곳으로 자주 사냥을 다닌 것과 관련 있다. 태조 이성계 때부터 뚝섬일대는 사냥감인 꿩, 토끼 등이 많아 왕의 단골 사냥터였다. 그걸 표시하기 위해 왕은 이곳에 큰 깃발(纛)

서울숲에 있는 거울연못은 '연못' 처럼 보일 뿐 진짜 연못이 아니다.

을 꽂고, 지형이 주는 착각 때문인지 섬도(島)자를 붙여 독도(纛島)라고 부르라는 어명을 내렸다. 그 후 발음이 변해 '독' 이 '뚝' 이 되어 뚝도·뚝섬이 됐다는 것이다.

한강변을 좀 걸어 서울숲을 찾기로 했다. 그러려면 가까운 뚝섬역보다는 뚝섬유원지역에서 출발하는 것이 맞춤하다. 뚝섬유원지역 3번 출입구[1]의 계단을 내려오자 은색 금속관이 한강변 위에 떠 있다. 지하철역과 뚝섬유원지를 연결하는 육교로 그 모습을 본떠 '자벌레' 라는 이름이 붙었다. 청담대교와 연결된 강변북로 진출입로의 바로 아래에 동그랗게 떠 있는 그 모습이 도넛 같기도 하고 가운데가 빈 우주선을 닮은 것도 같다. 유원지일대에는 주차장과 편의점, 화장실 등 편의시설이 잘 갖춰져 있다.

서울숲의 대표적인 이미지인 꽃사슴.

사람의 말을 흉내 낼 줄 안다는 모란앵무새. 곤충식물원 내에 있다.

서울숲으로 가려면 오른쪽으로 방향을 잡아야 한다. 유원지를 벗어나기 전에 인공암벽장[2]이 있다. 암벽장의 꼭대기에 거의 오른 한 남자와 그의 몸에 매어진 로프를 아래에서 잡고 있는 근육질의 외국인 남성이 눈에 띈다. 소리 없는 스포츠를 즐기고 있는 그들 곁을 지나 한강 쪽으로 눈길을 돌리자 강과 가까운 자전거도로에 수많은 자전거가 오간다. 평일 한낮의 강변 산책로에는 걷는 사람이 많지 않다. 흐린 대기 사이로 보이는 강과 그 너머 청담동은 차분히 가라앉았다. 서늘한 강바람을 맞으며 여유롭게 걷고 또 걷는다.

Walking Tip

● 서울숲 주요시설 이용시간
방문자센터 09:00~23:00
곤충식물원 19:00~23:00
수변휴게실 19:00~23:00
수변휴게실 롯데리아 10:00~21:00
주차장 09:00~22:00
자전거 대여소 24시간 운영
방문자센터 10:00~18:00(월요일 휴관)
곤충식물원 10:00~18:00(월요일 휴관)
커뮤니티센터 10:00~18:00(월요일 휴관)
숲속작은도서관 10:00~18:00(월요일 휴관)

17~18

강변북로와 가까운 보행로를 따라 영동대교를 지나고 인근아파트와 연결되는 나들목3, 4, 5을 차례차례 지나면 성수대교 아래7에 이른다. 여기서 서울숲 선착장8까지는 10여 분 거리. 한강구간도 거의 끝이다.

'내추럴'한 인공생태공원 __ 보행가교▶곤충식물원 9~14

한강변에서 서울숲으로 진입하는 길은 두 개다. 성수대교 아래 지하도와 서울숲 선착장을 지나 나오는 보행가교. 자동차로 강변북로를 지날 때, '서울숲'이라고 적힌 육교를 본 적이 있을 것이다. 그 육교가 바로 한강변과 서울숲을 잇는 보행가교(저녁 8시~아침 7시까지는 폐쇄)다.

서울숲 선착장을 지나 몇 분만 가면 서울숲 12번 출입구가 보인다. 오른쪽에 있는 붉은색포장도로를 따라가면 보행가교9로 진입하게 된다. 다리 중간쯤에 이르

17

면 넓게 조성된 습지가 아래쪽에 펼쳐지는데, 꽃사슴무리가 자유롭게 오가는 꽃사슴 방사장[10]이다. 보행가교를 다 건너면 사슴우리에서 직접 먹이를 주는 체험도 가능하다. 서울숲 5개의 공원 중 '파크(park)2'에 해당한다. 출구에서 왼쪽으로 방향을 잡아야[11] 파크3, 파크1, 파크5순으로 서울숲을 모두 돌아볼 수 있다. 파크4는 이미 지나온 서울숲 선착장 일대다.

넓고 깨끗한 길, 잘 조경된 나무들, 곳곳에 보이는 아늑한 쉼터. 모두 인공적으로 만든 것들인데도 서울숲은 무척이나 자연스럽다. 처음부터 숲이 존재했고 길이 있었으며 나무들이 자라고 있었던 것처럼. 아기자기한 볼거리도 많아서 코스를 따라 걷다보면 돌거북 두 마리가 소원을 들어준다는 소원의 폭포[12], 어린 꽃사슴·기니피그·토끼가 살고 있는 작은 동물의 집[13], 실내건물에 여러 곤충·식물·앵무새를 전시한 곤충식물원[14]을 관람할 수 있다. 서울숲을 찾은 사람들이 아쉬워하는 점이 '음식 사먹을 곳이 부족하다' 는 것인데, 곤충식물원 옆 매점을 찾으면 음료와 빵·컵라면 같은 간단한 요깃거리를 구할 수 있다. 곤충식물원까지 둘러보고 나면 파크3도 끝이다.

연인과 걷고 싶은 산책로 __ 영주사과길▶뚝섬역 15~21

곤충식물원을 구경하고 나와 안내센터에서 얻은 서울숲 지도를 펼친다. 붉은색 동그라미가 유달리 빽빽하게 찍힌 곳이 눈에 띈다. 서울숲 1번 출입구와 연결되는 파크1. 바닥분수, 조각공원, 뚝섬가족마당, 스케이트파크, 물놀이터 등이 몰린, 서울숲의 메인파크쯤 되는 곳이다.

'여기서 왼쪽으로 가야 바닥분수로 가는구나.' 바닥분수로 갔다가 거울연못을 지나서 습지초화원까지 가자.' 파크1을 거쳐 파크5까지 가는 동선을 잡아본다. 매점을 등지고 조금 가니 '영주사과길' 이라는 이정표가 있는 사거리[15]다. 숲속놀이터로 연결되는 왼쪽 길을 따라 사과나무가 줄지어 섰다. 어린아이 주먹만 한 사과들이 가지에 매달린 채 가을을 기다리고 있다.

바닥분수로 가려면 영주사과나무길이 아닌 정면의 계단을 택해야 한다. 계단만 넘어가면 방문자센터를 지나 바닥분수[16]에 닿는다. 물줄기가 다양한 형태로 바닥에서 솟아올라 특히 아이들이 좋아하는 곳이다. 평일은 하루에 한 시간씩 세 번(12:00 14:00 16:00), 휴일은 한 시간씩 네 번(11:00 13:00 15:00 17:00) 가동된다.

바닥분수에서 왼쪽으로 가면 어느 유럽왕궁 안에 있는 정원을 연상케 하는 연못이 있다. 세로가 길고 좌우 폭이 좁은 직사각형 모양의 연못은 옆에 선 가로수

서울숲 파크5에 있는 습지. 데크 따라 거닐 수 있다.

가 비칠 만큼 물이 맑다. 그런데 가까이 가
보니 손바닥 하나도 잠기지 않을 만큼 얕다.
검은색 대리석 바닥에 물만 살짝 흘려 거울
효과를 낸 것이다. 거울연못 맞은편에 있는
조각 작품을 보며 걸음을 옮기면 숲속놀이
터[17]. 소풍 온 어린아이들이 미끄럼틀이나
거인동상이 설치된 무장애놀이터에서 참새
처럼 재잘거리며 놀고 있다.

길은 북쪽으로 향한다. 한강과는 점점 멀
어지고 중랑천은 가까워진다(보이지는 않
는다). 분위기도 사뭇 달라져 단풍나무와
참나무가 숲을 이룬, 말 그대로 숲속 산책
로를 따라서 습지공원인 파크5로 가게 된

14

곤충식물원에 있는 네펜데스. 온실에서 관상용으로 키
우는 식충식물이다.

다. 지금까지 '보는 맛'으로 걸었으면 이제는 '걷는 맛'으로 걷는다. 분위기 하나
만큼은 담양의 대숲이나 남이섬의 메타세쿼이어숲이 부럽지 않다. 연인과 손을
잡고 걸어가면 그럴싸할 것 같은 호젓한 산책로다.

성수중학교 건물을 지나 10분쯤 더 걸으면 습지초화원[19]이다. 습지 위에 설치
된 데크를 따라 걸으면 서울숲 6번 출입구[20]로 이어지며 서울숲 구간이 끝난다.
뚝섬역으로 가려면 도로에서 왼쪽으로 방향을 잡은 뒤 계속 직진하면 된다. 사거
리를 하나 건너면 8번 출입구[21]가 보인다. 〈정규찬〉

교통편

　한강을 걸어 서울숲을 찾으려면 뚝섬유원지역(7호선)에서 길을 시작해야 한
다.
- 버스 : 서울숲 정류장 2014, 2412, 2224, 141, 145, 410번.
- 지하철 : 7호선 뚝섬유원지역 3번 출구, 2호선 뚝섬역 8번 출구.
- 승용차 : 서울숲 주차장은 수용대수가 작아(160대) 주말에 이용하기 어려운 것이
흠이다. 24시간 개방되며 요금(소형)은 10분당 300원.
버스안내사이트 : 서울 topis.seoul.go.kr　경기 www.gbis.go.kr

망우리공원 사색의 길

고즈넉하게, 역사와 문화 속으로

공동묘지가 걷기 좋은 길이 될지 누가 상상이나 했을까. 애국지사와 문학인의 묘가 즐비한 '망우리공원 사색의 길'은 산책하기 좋은 자연으로 둘러싸여 있다. 아늑한 숲에서 명사들의 연보를 읽으며 걷다 자신의 삶도 뒤돌아보면 좋겠다.

추천 테마	아이들과 ★★★	연인끼리 ★★★	여럿이 ★★	숲 ★★★	들	계곡	강	바다	문화유적 ★★	봄 ★★	여름 ★★★	가을 ★★★	겨울 ★★	난이도 쉬워요

서울 가을산책의 3대 명품 코스 _ 망우리공원 입구▶사색의 길 입구 1~3

　공동묘지에서 산책을 즐긴다? 공포영화의 주인공도 아닌, 대단히 제정신인 사람이라도 망우리공원에 가면 이러한 상상이 현실이 된다. 공원 안으로 들어서면 이곳이 묘지라는 사실을 잊고 자연과 어우러진 묘소들을 휘감는 숲의 생명력에 평화로움마저 느끼게 된다.

　특히 망우리공원에 조성된 '사색의 길'은 어린이대공원의 '은행나무 길', 청계천의 '수크령·물억새 길'과 함께 서울시가 추천한 가을 명품길로 꼽힌다. 낙엽이 소복이 쌓일 무렵 찾으면 수수한 매력에 흠뻑 빠져들고 만다.

　망우리공원 사색의 길로 가려면 지하철 7호선 상봉역에서 망우리고개를 넘는 버스를 타는 게 여러모로 편리하다. 공원 입구인 망우리고개를 넘자마자 나오는

◀ 죽산 조봉암 선생의 묘소. 망우리공원 산책은 충전의 시간이자 선입견을 벗는 시간이다(9지점).
▶ 동네 뒷산처럼 소박하고 아름다운 산풍경(3~4지점).

걷는거리	총 6.6km
걷는시간	2시간
난 이 도	쉬워요

출 발 점	경기도 구리시 교문동 딸기원 버스정류장
종 착 점	경기도 구리시 교문동 딸기원 버스정류장
추천테마	역사문화 탐방, 숲, 사계절

    딸기원 버스정류장[1]에 내린 후 다시 고갯마루로 거슬러 올라가면 '사색의 길' 안내판[2]이 바로 보인다. 안내판을 따라 10분쯤 오르면 산책길 입구인 망우리공원 관리사무소[3]다.

    식수대와 화장실, 주차장이 잘 정비되어 있는 관리사무소를 지나면 곧이어 사색의 길 초입이다. 길은 두 갈래로 나뉘는데 어느 방향으로 가든 출발지로 돌아올 수 있고 걸리는 시간도 엇비슷하다. 편의상 갈림길에 세워진 사색의 길 안내표지판을 따라 시계반대 방향으로 걷기 시작한다.

망우리공원 사색의 길은 관리사무소로 되돌아올 때까지 계속해서 포장길이다. 포장길의 인위적인 느낌이 산책하는 맛을 떨어뜨리지 않을까 걱정스러울지 모르지만, 울창한 숲이 계속해서 이어져 숲길의 느낌이 생생하고 경사가 완만하여 남녀노소 누구나 힘들이지 않고 걸을 수 있다. 그래서 이 길을 걷다보면 아이를 동반한 가족들도 만나고, 휠체어를 탄 장애인이나 지팡이를 짚은 노인들도 종종 보게 된다.

망우리공원은 1933년 공동묘지로 조성된 이후 한때 3만여 기(基)에 이르는 묘가 있었다. 하지만 지금은 중랑구의 분묘 이전 비용 지원과 납골 장려 정책으로 인해 그 수가 크게 줄었다.

망우리공원은 가을산책의 명소로 불리지만 사계절 언제든 찾아도 좋다. 자연의 풍만한 기운이 찾아오는 봄에는 신록의 푸름에 감동하고, 따가운 햇볕이 내리쬐는 여름에는 숲의 활력에 무한한 생명력을 느낄 수 있다. 소복하게 눈이 내린

애국지사와 문학인 묘소 앞에는 그들의 업적이나 명언이 적힌 연보비가 서 있다.

6 반환점을 돌아 관리사무소로 향하는 길에 울창한 숲을 지난다.

겨울엔 온통 하얀 모자를 눌러 쓴 듯한 묘소들이 색다른 감상을 전한다.

길에서 만나는 애국지사 묘소 __ 최학송 선생 묘소 ▶ 사각정 4~8

여름에 찾은 망우리공원은 짙은 녹음으로 물들었다. 갓 그친 빗물을 머금은 풀잎에서 싱그러운 향기가 난다. 도심에 있었다면 따갑게 느꼈을 햇살은 숲에 한 번 걸러져 포근한 빛으로 변했다. 벤치에 앉아 세상 근심 모두 잊고 편히 쉬고 싶다.

사색의 길을 걷다보면 이곳에 잠들어 있는 한용운, 오세창, 서동일, 방정환, 박인환 등 애국지사와 문학인의 묘소들을 지나게 된다. 망우리공원은 1998년 산책로를 정비하고 애국지사와 문학인의 묘소 앞에 그들의 업적이나 명언이 적힌 연보기록비(연보비)를 세워 놓았다.

이 길에서 가장 먼저 만나는 묘소는 서해 최학송 선생[4]의 묘소다. 신경향파 문학의 대표작인 〈탈출기〉를 집필한 최학송 선생은 가난한 집안에서 태어나 어려서부터 품팔이, 나무장수 등 밑바닥 생활을 했고 그러한 경험들을 문학 작품에 투영했다. 그러나 그의 작품들은 생전에 제대로 된 평가를 받지 못했다. 서른셋 젊은 나이에 마감한 그의 불우했던 인생이 못내 안타깝다.

휴식하기 좋은 몇 개의 벤치를 지나면 조그만 산장처럼 꾸민 '쉼터'라는 화장실[5]이 나온다. 여기서 다시 5분쯤 걸어가면 반환점이 되는 삼거리[6]가 나오는데,

> **Walking Tip**
>
> 사색의 길은 망우리공원 관리사무소를 지나 바로 시작된다. 길은 두 갈래로 나뉘지만 어느 방향으로 가든 소요시간은 비슷하다. 관리사무소까지 돌아오는 데 1시간 30분이면 충분하다.
> 코스가 조금 짧다고 여겨지면, 완만한 능선길이 이어지는 아차산과 용마산을 연결하여 걸으면 좋다. 사색의 길을 시계반대 방향으로 걸을 경우 '쉼터' 화장실을 지나 바로 나오는 삼거리, 혹은 장덕수 선생 묘소를 지나 나오는 사각정 삼거리에서 아차산·용마산 이정표를 따라 가면 된다.
> 관리사무소에서 시계방향으로 걸을 경우 지석영 선생 묘소를 지나 사각정 사거리에서 접근하면 된다. 사각정 사거리부터 아차산 능선을 따라 걸은 후 광나루역이나 아차산역으로 하산할 경우 2시간쯤 더 걸린다.

직진하면 아차산과 용마산으로 가는 길이다. 사색의 길로 가려면 왼쪽 관리사무소 방향으로 유턴하듯 꺾으면 된다.

    삼거리를 지나면 설산 장덕수 선생 묘소가 나온다. 언론인이자 정치가였던 장덕수 선생은 여운형·김규식과 함께 신한청년당에서 활동하면서 독립운동을

맛집 | 서옹메밀국수

딸기원 버스정류장에서 구리 방향으로 5분쯤 걸어가다 보면 도로 왼쪽으로 커다란 서옹메밀막국수 간판이 보인다. 평일에도 산책객과 인근 주민들이 자주 찾는 맛집이다.

    메밀과 갖은 채소를 넣어 끓인 구수한 육수로 입가심을 하면, 잠시 후 메인 메뉴인 막국수가 나온다. 이 집의 막국수는 물막국수와 비빔막국수 두 종류가 있는데, 기호에 따라 설탕, 식초, 김, 깨 등을 넣어 먹으면 된다. 양이 적다 싶으면 사리만 따로 추가할 수 있다. 막국수 외에 속이 꽉 찬 찐만두도 인기 메뉴. 메밀전과 감자전, 오리훈제는 술안주로 좋다.

☎ (031)565-7006 ◐ 09:00~20:00(연중무휴) Ⓟ 가능 ♨ 물막국수·비빔막국수·메밀전·감자전 7천 원, 오리훈제 1만2천 원 ▲ 경기도 구리시 교문동 303-9(망우리고개 딸기원 버스정류장에서 도보로 5분 거리)

◀▶ 사색의 길은 가족 나들이 코스로도 인기가 높다.

펼쳤지만, 후에 친일단체에서도 활동한 인물이다. 장덕수 선생 묘소를 지나면 잠시 후 사각정이 있는 삼거리[8]다. 여기서 오른쪽 길로 가면 다시 아차산과 용마산으로 연결되고, 사색의 길은 정면 완만한 내리막길로 이어진다.

망우(忘憂)의 뜻을 닮은 길 __ 조봉암·한용운 묘소 ▶ 관리사무소 [9~15]

망우리공원 관리사무소부터 사각정이 있는 삼거리까지는 최학송·장덕수 선생의 묘소뿐이었지만 사각정부터는 몇 십 미터 간격으로 많은 애국지사와 문학인, 저명인사들의 묘소를 지나게 된다. 먼저 독립운동가 죽산 조봉암 선생과 만해 한용운 선생의 묘소[9]가 보인다. 잠시 발걸음을 멈추고 한용운 선생 연보비의 글귀를 읽는다.

〈한민족이 다른 민족의 간섭을 받지 않으려는 것은 인류가 공통으로 가진 본성으로서 이 같은 본성은 남이 꺾을 수 없는 것이며, 또한 스스로 자기 민족의 자존성을 억제하려 하여도 되지 않는 것이다. – '조선 독립에 대한 감상' 중에서〉

한용운 선생의 묘소를 지나면 독립운동가인 송암 서병호, 독립운동가이자 언론인 위창 오세창, 아동문학가인 소파 방정환, 독립운동가이자 민족사학자인

▶ 망우리공원 사색의 길은 가을산책의 명소로 꼽히지만 사계절 언제 찾아도 괜찮다.
▼ 애국지사 묘소 주변에는 방문객들이 편히 쉬었다 갈 수 있도록 곳곳에 쉼터가 마련돼 있다.

호암 문일평 선생 등 여러 애국지사와 문학인의 묘소가 이어진다[10].

목마름을 시원하게 해결해줄 약수터를 지날 때면 교육자이자 의사인 오긍선 선생, 독립운동가인 유상규 선생과 문명훤 선생의 묘소도 보인다[11]. 각각의 연보비에는 살아생전의 명언들이 적혀 있는데, 오랜 세월이 지난 지금에도 한마디 한마디가 가슴 속 깊은 곳에 느낌표로 남는다.

이어지는 숲길은 활엽수와 침엽수가 잘 어우러져 산림욕하기에 좋다. 주변 북한산, 수락산 등의 명산과 시내도 잘 조망된다. 마지막으로 지석영 선생 묘소[12]를 지나면 관리사무소[13]가 코앞이다. 귀가 때는 망우리공원 관리사무소에서 다시 딸기원 버스정류장[15]으로 향하거나 약 3㎞ 떨어져 있는 상봉역까지 걸어간 후 지하철을 이용하면 된다.

일찍이 조선 태조 이성계는 선왕들의 능 터를 정하기 위해 현재의 동구릉 지역을 둘러봤다고 한다. 하지만 선왕보다는 태조에게 적합하다는 무학대사의 조언에 따라 자신의 능 터로 정하고서 환궁하던 중에 지금의 망우리고개에 올라

"아, 이것으로 오랜 근심을 잊을 수 있게 되었도다!" 하며 기뻐했다고 한다. 이것이 망우(忘憂)라는 지명이 생긴 유래다. 망우리공원 사색의 길에서 나도 근심을 잊어버렸다. 〈김성중〉

교통편

상봉역 5번 출구로 나와 중앙차로에 있는 버스정류장에서 망우고개를 넘어 구리·퇴계원으로 가는 버스를 탄다. 망우고개를 지나 딸기원 버스정류장에서 내려 망우고개로 걸어가 '사색의 길' 안내판 방향으로 10분쯤 올라가면 시작점인 망우리공원 관리사무소다.

- 버스 : 3, 8, 30, 88, 165, 201, 262, 1330, 2227번.
- 지하철 : 7호선 상봉역 5번 출구.
- 승용차 : 망우리공원 관리사무소 옆에 20대 정도 세울 수 있는 넓은 주차장이 마련돼 있다. 주차는 무료.

버스안내사이트 : 서울 topis.seoul.go.kr 경기 www.gbis.go.kr

06 숲·공원

봉산~응봉
쉬엄쉬엄 걷기 좋은 쌍둥이 산림욕장

서울 서쪽과 경기도 사이에 있는 두개의 산이 봉산과 응봉이다. 능선이 완만해 이곳을 걷는 사람들이 많다. 처음만 조금 힘들뿐 울창한 활엽수림 사이로 난 부드러운 흙길을 걸으면 '상쾌' 그 자체다. 운동시설도 잘 갖춰져 있다.

추천테마	아이들과	연인끼리	여럿이	숲	들	계곡	강	바다	문화유적	봄	여름	가을	겨울	난이도
	★★	★★	★★	★★★						★★	★★	★★★	★★	무난해요

운동시설 잘 갖춘 건강산책로 __ 수색역 ▶ 수향정 1~5

봉산~응봉 산책은 지하철 경의선 수색역[1]에서 출발한다. 경의선 배차 간격이 길어 불편하다면 지하철 6호선 디지털미디어시티역(구 수색역)에서 시작해도 된다. 역에서 인도를 따라 10분쯤 걸으면 수색주민센터에 이른다.

수색역에서 1번 출구로 나와 큰 사거리에서 정면으로 보이는 수색마트[2]로 건넌다. 수색마트에서 골목길을 따라 잠시 오르면 왼편으로 수색주민센터[3]가 나오고, 수색초교 후문 방향 언덕길로 오르면 봉산 산책로 초입[4]이다.

인근 주민들이 마을이름을 따서 수색산이라고도 부르는 봉산은 그리 높지 않

◀ 봉산~응봉 산책길에 핀 해바라기. 둘러보면 야생화도 지천이다(6~7지점).
▶ 산책길 초입은 조금 가파르지만 정자를 지나면서 길이 편해진다(4~5지점).

봉산~응봉 203

지만 초입은 조금 가파른 편이다. 하필 폭염주의보가 내린 데다 습도까지 높아 이마엔 금방 송골송골 땀이 맺힌다. 가져간 손수건은 땀 몇 방울 훔치는 동안 축축해졌고 티셔츠는 5분도 안 돼서 등짝에 찰싹 달라붙었다.

주위를 둘러보니 우측의 아파트 최고층도 어느새 눈 아래다. 지은 지 얼마 안 돼 보이는 정자를 지나자 마을주민들이 애용하는 배드민턴장과 각종 운동시설이 있는 체력단련장이 나온다. 무더위만 아니었어도 쉽게 올랐을 쉼터에서 잠시 몸을 식힌 후 계단을 오르자 드디어 울창한 숲속 오솔길이다. 조금 가파르긴 하지만 지난 밤 내린 비 덕분인지 서늘한 숲의 기운이 몸의 열기를 조금씩 가라앉힌다.

수향정[5]이라는 이름의 정자가 있는 봉산능선에 올라서면 이후 발걸음은 일사천리다.

수많은 쉼터에 임자가 있다 __ 봉산 산책로[6~10]

수향정에서 오른쪽 숲길을 따른다. 봉산에서 응봉으로 뻗은 능선은 야생화와 울창한 나무들로 빼곡한 흙길이 처음과 끝을 장식한다. 대부분 활엽수과의 나무들이 길 주변을 수놓고 있어서 걷는 내내 시원한 그늘이 함께 한다. 순수하게 '걷는 맛'을 즐기고 싶다면 봉산만큼 훌륭한 산도 없다.

정자가 놓인 삼거리[6]와 연이어 나오는 사거리[7]에서는 '수국사·헬기장 가는 길' 이정표를 따른다. 다시 운동시설을 갖춘 정자[8]를 하나 지나면, 능선 끝에 볼록하게 솟아 있는 봉산 정상이 바라보인다. 여기서부터는 조

운동하기 좋도록 여러 시설을 갖춘 쉼터. 아빠의 도움으로 철봉에 매달린 아이의 웃음이 해맑다.

응봉 정상에 높다란 통신탑이 서 있다.

금 긴 나무계단이 이어지는데, 10분쯤 걸어 완만한 능선에 올라서면 봉산능선의 마지막 정자인 고은정에 도착한다. 이곳에서 정면으로 보이는 군시설물이 위치한 자리가 봉산 정상[9]이다.

6~7

봉산능선에서 수많은 정자와 운동시설을 지나쳤다. 그간 여러 산을 둘러보았지만, 이곳만큼 쉼터가 잘 갖춰진 곳은 처음이다. 초입에서 만난 수향정을 시작으로 지나온 정자만 해도 열 개는 되는 것 같다. 그래도 어느 하나 불필요한 시설은 없어 보인다. 푹푹 찌는 날씨에 이곳까지 올라와서 역기를 들어 올리고 있는 아저씨를 보니 더욱 그렇다.

정상에서 길은 두 갈래, 아니 세 갈래로 나뉜다. 얼마 전까지만 해도 정상에 군초소가 있어서 길 하나는 진입할 수 없었지만 군초소가 이전한 지금은 누구나 통행이 가능하다. 정상까지 거리도 얼마 안 되므로 굳이 우회해서 갈 필요가 없다.

정상에서 시원한 눈맛을 즐기고 난 뒤 응봉과 이어지는 고개인 벌고개까지 내리막길을 간다. 벌고개에 다다를 때쯤 중간에 삼거리[10]가 나오는데 어느 쪽으로 가든 벌고개와 만난다. 다만 왼쪽길로 들어서면 벌고개까지 흙길이 이어지고 오른쪽으로 가면 잠시 주택단지를 거친다.

Walking Tip

　은평구 수색동에서 시작해 진관동에서 마무리하는 봉산~응봉 산책길은 중간 중간 쉼터가 있고 부드러운 흙길이 이어져 산행 초보자도 충분히 걸을 수 있다. 단 벌고개에서 응봉으로 가는 길은 이정표가 없고 능선에 붙기까지 가파른 오르막이 이어지므로 주의하도록 한다.

　봉산 정상에 도착해서 힘이 부친다면 벌고개나 수국사로 내려와 마무리하도록 한다. 수색역에서 시작해 벌고개나 수국사로 내려올 경우 약 5km로 2시간, 수색역에서 응봉능선까지 풀코스로 걸을 경우 약 8.8km로 3시간~3시간 30분쯤 걸린다.

▶ 응봉 정상을 지나면 고양시 일대가 발 아래 펼쳐진다.
▼ 온통 초록으로 물든 한여름 봉산~응봉 산책길.

봉산 산책길을 꼭 빼닮은 응봉 __ 벌고개▶응봉▶구파발역 11~20

'어서 오십시오!'

서울과 경기도의 경계에 커다란 간판이 걸려 있다. 벌고개[12]다. 벌고개란 이

서오릉

벌고개에서 고양시 원당동 방향 인도를 따라 1km쯤 가면 서오릉으로 갈 수 있다. 서오릉 주변엔 약 5km의 소나무숲 산책로가 조성돼 있어 사적지 관람을 겸한 산책을 즐기기에 맞춤하다.

사적 제198호인 서오릉은 조선 왕실의 무덤이다. 이곳에는 덕종과 소혜왕후의 경릉, 예종과 계비 안순왕후의 창릉, 숙종과 계비인 인현왕후·인원왕후의 명릉, 숙종의 원비인 인경왕후의 익릉, 영조 원비인 정성왕후의 무덤인 홍릉까지 다섯 왕과 왕후의 능이 모셔져 있다. 조선시대에는 품격에 따라 왕과 왕비의 무덤을 능, 왕의 생모·왕세자 빈의 무덤은 원, 대군·공주 등의 무덤은 묘로 구분해 불렀다. 서오릉에는 5개의 능 외에 명종의 첫째 아들인 순회세자의 순창원이 있으며, 숙종의 후궁으로 많은 역사적 일화를 남긴 희빈 장씨의 무덤도 있다.

📞(02)359-0090 🕐06:00~17:30(매주 월요일 휴무) 🎫대인 1천 원, 소인 500원 📍경기도 고양시 원당동 산 37-1

길을 지나면 큰 벌을 준다고 해서 붙은 이름이다. 아마도 왕실 무덤이 있는 서오릉 때문이 아니었을까 싶다. 고개 이름과 상반되는 간판 글귀가 유머러스하다.

　벌고개에서 응봉으로 가는 길은 찾기가 쉽지 않다. 왜 왔냐고 진짜로 벌을 주려는 것인지, 이리저리 기웃거려 봐도 못 찾겠다. 행인에게 물어봤지만 고개만 갸우뚱할 뿐 정확하게 길을 짚어주지 못한다. 다행히 굴다리 옆 텃밭 사잇길[12]로 사람이 지나간 자국이 희미하게 나 있어 따라가 본다.

　찾았다. 벌고개로 내려왔을 때 보이는 '잎새한정식[11]' 음식점에서 신호등을 건넌 후 굴다리 옆 좁은 산길로 들어서면 된다. 낙엽이 소복하게 쌓인 가파른 오르막을 10분쯤 가면 커다란 철탑[13]이 나오는데, 이 철탑과 만나면 제대로 길을 찾은 것이다.

철탑에서 다시 10분쯤 가파른 오르막길이 이어진다. 처음 간 곳인데도 언젠가 한번 걸어본 길 같다. 곰곰이 생각해보니 불과 한 시간 전에 오른 봉산 오름길과 비슷하다. 응봉능선에 붙으면서 기시감(旣視感)은 더욱 커진다. 오름길도 능선길도 봉산을 꼭 닮았다. 길도 길이지만 운동기구와 정자가 있는 쉼터, 걷기 좋은 흙길, 그리고 울창한 활엽수들, 모든 게 비슷하다. 거의 쌍둥이 산이다.

　조그만 정자를 지나 철제 펜스가 쭉 이어진 산책길로 들어선다. 길은 펜스 옆으로 계속된다. 펜스 너머는 문화재보호구역으로, 군부대와 서오릉이 있어서 들어갈 수 없다. 펜스 문이 열려 있는 사거리14를 지나더라도 절대 문으로 들어서지 말 것.

　산책길은 계속해서 응봉 주능선을 따라간다. 중간 중간 갈림길이 있지만 정상까지 거의 직선을 이루고 있어서 계속해서 정면 방향으로 걸으면 된다. 조금 가파른 계단을 오르자 헬기장과 통신탑이 있는 응봉 정상15이다. 봉산 정상에도 군 시설물이 있었는데 그것까지 같다.

　정상에서 11시 방향 숲길을 따른다. 통신탑을 지나고부터는 산책길 끝지점인 방아다리 꽃길 입구까지 계속 내리막이다. 중간쯤 전망 좋은 산마루에 걸터앉

◀ 봉산 산책길 초입에서 본 상암동 일대.
▼ 산책로 끝지점의 방아다리 꽃길.

아 주변을 바라보니 저 멀리 고양시 일대가 한눈에 들어온다.

　고양시로 가는 길과 나뉘는 삼거리[16]에서는 1시 방향 '구파발역 1.2㎞' 이정표를 따른다. 여기서 완만한 능선을 따라 내려가다가 지축역 가는 길과 나뉘는 삼거리[17]에서 3시 방향 '구파발역 0.5㎞' 이정표 방향으로 내려간다.

　내리막길이 끝날 즈음 만나는 방아다리꽃길 입구[18]까지 가면 봉산~응봉 산책길이 끝난다. 전방에 커다란 굴뚝이 솟아 있는 은평자원회수시설에서 왼쪽 포장길로 내려간 후 도로와 만나는 삼거리[19]에 도착하면 왼쪽 인도를 택한다. 길을 따라 10분쯤 가면 구파발역[20]이다. 〈김성중〉

맛집 | 시골마루장작구이

　정원에 소복이 쌓인 참나무 장작과 통나무로 지은 건물이 인상적인 시골마루장작구이집은 마치 한적한 산골마을 산장에 들어선 기분을 느낄 수 있다. 이 식당의 주요 메뉴는 돼지·오리 장작구이. 참나무가 활활 타는 아궁이에서 고기를 직접 훈제한 후 내와 첫 입맛은 부드럽고 씹을수록 고소한 맛을 느낄 수 있다. 이외에도 씹는 맛이 느껴지는 두툼한 등갈비와 소스가 일품인 허브마늘구이, 아이들이 먹기 좋은 양념목살구이 등도 인기메뉴다.

☎(02)336-5292　⏰11:00~23:00(연중무휴)　Ⓟ가능　🍴삼겹살 장작구이(2인분) 2만5천 원, 등갈비 장작구이(2인분) 2만7천 원, 오리 장작구이(한마리) 4만5천 원　📍경기도 고양시 덕양구 용두동 1-2(서오릉 검문소 부근)

교통편

　지하철 경의선 수색역에서 길 건너 수색주민센터로 간 후 왼쪽 골목길로 오르면 봉산~응봉 산책길 초입으로 이어진다. 봉산만 산책하고 돌아갈 때는 벌고개 버스정류장을 이용한다.

■버스 : 수색역 66, 270, 370, 470, 700, 7726번, 벌고개 702, 9701번, 구파발역 330, 471, 704, 7722, 8800, 9710번.

■지하철 : 경의선 수색역 1번 출구, 3호선 구파발 4번 출구.

■승용차 : 수색역 유료주차장 이용. 소형차 기준 최초 30분에 1천 원이며, 초과 10분당 300원씩 추가된다.

버스안내사이트 : 서울 topis.seoul.go.kr　경기 www.gbis.go.kr

07 숲·공원

불암산 산책길
자상한 손길처럼, 시의 운율처럼

불암산 산책길은 자상하다. 땀이 흐를 무렵이면 마치 지켜보고 있었다는 듯 시원한 계곡과 그늘 드리운 정자를 보여준다. 이 친절한 길을 걷다보면 연인들이 손을 잡고 일곱 번 찾으면 사랑이 이뤄진다는 제명호도 만난다.

추천 테마	아이들과 ★★	연인끼리 ★★	여럿이 ★★	숲 ★★★	들	계곡 ★	강	바다	문화유적 ★★	봄 ★★	여름 ★★	가을 ★★★	겨울 ★★	난이도 무난해요

둘레에서 느끼는 '걷는 맛' __ 덕릉고개▶현대아파트 오거리 1~5

1등에 대한 스트레스를 받으며 살았던 적이 있다. 등산이라는 취미에 빠졌을 때도 목표는 늘 정상에 오르는 것이었다. 그러지 않으면 중요한 무언가를 빠뜨린 듯 허전했다. 하지만 몇 해 전부터 생각이 바뀌었다. 쉽지는 않지만 마음을 고쳐먹으니 될 일이었다. 자연을 찾아다니는 동안 자연 속에 몸을 담는 것만으로도 행복하고 보람 있다는 사실을 깨달았다.

높은 곳만 향하던 눈높이를 낮추니 평소 무심하게 지나치던 소소한 일상까지 새로운 풍경으로 보였다. 정상을 향해 오르는 데 급급했던 등산 습관을 바꾼 뒤부터 조바심이 없어지고 한 발 한 발 여유로워졌다. 그래서 더욱 눈에 들어오기 시작한 길이 이른바 '둘레길'이다.

둘레길은 전국의 수많은 산책길 중에서 눈높이를 낮추고 여유로운 산책을 즐길 수 있는 대표적인 길이다. 최근 그 열풍을 말해주듯, 서울에서도 새로 생긴 둘레길을 찾아볼 수 있다. 노원구에 위치한 불암산(佛岩山, 508m)에도 기존의 건강산책로를 포함한 '불암산 둘레길'이 새로 만들어졌다.

불암산 둘레길은 크게 하루길과 나절길로 나뉜다. 하루길은 덕릉고개~넓은마당~넓적바위~삼육

◀ 넓은마당공원에서 보는 불암산의 절경(6지점).
▶ 덕암초교 뒤편으로 가볍게 걸을 수 있는 횡단형건강산책로가 이어진다(7지점).

대 갈림길~불암사~불암산 정상~덕릉고개 코스로 불암산의 외곽을 전체적으로 살필 수 있다. 나절길은 삼육대 입구~태릉~서울여대~공릉동 백세문~삼육대 입구로 이어지는 역사문화 코스다. 어떤 코스든 하루면 다 돌 수 있을 만큼 거리가 적당하고 까다로운 데도 별로 없다.

 이번에 소개하는 길은 둘레길을 약간 변형한 코스로, 몇 군데 들를 만한 곳을 포함했다. 덕릉고개~넓은마당공원(불암약수터)~건강산책로~넓적바위~학도암 ~삼육대 갈림길~제명호~삼육대 입구로 연결되는 코스다.

덕릉고개[1]는 불암산과 수락산의 연결지점이기도 하다. 지하철 4호선 당고개역 버스정류장에서 33번이나 33-1번 버스를 이용하면 갈 수 있다. 예비군훈련장이 있는 덕릉고개에 내리면 뒤편으로 좁은 오솔길이 보인다. 이곳이 산책길 초입이다.

　오솔길을 들어서자마자 귓가에 시끄럽게 맴돌던 자동차 소음이 거짓말처럼 사라진다. 한때 갈림길이 많아 찾는 이들의 애를 먹이기도 했지만 지금은 이정표가 잘 설치돼 있어 길 찾기가 수월하다. 또 바위나 너덜지대 등 위험 구간에는 나무데크와 계단을 설치해 놓아 탐방객들이 안전하게 걸을 수 있도록 배려했다.

　우거진 숲길을 따라 10분쯤 가면 전망대[2]에 올라선다. 이 전망대는 둘레길을 조성할 때 새롭게 만든 것이다. 북한산, 수락산을 포함한 서울 북부지역이 시원스레 눈에 들어온다. 나무계단을 따라 내려가면 잠시 너덜지대를 지나고 이후부터 완만한 숲길이다. 실계곡을 건너 잠시 후 통일약수 이정표가 있는 삼거리[3]가 나오면 화엄사 방향으로 내려간다. 화엄사 뒤편에 다다르면 길은 왼쪽 마을 뒤로 난 포장길로 이어진다[4].

　100m 정도 포장길을 따라 내려가 도

건강산책로는 마을주민들이 즐겨 찾는다.

울창한 숲 너머로 보이는 서울 노원구 일대.

시공원처럼 나무들을 조림해 놓은 숲길로 들어선다. 현대아파트가 위치한 오거리[5]에 도착하면 수락산 전경이 눈앞에 펼쳐진다.

맨발로 걸어도 좋은 건강산책로 __ 넓은마당공원▶넓적바위▶학도암 [6~13]

오거리에서 직진하면 계곡 위로 철다리가 놓여 있다. 계곡에 놀러 온 마을 주민들이 저마다 명당을 차지하고 앉아 더위를 피하고 있다. 불암산에는 강원도 산골짜기 못지않은 시원한 계곡이 곳곳에 있다.

철다리를 건너 숲길을 걷다보면 아늑한 공원과 만난다. 불암약수터가 있는 넓

Walking Tip

2010년 만들어진 불암산 둘레길은 2.5km 횡단형 코스인 건강산책로를 포함해 산자락을 크게 한 바퀴 도는 산책길이다. 불암산 둘레길의 풀코스인 하루길은 덕릉고개~넓은마당~넓적바위~삼육대 갈림길~불암사~불암산 정상~덕릉고개 코스로 약 20km, 6시간쯤 걸린다. 역사문화 코스인 나절길은 삼육대 입구~태릉~서울여대~공릉동 백세문~삼육대 입구 코스로 약 8km, 3시간쯤 걸린다.

216

은마당공원[6]이다. 신선놀음이 이러할까. 주민 몇이 부채 하나씩 들고 정자에 앉아 도란도란 이야기꽃을 피운다. 풍광은 또 어떤가. 공원에서 바라보는 불암산은 한 마디로 절경이다.

불암산은 송낙(소나무 겨우살이로 만든 여승이 쓰는 모자)을 쓴 부처의 모습과 같다 하여 붙은 이름이다. 그리 높지는 않지만 암벽과 숲이 잘 어우러져 있고, 특히 온통 바위가 덮은 정상 부분은 명산다운 풍채를 보여준다.

넓은마당공원에서 불암산의 절경을 감상한 후 오른쪽 비포장길을 따라 100m쯤 내려가면 건강산책로가 시작되는 덕암초교 뒤편이다[7]. 건강산책로는 노면이 깨끗해서 맨발로 걸을 수 있고 두어 명이 나란히 걷기에도 무리가 없을 만큼 폭이 넓다.

건강산책로를 따라서 조그만 정자와 간단한 운동시설이 있는 생성약수터[8]를 지나면 불암산 능선에 오르게 되고 잠시 후 초암약수터 입구 사거리[9]에 이른다. 여기서 재현중학교 이정표 방향으로 직진, 포장길과 만나는 T자 삼거리[10]에서 왼쪽 양지초소 이정표 방향으로 걷는다. 여기서 오른쪽으로 가면 불암산공원 관리사무실이 나오는데, 보통 상계역에서 출발한 이들이 이곳을 산책 기점으로 잡는다.

건강산책로를 따라 녹음 짙은 숲길을 한동안 걷다가 양지초소 오거리[11]에서 잠시 숨을 고른다. 운동시

학도암에서 불암산 능선으로 올라서면 맨발로 걸어도 좋은 길이 이어진다.

설과 쉼터가 마련된 오거리에는 '국민배우' 최불암 씨의 시가 적힌 비석이 있다. 최불암(본명 최영한) 씨는 자신의 예명이 불암산과 한자까지 같은 인연으로 노원구로부터 불암산 명예산주로 위촉됐다. 비석에 적혀 있는 그의 시 '불암산이여!'를 옮겨 본다.

이름이 너무 커서 어머니도 한번 불러보지 못한 채 / 내가 광대의 길을 들어서서 염치없이 사용한 / 죄스러움의 세월, 영욕의 세월 / 그 웅장함과 은둔을 감히 모른 채 / 그 그늘에 몸을 붙여 살아왔습니다.
수천만대를 거쳐 노원을 안고 지켜온 / 큰 웅지의 품을 넘보아가며 / 터무니없이 불암산을 빌려 살았습니다. / 용서하십시오.

오거리에서 학도암 이정표 방향 나무계단이 설치되어 있는 곳으로 내려간다. 숲이 내뿜는 향기에 취해 걷다보면 어느새 건강산책로 끝지점인 넓적바위12에 다다른다. 여기서부터 학도암을 거쳐 불암산 주능선에 올라서기까지는 상당한 오르막길이다. 조금 무리다 싶으면 덕암초교 방향으로 되돌아가는 것이 현명하다.

13
학도암에서는 조선 후기 석불의 걸작으로 평가받는 마애관음보살좌상을 볼 수 있다.

일곱 번 찾으면 사랑이 이뤄진다는 삼육대 제명호.

넓적바위에서 학도암에 오르기 전 독특한 모양의 바위가 있다. 음석이라 하여 여성의 특정 부위를 닮은 바위다. 노골적인 모습이 민망하여 아이들은 얼씬도 못하게 했다고 한다. 바위틈에 돌멩이를 끼우면 동네 처녀들이 바람난다는 얘기도 전해지니, 행여 돌멩이를 끼우는 '실험'은 하지 말도록 하자.

이어 학도암[13]에 도착하면 마애관음보살좌상이 있다. 마애관음보살좌상은 국보급에 속하진 않지만 조선 후기 석불의 걸작으로 평가받는다. 커다란 바위에 돋을새김 방식으로 조각해 생불을 보는 듯 경외감이 든다.

태릉

삼육대 입구에서 오른쪽 인도를 따라 1㎞쯤 걸어가면 불암산 나절길에 포함되어 있는 태릉이 나온다. 태릉은 조선 제11대 왕 중종의 두 번째 계비인 문정왕후 윤씨의 무덤으로, 명종과 인순왕후 심씨의 무덤인 강릉과 함께 1970년 사적 제201호로 지정되었다. 능 주변으로 소나무숲길이 잘 조성되어 있어 능을 둘러보면서 산책을 즐기기 좋다. 입구에는 조선왕릉 전시관도 있다.

✱ 09:00~17:30(3~10월), 09:00~16:30(11~2월), 매주 월요일 휴관 ⓟ 무료 ⓦ 입장료 1천 원(성인 기준)

호젓하게 걷는 맛이 좋은 불암산 산책길에는 약수터와 계곡 등 쉼터도 여럿 있다.

호수에 전해지는 사랑이야기 _ 학도암▶제명호▶삼육대 정문 14~20

학도암부터 불암산 정상 가는 길과 나뉘는 삼거리14까지는 가파른 오르막이라 걷는 속도를 살짝 늦추게 된다. 20분쯤 오르막을 올라 삼거리에 도착하면 다

맛집 | 담터추어탕

삼육대 입구에서 구리 방면으로 10분쯤 걸으면 추어탕집과 갈비집이 즐비한 담터사거리에 이른다. 그중에서 가장 붐비는 식당이 '진짜 원조 추어탕집'인 담터추어탕이다. 20년 넘는 역사를 자랑하는 담터추어탕은 최근 바로 옆에 분점까지 오픈했다.

이 집의 추어탕 메뉴는 생미꾸라지를 그대로 넣고 끓인 통추어탕과 미꾸라지를 곱게 갈아 만든 갈은추어탕 두 가지다. 이외에도 삼계탕과 우거지탕, 추어튀김 등 맛깔스런 음식들이 준비된다.

ⓒ(031)571-9502 ⓢ09:00~22:00(연중무휴) ⓟ가능 ⓦ추어탕 8천 원, 삼계탕 8천 원, 추어튀김(소) 6천 원 ⓐ경기도 구리시 갈매동 163-80

시 완만한 산책길이다. '맨발길' 푯말이 붙은 그대로, 신발을 벗고 걸어도 좋을 만큼 부드러운 길이 이어진다.

간간이 나무 사이로 북한산의 위용이 눈에 담긴다. 공릉동 가는 길과 나뉘는 노원고개[16]에서는 왼쪽 내리막 숲길을 따라 간다. 삼육대로 이어지는 갈림길[17]에서는 직진 길 대신 초록색 철망 문을 통과하도록 한다. 다시 숲길을 따라 10분쯤 걸으면 삼육대 캠퍼스 내에 위치한 제명호[18]가 나온다. 동화의 한 장면처럼 그림 같은 숲길에서 만나는 고요한 호수다. 반짝이는 햇살을 머금은, 불암산 산책길의 숨겨진 보석이다.

제명호에는 연인들이 손을 잡고 일곱 번 찾아오면 사랑이 이뤄진다는 얘기가 있다. 굳이 연인들뿐이겠는가. 잔잔한 호수를 보고 있노라면 어떤 소원이라도 꼭 이뤄질 것만 같다.

산책길은 삼육대 캠퍼스를 지나 정문[19]을 나오면서 마무리된다. 왼쪽 육교 아래 버스정류장[20]에서 버스를 타고 지하철역으로 갈 수 있다. 불암산 산책길은 꼭 다시 찾고 싶은 아름다운 길이다. 연인이 없더라도 일곱 차례 이상 찾게 될지 모르겠다. 〈김성중〉

교통편

지하철 4호선 당고개역에서 남양주시 별내면으로 가는 버스를 타고 불암산 산책길 시작점인 덕릉고개 버스정류장에서 하차한다. 산책길 종점인 삼육대 정문에서는 지하철 6호선 화랑대역이나 태릉입구역(7호선 환승)으로 가는 버스를 이용한다.

- 버스 : 당고개역→덕릉고개 33, 33-1, 삼육대→태릉입구역 1155, 1156번.
- 지하철 : 4호선 당고개역 1번 출구, 6호선 화랑대역 5번 출구.
- 승용차 : 산책길 시작점인 덕릉고개에는 주차장이 없다. 당고개역 유료주차장을 이용한다. 30분당 1천 원.

버스안내사이트 : 서울 topis.seoul.go.kr 경기 www.gbis.go.kr

08 숲·공원

아차산~용마산

삼국三國의 숨결이 머물다 간 자리

서울 동쪽 끝에 있는 아차산과 용마산은 규모가 작지만 웬만한 명산 못지않게 매력적이다.
울창한 소나무 숲을 지나 전망대에 서면 한강과 서울 도심이 눈앞에 펼쳐진다.
아차산성과 보루 같은 삼국시대의 유적도 접할 수 있다.

추천 테마	아이들과	연인끼리	여럿이	숲	들	계곡	강	바다	문화유적	봄	여름	가을	겨울	난이도
	★★	★★	★★	★★			★		★★	★★	★★	★★★	★★	무난해요

두 산을 함께 거닐어야 맛이 난다 _ 광나루역▶자연식물관찰로 1~5

아차산과 용마산은 우리나라 역사에서 큰 의미를 지닌 곳이다. 삼국시대 당시 한강유역 쟁탈전의 중심지였던 까닭에 흙 한줌 한줌에는 당시의 숨결이 고스란히 배어있다. 산책길에 만나는 아차산성과 보루가 바로 삼국이 남긴 대표적인 유적이다. 또한 유적과 함께 전해오는 온달장군과 평강공주의 사랑이야기, 이곳에서 죽음을 맞이한 백제 개로왕 이야기 등은 두 산에 대한 흥미를 한껏 불러일으킨다.

서로 이웃해 있는 아차산과 용마산은 원래 아차산이란 이름 하나로 불렸다. 용마산은 장군봉이라 하여 아차산의 가장 높은 봉우리였다. 근래에 이르러 서로 구분해 부르지만, 아직도 아차산 정상이라고 하면 용마산 정상으로 아는 이들이 꽤 많다.

이렇게 혼동하는 이유는 아차산 정상이 여느 봉우리들과 확연하게 구분되지 않기 때문이다. 지도상으로는 아차산 제4보루가 있는 곳이 정상인데, 정작 그곳에는 일반적으로 세워두는 비석이나 푯말이 없다. 고도표를 살펴봐도 아차산의 주요 능선을 이루는 제1보루~제4보루 구간은 크게 굴곡이 없고 모두 고만고만한 높이를 보인다. 아차산은 능선 자체가 정상인 셈이다.

◀ 아차산과 용마산에는 병사들이 주둔하기 위해 만든 보루 등 수많은 역사유적이 남아 있다(10지점).
▼ 돌탑이 쌓여 있는 용마산 제7보루(16지점).

걷는거리	● 총 6.1km
걷는시간	● 2시간 30분~3시간
난 이 도	● 무난해요
출 발 점	● 광진구 광장동 지하철 5호선 광나루역
종 착 점	● 중랑구 면목동 지하철 7호선 용마산역
추천테마	● 유적지, 생태탐방, 숲, 사계절

두 산의 특징은 큰 차이를 보인다. 아차산에 비해 뾰족하게 솟아 있는 용마산은 등산코스로 알맞고, 완만한 경사를 지닌 아차산은 산책코스로 안성맞춤이다. 그렇다고 둘을 떼놓기엔 걷기코스로 조금 부족한 감이 있다. 달리기에서 페이스 조절이 중요하듯 걷는 것도 흐름이 중요한데, 아차산과 용마산 코스는 둘을 하나로 엮을 때 더 빛을 발한다. 그래서 옛 사람들이 아차산과 용마산을 하나의 산으로 여겼던 건 아니었을지.

아차산~용마산 산책길은 보통 아차산역이나 광나루역에서 시작한다. 어디에

용마산 제4보루를 지나면 정면으로 용마산 정상이 시원스럽게 펼쳐진다.

서 출발하든 시간은 엇비슷하게 걸리지만 광나루역에서 출발하면 꽃길이 아름다운 생태관찰로를 둘러볼 수 있는 이점이 있다.

광나루역 1번 출구[1]에서 광장중학교[2]를 지나 골목길로 들어서면 걷기 좋은 흙길이 이어진다. 옥잠화, 부처꽃, 원추리 등 야생화들로 빼곡한 생태관찰로[3]다. 계절에 맞게 찾은 덕분인지 화사하게 핀 꽃들이 지천이다. 잠시 후 만나는 아차산 생태공원[4]에서는 무리지어 연못을 노니는 오리들과 형형색색으로 치장한 꽃 정원을 구경할 수 있다.

나무데크를 지나 구불구불 이어진 황톳길을 걷기 10여 분. 어느새 아차산 입구인 만남의 광장이다. 이곳에서 아차산을 오르는 방법은 크게 두 가지인데, 하나는 평강교와 온달교 등이 놓여 있는 계곡을 지나 바윗길을 걷는 것이고 또 하나는 숲의 기운이 물씬 풍기는 자연식물관찰로를 따라가는 것이다. 어느 길이든 산책 코스로 훌륭하지만, 화사하게 핀 꽃들의 향연을 놓치기 아까워 자연식물관찰로[5]로 향한다.

자연식물관찰로는 만남의 광장에서 '우리꽃 향기를 담고'라고 써진 푯말을 지나 바로 이어진다. 초입부터 아차산성이 있는 능선에 올라서기까지는 가파른 오르막이라 살짝 템포를 늦춰 걷는 게 좋다.

11 아차산 제3보루를 끼고 싱그러운 초록빛 산책길이 이어진다.

삼국시대 치열한 전쟁의 흔적 _ 아차산성▶아차산▶용마산 6~18

20분쯤 걸어 숨이 조금 가빠올 때쯤 완만한 능선에 도달한다. 그 옛날 삼국시대 때 아차산성[6]이 두르고 있던 자리다. 안내판 뒤편으로 그 흔적이 남아 있는데, 성을 가릴 만큼 주변에 풀이 무성해 주의 깊게 살펴보아야 찾을 수 있다.

아차산성은 길이가 1.1km, 높이는 10m에 달했다고 한다. 백제가 광주에 도읍하였을 때 고구려의 침입을 물리치기 위하여 쌓았지만 이후 고구려에 빼앗기고 마지막에는 신라가 점령한다. 이 조그만 산이 치열한 삼국 전쟁의 무대였던 것이다.

산책길은 아차산성을 보호하기 위해 세워둔 철제 펜스 옆으로 이어진다. 낙타고개 사거리[7]를 지나 나오는 고구려정[8]은 아차산의 조망명소다. 예전에 있던 팔각정은 노후로 철거되었고, 고구려 건축양식의 정자가 새롭게 들어서면서 이름이 바뀌었다. 정자에 앉으면 도도하게 흐르는 한강과 건물들로 빼곡한 도심 풍경이 한눈에 들어온다.

고구려정을 지나 나오는 해맞이광장[9]도 잠시 쉬었다 가기에 좋은 곳이다. 이곳에

광장중학교 담장을 장식한 고구려 벽화 수렵도.

두 산의 역사적 의미

우리나라의 젖줄인 한강 일대는 삼국시대 때 패권을 차지하기 위한 전쟁이 치열하게 벌어졌던 곳이다. 한강 유역이 훤히 내려다보이는 아차산과 용마산은 당시 주요 군사요충지였다.

서울 동부권을 비롯해 하남시, 성남시, 중랑천, 한강 등 곳곳이 내려다보이는 곳에 자리한 아차산성(사적 제234호)은 처음 백제에 의해 축성됐다가 이후 고구려가 잠시 차지하게 된다. 삼국사기에는 고구려 장수가 백제 개로왕을 사로잡아 와 이곳에서 처형했다는 이야기가 전해지고 있는데, 발굴 당시 출토된 유물들이 고구려의 것으로 밝혀지면서 신빙성을 더하고 있다. 이후 아차산성은 백제와 신라의 동맹군에게 다시 함락되고, 결과적으로 통일시대를 연 신라가 점령하게 되면서 이 조그만 산에 삼국의 흔적이 모두 남았다. 아차산과 용마산에서는 신라시대 고분을 비롯해 보루 등 삼국시대의 수많은 유적과 유물이 발견됐다.

서는 매년 1월 1일 해맞이축제가 열릴 만큼 동해의 여느 명소 부럽지 않은 일출을 볼 수 있다. 야경 또한 근사해서 저녁 무렵 이 산을 찾는 이들도 적지 않다.

해맞이광장을 지나자 고구려 유적인 아차산 제1보루다. 보루는 병사들이 주둔하거나 적의 침입을 막기 위한 구축물을 말하는데, 현대식으로 표현하자면 막사나 초소쯤 된다. 발굴 때 그릇, 무기 등 수많은 유물이 출토됐다고 한다.

제5보루[10]와 제3보루[11]를 지나 아차산 정상인 제4보루[12]에서 잠시 숨을 고른다. 아무도 알아주지 않는 정상이지만, 모름지기 산에서 제일 높은 곳에 오른 것은 맞으니 조금이라도 쉬면서 우쭐한 '등정'의 기쁨을 누려야하지 않겠는가. 간단한 요깃거리를 파는 간이매점에서 막걸리를 사서 시원하게 한 사발 들이키며 여유를 부려본다.

아차산 제4보루를 지나면 용마산 권역으로 들어서게 된다. 앞서 말했듯 아차산과 용마산은 하나의 산으로 보아도 될 만큼 길의 흐름이 자연스럽다. 제4보루에서 지척인 용마산 제5보루[13]에 도착하면 갑자기 시야가 뻥 뚫린다. 헬기장이기도 한 제5보루는 공간이 넓고 용마산과 망우리공원쪽 갈림길이기도 해서 많은 이들이 쉬었다 가는 장소다. 뒤편으로 아차산의 부드러운 능선과 정면으로 뾰족하게 솟은 용마산, 그리고 멀리 북한산과 도봉산 등 서울 권역에 속해 있는 산들이 시원시원하게 조망된다. 어쩌면 2% 부족한 아차산의 정상 분위기를 이곳이 보상해 주고 있는 건 아닐까 싶다.

야생화들이 길마중하는 아차산 생태관찰로.

용마산 제4보루[14]를 거쳐 10분쯤 오르막을 오르면 용마산 정상[15]이다. 태극기를 매단 철탑은 해발고도를 측량하는 장비다. '서울시 우수 조망명소'라는 푯말이 놓여 있지만 주변에 잡목이 자라 있어 '우수' 운운할 정도는 아니다. 늦가을에서 초봄 사이에 찾으면 제법 시원스런 풍광을 볼 수 있을 것 같다.

하산할 때는 '용마폭포 1200m' 이정표를 따른다. 돌탑이 세워져 있는 용마산 제7보루[16]부터는 조금 가파른 내리막길이 이어진다. 대신 주변 풍광이 아름답고 한적해서 쉬엄쉬엄 걷기에 좋다. 20분쯤 걸어 내리막길이 끝나는 현대아파트 단지[17] 내로 들어서면 아차산~용마산 산책길이 끝난다. 여기서 인도를 따라 10분쯤 걸어가면 용마산역[18]이다. 〈김성중〉

쉼터 | 카페나루

　인근 주민들의 적극적인 추천으로 찾아간 카페나루. 평일인데도 손님들로 북적인다. 양옥집 1층을 리모델링한 카페나루는 바로 옆에 광장중학교와 광장초교가 있어서 자녀를 마중하기 위해 기다리는 학부모들이 많이 찾는다.
　이 집의 인기메뉴는 생과일을 듬뿍 갈아 만든 생과일주스와 독일식 홈메이드 베이커리다. 여름철 팥빙수도 추천메뉴. 통조림류를 쓰지 않고 신선한 생과일과 수제 찹쌀떡, 고급 아이스크림을 토핑해 신선하고 깔끔한 맛을 낸다.

☎ (02)447-8369 ⏰ 08:00~19:00(일요일 휴무) Ⓦ 베이커리 1천500~3천 원, 생과일주스 3천~4천 원, 커피 2천500~3천500원, 팥빙수 5천 원 Ⓐ 광진구 광장동 258-22 (광장중학교 맞은편)

교통편

　지하철 5호선 아차산역이나 광나루역에 내려 아차산 입구까지 도보로 이동한다. 아차산역에서 10분, 광나루역에서 20분쯤 걸린다.
■ 버스 : 아차산역 130, 300, 303, 8300번, 광나루역 130, 300, 370, 9301번, 용마산역 70, 320, 1213, 2012번.
■ 지하철 : 5호선 광나루역 1번 출구 · 아차산역 2번 출구, 7호선 용마산역 2번 출구.
■ 승용차 : 아차산 입구 만남의 광장 옆에 30대 정도 차를 세울 수 있는 주차장이 마련돼 있다. 주차료는 승용차 기준 10분당 300원.
버스안내사이트 : 서울 topis.seoul.go.kr 경기 www.gbis.go.kr

09 숲·공원

어린이대공원

서울의 '원조' 공원, 젊음을 입다

아이들만을 위한 장소로 생각한다면 서울에서 걷기 좋은 길 하나를 놓치는 셈이다. 2006년부터 무료로 개방하고 2009년 새 단장까지 한 광진구의 어린이대공원 이야기다. 서울의 '원조' 공원에서 즐겁게 걷고 놀 수 있다.

추천 테마	아이들과	연인끼리	여럿이	숲	들	계곡	강	바다	문화유적	봄	여름	가을	겨울	난이도
	★★★	★★★	★★	★	★★					★★	★★	★★★	★★	쉬워요

이렇게 멋있어졌는지 몰랐다 __ 정문▶환경연못▶분수대 1~3

　어린이대공원은 어렸을 적 추억이 남아 있는 곳이다. 인근에 살았던 덕분에 학교 소풍 때마다 단골로 갔고, 동물들을 구경하러 들른 적도 많았다. 여름이면 친구들과 함께 곧잘 공원수영장에서 놀았으며 잠자리채 하나만 들고 가 채집망 한가득 메뚜기와 잠자리를 잡아 온 적도 있다.

　하지만 유년시절의 기억이 희미해져 가는 동안 어린이대공원으로 향하는 발길도 뜸해졌다. 지리적으로 가깝다는 점을 제외하곤 여느 놀이공원과 비교해 나을 게 없어 보였다. 어린 심장을 쿵쾅거리게 했던 웅장한 청룡열차도 청년이 되어 찾았을 때는 과연 성인이 탈 수 있을까 싶을 정도로 작고 왜소해 보였다. 실망감, 안타까움, 지루함…. 이러한 복합적인 감정들이 마음에 남아서인지 오랫동안 어린이대공원에 대한 관심을 접었다.

　그로부터 십수 년이 지난 뒤 걷기 좋은 길을 찾아 돌아다니는 동안에도 어린이대공원을 떠올리지는 못했다. 그러다가 다시금 찾아가 봐야겠다고

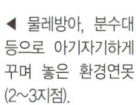

◀ 물레방아, 분수대 등으로 아기자기하게 꾸며 놓은 환경연못 (2~3지점).
▶ 나무 조각품들이 인상적인 나무뿌리원. 나들이 나온 가족이 즐거운 한때를 보내고 있다(3~4지점).

어린이대공원 231

걷는거리	총 3.3km
걷는시간	1시간 30분~2시간
난 이 도	쉬워요
출 발 점	광진구 능동 지하철 7호선 어린이대공원역
종 착 점	광진구 능동 지하철 7호선 어린이대공원역
추천테마	테마공원, 숲, 사계절

생각하게 된 것은 우연히 본 신문기사 덕분이었다. 그 기사는 '서울 가을산책길 3대 명소'의 하나로 어린이대공원 은행나무 길을 꼽고 있었다. 추억의 잣대로 폄하하고 말았던 이 공원을 재발견할 시간이 다시 찾아온 것이다.

　명불허전이랄까. 오랜만에 찾은 어린이대공원은 예전의 기억을 한순간에 바꿔놓았다. 이전에는 놀이동산과 잔디밭, 그리고 구색 맞추기 정도의 동물원이 고작이었는데, 이제는 지루할 틈이 없을 만큼 볼거리가 넘친다. 인근에 살면서 정작 좋은 산책코스를 잊고 지냈던 것이다.

어린이대공원역 1번 출구1로 나와 정문2 으로 들어서면 연꽃 가득한 연못과 형형색색의 화원, 그리고 하나쯤 집안에 두고 싶을 정도로 앙증맞은 동물 모형들이 눈길을 사로잡는다. 그동안 입장료가 폐지됐다, 새 단장했다는 등 소식을 접하긴 했지만, 이토록 훌륭하게 바뀌었으리라곤 상상도 못했다.

공원 안으로 들어서면 무작정 발걸음을 옮기기보다는 정문 관리실에서 안내도를 받아 보고 흥미가 가는 대로 산책코스를 정하는 게 좋다. 공원 내에는 놀이동산, 동물원, 놀이터 등 아이들을 위한 시설은 물론 나무숲, 화원, 식물원, 생태연못 등 산책하기 좋은 곳들이 잘 조성되어 있다.

어린이대공원은 길이 그물망처럼 이어져 있어 모두 둘러보려면 꽤나 발품을 팔아야 한다. 편의상 크게 두 개의 구간으로 나누면, 정문에서 시작해 생태연못~식물원~동물원~팔각당~분수대를 둘러보는 공원 안쪽 코스와 분수대에서 들꽃향기쉼터~외곽순환로 숲길~후문 은행나무길~인공계곡(물놀이장)을 거쳐 다시 정문으로 돌아오는 공원 외곽 코스가 있다.

먼저 공원 안쪽 코스를 둘러본 후 외곽 코스를 가기로 하고 정문 안으로 들어선다. 정문 오른쪽에는 유아실과 유모차 대여소가 있는데, 가족단위 방문객을 위한 배려가 돋보인다. 가족공원이라는 명성에 걸맞게 이러한 편의시설이 공원 내 곳곳에 설치되어 있어서 갓난아이를 동반한 부모들도 이동의 불편을 최소화할 수 있다.

공원 산책길에서 가장 먼저 눈에 들어오는 곳은 환경연못이다. 연못에는 물레방아와 정자, 분수대, 나무데크 등이 아기자기하게 꾸며져 있다. 금실 좋아 보이는 노부부도, 같이 있는 것만으로도 아름다워 보이는 선남선녀도 모두 사진 찍기에 열중이다.

환경연못에서 분수대3로 향하다보면 알록

정문 앞 화단의 알록달록 달팽이 조형물.

식물원에서는 형형색색 꽃과 선인장, 야자수 등 다양한 식물들을 구경할 수 있다.

달록한 화원이 길 주변을 화사하게 물들인다. 화원을 지날 때는 만화영화의 조연급 자리쯤은 충분히 꿰찰 수 있을 것처럼 앙증맞은 달팽이 모형물도 만난다. 어린이대공원에는 오밀조밀한 테마공원들이 잘 꾸며져 있는데, 40년이라는 오랜 세월 동안 공들여 가꾼 덕분인지 공원의 전체적인 이미지와 썩 잘 어울린다.

동심의 세계로 이끄는 가족테마공원 __ 생태연못▶동물원▶팔각당 4~7

어린이대공원은 현재 가족테마공원으로 자리매김했지만, 예전에는 우리나라 마지막 임금인 순종의 비 순명황후 민 씨의 능역이었던 유서 깊은 곳이다. 1926년 순종이 승하하자 그해 6월 순명황후의 능을 현재 남양주시로 이장했고, 이후 한때

> **Walking Tip**
>
> 어린이대공원 산책길은 내·외곽 코스를 모두 합쳐도 3㎞ 정도밖에 안 된다. 따라서 어른 걸음으로 1시간이면 걸을 수 있지만 중간 중간 볼거리가 많으므로 2시간 이상 넉넉하게 여유를 두고 둘러보는 게 좋다. 어린이대공원은 평일에도 밤 10시까지 개장하므로 서늘한 밤공기를 마시며 걷는 것도 고려해볼 만하다. 산책 코스로 조금 짧게 느껴진다면 어린이대공원 후문에서 아차산 생태공원·산책길을 함께 엮어 걷는 것도 괜찮은 방법이다.

골프장으로 사용되기도 했다. 그러다가 박정희 전 대통령 지시로 1973년 어린이날을 맞이하여 어린이대공원이란 이름으로 바뀌었다.

이후에도 어린이대공원에는 많은 변화가 있었다. 2006년에는 입장료가 폐지되었고 2009년에는 대대적인 리모델링을 하여 동물원, 식물원, 놀이동산 및 다양한 공연시설과 편의시설을 갖춘 도심 속 푸른 공간으로 탈바꿈했다. 그러한 노력 덕분에 최근 어린이대공원에는 가족단위로 찾는 사람들이 부쩍 늘었고, 평일 밤낮을 가리지 않고 운동이나 산책을 즐기는 이들도 많아졌다.

걸음을 옮길 때마다 보이는 풍경은 마치 오래된 일기장을 들쳐보듯 익숙하면서도 새롭다. 첫사랑과 첫 만남의 장소이자 이별의 장소였던 플라타너스 아래 벤치는 아직도 그 모습 그대로일까. 길이 사람의 추억을 자극하는 것인지, 길에 과거의 기억이 남아 있는 것인지, 애써 머리를 흔들며 지워보려 하지만 걸으면 걸을수록 추억이 또렷하다.

간이역 모형을 지나 아담한 규모의 야외 작품전시장인 나무뿌리원에 이른다. 나무뿌리를 이용해 만든 조각들을 전시해 놓고 있는데 하나하나가 예술품 같다. 나무뿌리원의 오밀조밀한 조각품을 감상한 뒤 만나는 생태연못4은 정문에 위치한 환경연못과 달리 사뭇 야생적인 느낌

생태연못으로 가기 전에 쭉쭉 뻗은 메타세콰이어를 볼 수 있다.

2~3

산책길을 따라 유명 작가들의 조각품이 곳곳에 서 있다.

이다. 늪지가 연상될 정도로 어른 키만 한 풀들이 자라 있는데, 그 사이로 난 나무데크를 따라 걷다보면 어느 강가의 한적한 길에 선 듯하다.

생태연못을 한 바퀴 돈 후 입구로 되돌아와서 동물원 이정표를 따라 걷다보면 길 왼쪽으로 야외공연장인 숲속의 무대가 보인다. 행사가 있는 날엔 관람객들로 붐비는 곳이다. 2010년에는 연중행사로 서울오케스트라의 무료 공연이 매월 1회 열렸다. 숲속의 무대를 지나자마자 오즈의 마법사 놀이터가 나온다. 오즈의 마법사에 나오는 캐릭터들을 형상화한 놀이기구들이 아이들에게 큰 인기다.

식물원5 입장은 여름철이라면 따가운 햇볕으로부터 잠시 벗어날 수 있는 기회다. 식물원에서 서늘한 기운을 즐기면서 선인장과 야자수, 관엽식물 등 평소 쉽게 볼 수 없는 다양한 식물들을 구경하도록 하자.

아이 어른 할 것 없이 발길이 머무는 동물원6은 어린이대공원 내의 단일 테마 시설로는 놀이동산과 함께 가장 큰 규모를 자랑한다. 원숭이, 코끼리, 낙타, 사슴, 조류 등 다양한 동물들을 가까운 곳에서 만나볼 수 있다. 동물들의 세계를 엿보고 교감을 나누는 흐뭇한 시간이다.

동물원을 지나 어린이대공원의 전경이 한눈에 들어오는 팔각당7에 도착하면 공원 안쪽 코스 순례가 끝난다. 이 코스는 아이들을 위한 테마시설이 많기 때문

능동로

'디자인 서울'이란 슬로건을 내세운 서울시가 선정한 '걷고 싶은 거리' 중 하나다. 어린이대공원역부터 능동 소방파출소까지 약 500m 거리로 세종대학교 돌담길이 포함돼있다. 아이들을 데리고 나온 여성들이 편안하게 산책할 수 있는 공간을 만드는 데 중점을 두어 유모차도 쉽게 끌고 다닐 수 있도록 정비했다. 가로수를 따라 커다란 느티나무와 소나무가 시원한 그늘을 드리워 어린이대공원을 둘러보기 전후에 걸으면 좋다.

에 호젓한 길을 좋아하는 뚜벅이라면 조금 피로하게 느낄 수 있다. 지금부터는 한적한 산책을 즐길 수 있는 고즈넉한 외곽길이다.

봄가을 걷기 좋은 산책길 _ 분수대▶순환로▶정문 8~14

팔각당에서 정문 방향 완만한 내리막길을 따라 간 다음 분수대[8]에서 수유실과 화장실 건물이 있는 오른쪽 길로 들어선다. 이곳부터 공원을 크게 한 바퀴 돌 수 있는 외곽순환로다. 가장 먼저 들꽃향기쉼터[9]가 반긴다. 화원인데 자세히 살펴보면 모양새가 독특하다. 우리나라 지도를 본떠 만든 꽃동산으로, 경기도, 충청도 등 도에 따라 다른 색의 꽃들로 꾸며 놓았다.

들꽃향기쉼터부터는 한적한 길이 이어진다. 이 길은 안쪽 코스보다 인적이 드물어 조깅이나 산책을 하는 사람들이 선호한다. 초입에는 벚나무가 길 좌우로 늘어서 있는데, 녹음이 짙을 때 찾은 덕에 화려한 벚꽃 대신 시원한 그늘과 싱그러운 향기가 가슴을 상쾌하게 해준다. 소음과 공해에 찌든 도심에서 차로 몇 분

애니메이션의 한 장면처럼 예쁘게 꾸며 놓은 버섯마을.

거리에 이렇게 새로운 세상이 펼쳐진다는 것이 신기하다.

10분쯤 걷다보면 아이들이 가장 좋아하는 장소인 놀이동산[10]이다. 예전에는 국내 최고였지만 지금은 주말에도 그다지 북적거리진 않는다. 청룡열차, 회전목마, 대관람차…, 놀이기구들도 예전과 별반 다르지 않아 보인다. 시민들을 위한 휴식공간으로 다시 태어나는 과정에 상대적으로 소외된, 혹은 현상유지로 만족한 공간이 아닌가 싶다. 놀이동산을 지나면 후문과 연결되는 사거리[11]가 나온다. 여기서 버섯마을 이정표를 따라 직진하면 정문으로 곧장 갈 수 있지만 후문까지 이어지는 은행나무길 산책을 빼먹을 수는 없는 일이다. 어린이대공원 은행나무길은 가을이면 마치 노란 양탄자를 깔아놓은 것처럼 온통 노란색으로 물든다. 은행나무만 200여 그루, 거리도 2㎞에 이른다.

버섯마을을 지나 20분쯤 걸으니 깔깔대는 아이들 웃음소리가 들려온다. 인공적으로 조성해 놓은 계곡[12]에서 물놀이를 즐기는 아이들이다. 잠시 졸졸졸 흐르는 계곡에 발을 담그고 쉰다. 계곡을 따라 10분쯤 내려가면 시작점이었던 정문[13]이다.

인간의 뇌는 보고 싶은 것만 보게 된다고 했던가. 어렸을 적에는 그저 놀이동산의 기구들에만 눈길을 주었을 뿐 이 숲과 길이 이토록 아름다운지 알지 못했

지역별로 꽃 색깔을 달리한 들꽃향기쉼터의 한반도 화원.

다. 지금이라도 알게 된 것이 다행스럽다.

　어린이대공원은 산 속 울창한 숲은 아니어도 여유로운 산책을 즐길 수 있는 곳이다. 이름처럼 아이들만의 공간이 아닌, 남녀노소 누구나 즐길 수 있는 시민들의 휴식공간이다. 화려한 벚꽃이나 진동하는 숲의 향기가 그리울 때, 은행나무가 길 위에 노란 양탄자를 깔고 하얀 눈이 마른 나뭇가지를 감쌀 때, 언제든 다시 찾고 싶은 쉼터다. 〈김성중〉

맛집 | 느티나무집

　산채비빔밥 전문집이다. 이 집의 산채정식은 기본 비빔밥은 물론 나무그릇에 정갈하게 담긴 20여 가지 나물반찬으로 구성되어 가격 이상의 만족감을 느낄 수 있다. 찌개도 두 가지. 구수한 토종 된장으로 맛을 낸 된장찌개와 콩을 곱게 갈아 만든 비지찌개가 함께 나오는데 비빔밥과 함께 비벼먹으면 맛도 두 배다. 단지 골목 안에 위치하고 있어 눈에 잘 띄지 않는다는 것이 이 집의 단점. 어린이대공원역 4번 출구에서 화양동 방향 골목을 따라 50m쯤 가면 나오는 골목 사거리에 있다.

ⓒ(02)461-1334　●09:00~21:30(연중무휴)　Ⓟ가능　Ⓦ산채정식 8천 원, 갈매기살 9천 원, 비빔국수 4천 원　Ⓐ광진구 화양동 193

교통편

　어린이대공원 정문에서 시작할 경우 지하철 7호선 어린이대공원역을, 후문에서 시작할 경우 지하철 5호선 아차산역을 이용한다.
- 버스 : 정문하차 103, 302, 2222번, 후문하차 130, 2221, 2232번.
- 지하철 : 7호선 어린이대공원역 1번 출구, 5호선 아차산역 5번 출구.
- 승용차 : 어린이대공원 정문, 후문, 구의문에 주차장이 마련돼 있다. 요금은 승용차 기준 10분당 300원.

버스안내사이트 : 서울 topis.seoul.go.kr　경기 www.gbis.go.kr

10 숲·공원

월드컵공원

서울의 노을·별, 모두 모여라

상전벽해(桑田碧海). 거대한 쓰레기 산이 온데간데없다. 그 위에 노을 지는 억새밭, 물고기 헤엄치는 연못, 별밤 그리운 초원이 생겨났다. 옛 모습은 흔적조차 찾기 어려울 만큼 근사한 월드컵공원에서는 걸음이 쉬이 멈추지 않는다.

추천 테마	아이들과	연인끼리	여럿이	숲	들	계곡	강	바다	문화유적	봄	여름	가을	겨울	난이도
	★★	★★	★★	★★	★★		★			★★	★★	★★★	★★	무난해요

▶ 내부에 계단이 설치되어 주변 풍경을 볼 수 있는 '하늘을 담는 그릇'. 하늘공원 내(18~19지점).
▼ 노을공원에 조성된 노을캠핑장. 이곳이 한때 쓰레기 산이었다는 사실이 믿기지 않는다(12~13지점).

분수 솟는 연못 지나 그늘진 흙길로 __ 월드컵경기장역▶평화의 공원 1~3

'강을 타고 굽이굽이 바닷물이 거슬러오는 길목에 굵고 단단한 모래로 다져진 땅, 사람이 사는 터로 가장 이상적인 풍수조건'. 이중환의 〈택리지〉에는 난지도가 이 같은 조건을 갖춘 사람 살기 좋은 터로 기록되어 있다. 난지(蘭芝)라는 이름도 원래 이곳에 난초와 지초가 무성해서 붙은 이름이다. 그러나 이렇게 향긋한 이름을 가진 장소는 70년대 후반부터 난지(亂地)가 돼버린다. 버려질 데 없는 서울의 쓰레기가 이곳에 쌓이고 쌓여 결국 2개의 쓰레기 산이 생겼다. 정연희 소설 〈난지도〉에는 당시 모습이 이렇게 묘사되어 있다.

'난지도 쓰레기 산 위로 쏟아져 내리는 불볕은 저주였다. 그 산에 살아있는 것이 있다면 썩어 가는 일과 썩어 가는 냄새뿐이었다.'

이렇게 절망적인 장소에 생명을 불어넣는 일이 그리 호락호락하지는 않았던 모양이다. 쓰레기에서 생겨난 메탄가스를 배출하는 안정화 기간이 6년, 본격적인 공원공사가 1년. 월드컵공원이 탄생하기까지는 그렇게 7년의 시간이 필요했다.

월드컵공원 걷기여행은 월드컵경기장역에서

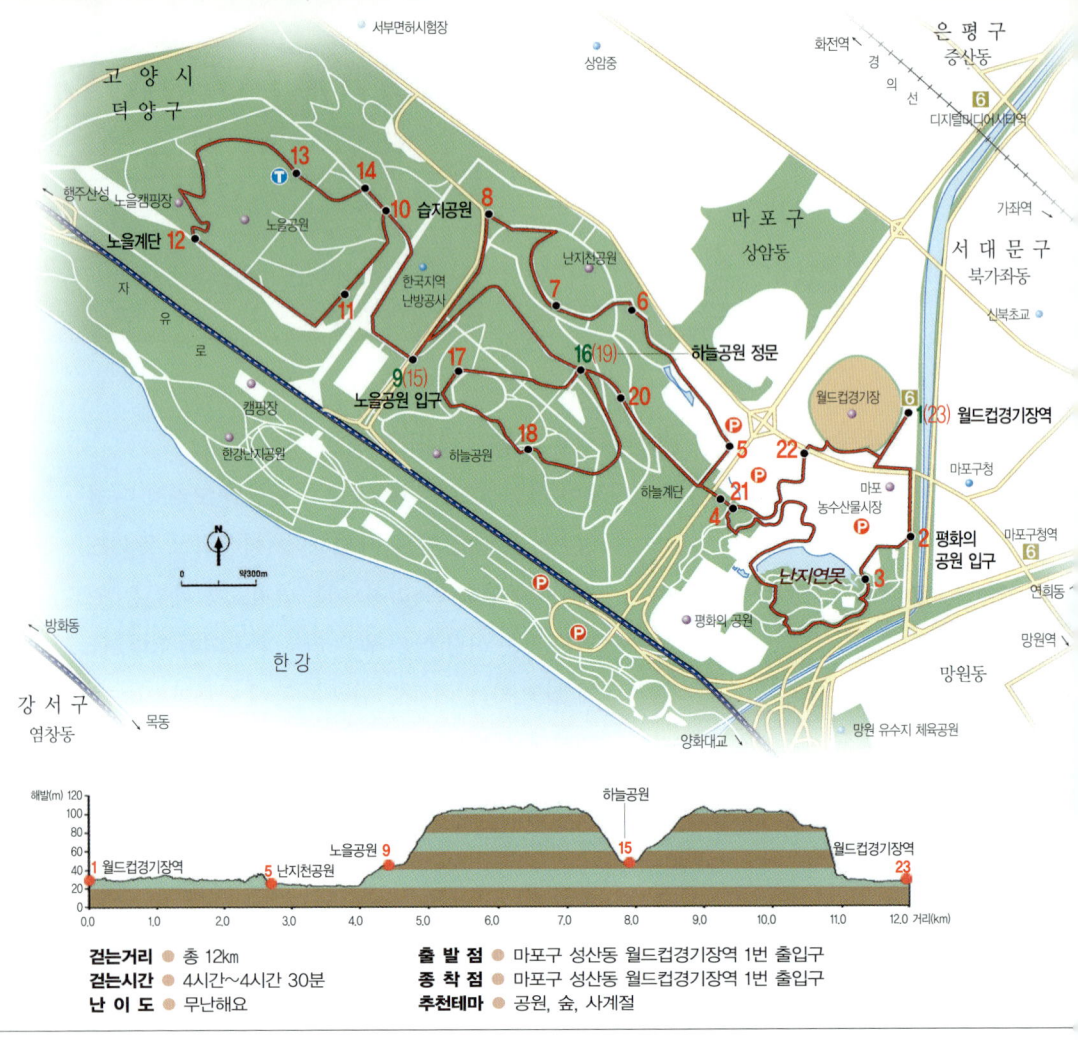

걷는거리	총 12km	출 발 점	마포구 성산동 월드컵경기장역 1번 출입구
걷는시간	4시간~4시간 30분	종 착 점	마포구 성산동 월드컵경기장역 1번 출입구
난 이 도	무난해요	추천테마	공원, 숲, 사계절

 출발해 평화의 공원/난지천공원/노을공원/하늘공원을 돌아 다시 평화의 공원/월드컵경기장에서 마감하면 된다. 6호선 월드컵경기장역 1번 출입구[1]로 나오면 오른쪽으로 월드컵경기장 건물이 보이고 그 1층에 대형할인마트가 들어서 있다. 곧장 걸어가면 마포농수산물 시장 앞. 횡단보도를 건너 인도 따라 잠시 직진하면 길 오른쪽에 평화의 공원 입구[2]가 나온다.

 월드컵공원은 전체규모가 340만㎡(축구장 310개 정도를 붙여놓은 크기)에 이를 정도로 넓어 무작정 걷기보다는 들러볼 장소를 미리 정하는 것이 좋다. 평화의 공원으로 들어서서 왼편으로 보이는 건물(디자인서울갤러리)에서 안내지도를 무료로 받을 수 있다.

자전거대여소(2시간 이내 무료) 부근에서 이정표에 적힌 '하늘공원·난지천공원'으로 방향을 잡는다. 시원스레 분수가 솟고 있는 넓은 호수가 보인다. 평화의 공원에서 대표적인 장소인 '난지연못[3]' 이다. 한강물을 끌어와 만든 인공연못으로 수생식물을 이용해 수질을 유지한다. 연못을 정면에 두고 왼쪽으로 돌아가면 숲을 따라 흙길이 나있다. 통행이 뜸한 듯 나무 아래 간간이 놓인 벤치엔 사람 대신 그늘만 자리 잡았다. 하늘공원 방향 이정표가 등장할 때까지 걷다 보면 난지연못에 놓인 대리석 징검다리를 건너게 된다. 정면 먼발치에 우뚝 솟은 언덕이 한때 쓰레기 산이었던 하늘공원이다. 계속 걸어 평화의 공원과 하늘공원을 연결하는 구름다리[4]를 건넌다.

부탄가스 불꽃축제 벌이던 과거 _ 난지천공원▶노을공원 [5~15]

구름다리를 건너면 바로 앞에 지그재그로 언덕을 오르는 계단이 있다. 하늘공원으로 가는 일명 '하늘계단' 이다. 난지천공원을 먼저 들러보려면 구름다리를 건넌 뒤 계단을 오르지 말고 오른쪽으로 방향을 꺾는다. 곧 맞닥뜨리게 되는 Y자 갈림길[5]. 오른쪽 아랫길로 보이는 주차장으로 들어서면 그곳부터 난지천공원이다.

길의 처음, 아스팔트로 포장된 공원은 기대보다 삭막한 분위기다. 포장로를 따라 매점과 화장실을 지나쳐 갈림길[6]이 등장하면 이정표의 '어린이놀이터' 방향(직진 비슷한 오른쪽)으로 걷는다. 양쪽에서 초록기운이 번지며 길은 점점 산책로다워진다. 얼마 안 가 포장된 길에서 오른쪽으로 비켜나가는 샛길[7]로 들어선다. 파릇하고 보들보들한 잔디가 가득한 '난지잔디광장' 이다. 꽤나 이국적인 풍경이다 싶은 것도 잠시, 그 뒤로 병풍처

평화의 공원 음수대에서 '아리수'를 마시고 있는 소년.

7~8
난지잔디광장. 아파트 병풍만 아니라면 꽤나 이국적인 장소다.

럼 둘러 선 고층아파트와 크레인까지 시야에 들어오자 이 '한국스러운' 모습에 익숙함과 아쉬움이 반반씩 밀려온다. 하여간 꽤 멋진 곳이긴 해서, 한쪽에서 드라마 촬영이 한창이다. 초소가 있는 도로로 나오면 난지천공원도 끝[8]이다. 왼쪽 언덕으로 향하면 노을공원이 멀지 않다.

노을공원은 하늘공원과 더불어 전망이 좋다. 노을공원의 '볼거리' 역사는 '쓰레기 산' 시절부터 시작됐다. 쓰레기에서 발생한 메탄가스가 15년 동안 무려 1천390회, 4일에 1번꼴로 화재를 일으켰는데, 그럴 때마다 쓰레기더미에 섞인 부탄가스통이 폭죽처럼 튀어 올라 불꽃놀이에 버금가는 장관(?)을 선사하곤 했다는 얘기다. 이제는 다행히 불장난에 심취했던 과거를 씻고 언덕 아래 평온한 한강과 탁 트인 하늘을 느릿하게 펼쳐 보인다.

노을공원 입구[9]로 들어서서는 아스팔트 포장로를 따라 언덕을 한동안 올라야 한다. 15분쯤 걸으면 '습지원·바람의 광장' 이정표[10]가 나오고 초원이 펼쳐진 그

14
노을공원에 있는 조형물. 김광우 작 '자연+인간/숨쉬는 땅'.

방향으로 산책로가 이어져 있다. 파란 하늘에 솜을 조금씩 뜯어 던져 놓은 듯한 구름이 떠 있고, 마사토 깔린 텅 빈 산책로가 여유롭다. 억새 무성한 오른편 습지, 바람이 지나간 자리에서 잠자리들이 빙글빙글 춤춘다. 산책로 주변으로 보이는 흰색기둥은 땅속에 고인 메탄가스를 분출하는 역할을 한다.

정자가 있는 곳에서 Y자로 길이 나뉜다[11]. 나중에 합쳐지는 길이므로 어느 쪽이건 상관없지만 공원을 크게 돌려면 왼쪽 방향을 택하도록 한다. 노을공원 남서쪽 테두리로 이어진 산책로에서 가양대교를 바라본다. 어중간한 태양빛의 각도와 매연 탓에 시야가 깨끗하지는 않다.

노을공원에서 꼭 들려야 할 장소가 있다면 '노을캠핑장' 이다. 한강난지공원으로 연결되는 나무계단[12](지나왔던 하늘계단과 비슷하다)이 있는 산책로에서 오른쪽 잔디밭으로 들어서면 된다. 전혀 '서울의 어느 곳' 같지 않은 풍경을 보여주는 캠핑장에서 윌리엄 월레스(영화 브레이브하트의 주인공)의 부대가 잉글랜드군과

맞닥뜨렸던 그 장소, 스코틀랜드의 평원을 떠올린다. 완만하게 굴곡진 초원을 가로지르는 길에는 수레바퀴자국이 선명하고, 동쪽 하늘에는 바람이 몰고 온 하얀 구름이 붓질이라도 한 것처럼 자연스레 흩어져있다. 밤이 되면 수없이 빛나는 별을 볼 수 있을 것 같은 이 초원에는 지금, 스코틀랜드와 잉글랜드 병사 대신 텐트를 치는 젊은 남자 몇 명이 있다.

　노을캠핑장을 지나 시계방향으로 돌듯 걸어 노을공원 출구로 향한다. 처음 습지원·바람의 광장으로 들어서면서 봤던 풍경이 다시 나타나기 시작하더니 아스팔트 도로14로 이어진다. 오른쪽 방향, 내리막으로 바뀐 길을 걸어 노을공원 입구15로 되돌아간다. 하늘공원은 길 건너편, 왼쪽 대각선 방향에 있다.

억새에 홀려 길을 헤매다 __ 하늘공원▶월드컵경기장역 16~23

　'눈(雪)에 홀려 산에서 똑같은 길을 돌다가 죽었다.' '예쁜 아낙으로 변신한 구미호에게 홀린 나무꾼이 간을 빼 먹혔다.' 뭐에 홀리면 사람이 이렇게 된다더라 하는 옛이야기가 떠오른다. 죽지도 않고 간을 뺏기지도 않았지만 하늘공원에서 억새에게 홀렸던 모양이다. 창피하게도 길을 좀 헤맸다. 노을에 은은히 물들어가는 억새에 취해 걷다보니 어느 순간 걷는 길이 미노타우로스의 미로 같았다. 같은 장소를 두어 번 돌다가 현대판 아드리아네의 실타래(GPS) 힘을 빌려 테세우스처럼 당당하게(?) 빠져 나온다. 창피하면서도 유쾌한 이 기분은 뭔가.

　노을공원 입구 대각선에 있는 하늘공원 입구로 들어서서 한동안 포장도로를 따라 걸으면 하늘공원 정문16에 도착한다. '하늘공원'이라고 쓰인 표석과 공원 안내지도가 있는 곳 사이로 걸어가면 하늘공원의 대표적인 이미지, 억새밭 산책로가 시작된다. 어른의 허리쯤 되는 키를 가진 억새는 노을에 물들어 은빛·주황빛으로 빛나고 바람에는 쌉쌀하면서도

노을공원 입구 풍경. 사람 모형의 조각품이 서 있다.

평화의 공원에 있는 잔디밭. 사람들이 오간 흔적이 '고운 길'로 남았다.

비린 듯한 풀냄새가 실린다. 멀리 보이는 억새밭에 여러 사람들이 느릿느릿 걷고 있다.

억새밭 한가운데에는 十자 모양으로 길이 나뉘는 공터가 있다. 중앙에는 돌탑이 세워져 있고 주변으론 파라솔 붙은 테이블과 벤치가 있다. 정면의 길로는 조그만 황토알갱이를 밟으며 걷는 맨발산책로가 이어진다. 발을 씻을 수 있는 맨발산책로 종점[17]까지 가서 왼쪽으로 방향을 돌린다. 호박·표주박·수세미 같은 덩굴식물이 자라는 터널[18]을 지나자 먼발치에 거대한 국그릇처럼 생긴 검은색 조형물이 눈에 띈다. 가까이 가서 보니 이름이 '하늘을 담는 그릇'이다. 계단을 통해 위로 오르면 카메라 셔터를 누르지 않고는 못 배길 전경이 기다린다.

그릇 조형물을 지나서 억새밭을 지나 16번 지점인 하늘공원 정문[19]으로 나왔다. 오른쪽으로 조금 내려가면 Y자 갈림길[20]. 나무난간을 두른 왼쪽으로 걸음을

20~21 하늘계단을 내려가면서 바라본 평화의 공원과 상암동 일대.

옮기면 곧 하늘공원으로 내려가는 하늘계단이다. 지그재그 형식의 계단이라 반대에서 올라와도 전혀 힘들 것 같지 않다. 계단을 다 내려와 육교를 건너 평화의 공원으로 들어선다[21]. 공원을 왼쪽으로 가로질러 간다는 기분으로 5분쯤 걸으면 주차장을 지나 공원을 벗어나고[22], 길 건너편에 월드컵경기장역[23]이 있다.

〈정규찬〉

교통편

오가는 길 모두 지하철 6호선 월드컵경기장역을 이용한다.
- 지하철 : 6호선 월드컵경기장역 1번 출구.
- 승용차 : 월드컵공원의 주차장을 이용한다. 요금은 10분당 300원.
- 버스안내사이트 : 서울 topis.seoul.go.kr 경기 www.gbis.go.kr

section 4
강과 하천

01 강·하천

고덕수변생태복원지·미사리
물결 이는 모래마을의 낭만

강바람에 흔들리는 갈대, 햇살에 반짝이는 모래. 강원도에서 시작된 두 개의 강이 두물머리에서 하나의 몸이 되어 서울 행정경계로 흘러들기 직전의 장소에는 강가의 낭만이 아스라하게 펼쳐져 있다. 물결 이는 모래마을, 미사리(渼沙里)다.

추천테마	아이들과	연인끼리	여럿이	숲	들	계곡	강	바다	문화유적	봄	여름	가을	겨울	난이도
	★★	★★★	★★	★★	★		★★★		★	★★	★	★★★	★★	무난해요

대한민국은 공사 중_ 상일동역 ▶ 고덕천 1~8

서울에서 가장 먼저 해가 뜨는 동네에는 계절 따라 개나리와 코스모스가 피고 아이들이 잠자리채를 들고 나와 풀밭에 사는 메뚜기, 사마귀, 잠자리를 잡으며 시간 가는지 모르는 고덕천이 있었다. 하남시에서 발원해 서울 강동구 상일동을 통해 한강으로 흘러드는 곳. 하천을 따라 이어진 길로는 아침저녁으로 주민들이 산책을 하고 한 무리의 라이더들이 지나가고 짝사랑에 빠진 소녀가 쓸쓸히 걸을 법도 했다.

그러나 이제는 모두 옛이야기이다. 지금 고덕천은 '공사 중'이다. 대단위 아파트 단지가 들어서고 하천일대는 '새것 냄새' 진동하는 공원이 될 예정이다. 어제오늘의 일이 아니건만 추억이 담긴 장소가 변해가는 모습을 보는 것은 결코 유쾌한 일이 아니다. 그래도 곧 '새길'이 생긴단다. 그래서 걷기로 한다. 고덕천을 따라 한강과 합수되는 곳까지 가서, 그 옆 고덕수변생태복원지를 들러보고 한강을 따라 서울경계를 넘어 미사리에 도착하는 코스다.

지하철 5호선을 타고 동쪽 끝으로 간다. 상일동역 3번 출입구[1]로 나와 조금 걸으면 도로 건너로

◀ 미사리 가는 길. 강가를 따라 한적한 전용산책로가 나있다(11~12지점).
▼ 여름꽃이 가득한 고덕수변생태복원지 산책로(9~10지점).

걷는거리	●	9.5km	출 발 점	●	강동구 상일동 상일동역 3번 출입구
걷는시간	●	3시간~3시간 30분	종 착 점	●	하남시 미사동 16번 버스종점
난 이 도	●	무난해요	추천테마	●	강, 봄, 가을, 겨울

보이는 공사현장이 고덕천이다. 길도 풍경도 많이 바뀌었다. 예전에는 산책로를 따라 가면 자연스레 고덕천이 한강과 만나는 합수지점으로 갈 수 있었지만 지금은 공사 중인 고덕천을 비켜가는 대신 하천 주변에 있는 비닐하우스촌으로 걸어가야만 한다.

횡단보도를 건너 공사현장이 있는 사거리**2**에서 왼쪽으로 방향을 돌린다. 궁색하게 나 있는 인도를 조금 걸어가면, 역시 공사로 인해 그 모습이 채 갖춰지지 않은 강일동 입구**3**가 등장한다. 이 사거리에서 11시 방향과 12시 방향의 중간쯤에 있는 비닐하우스촌으로 진입하면 된다. 폐타이어 따위 쓰레기가 널려있긴 하지만 바로 흙길이 시작되고 몇 걸음 사이에 도시풍경은 온데간데없다. 이어 '이 길은 개인 땅입니다' 라고 적힌 나무 팻말이 붙은 갈림길[4]이 나온다. 왼쪽 길은 얼마가지 않아 막히므로 오른쪽으로 방향을 잡는다. 비닐하우스 옆에서 자라난 해바라기가 고개를 푹 숙인 채 노란 이파리의 밝은 빛을 서서히 잃어가고 있다. 조그만 숲으로 이어진 길에는 여전히 짙은 그림자가 드리워져 있지만 새 계절은 변함없이 찾아든다.

번듯한 간판을 단 화원이 줄지어 선 곳[5]을 지나 작은 정자가 나타나면 길은 끊어진 것처럼 보인다. 그러나 무성히 자란 풀이 길을 덮어 버려서 그렇지, 정면으로 아주 작은 오솔길이 나 있다. 텃밭과 비닐하우스 옆을 몇 분쯤 지나면 아주 조그만 다리, 고덕2교[6]가 나오고 오솔길도 끝이다. 다리를 건너서는 시멘트도로를 따라 오른쪽으로 간다. 5분쯤 걸어 오른쪽으로 휘어지는 언덕길이 나오면 그쪽으로 오른다. 공사로 인해 가려졌던 고덕천이 여기서 모습을 보인다. 언덕에서 맨 오른쪽 길을 택해 내려간 뒤 하천을 따라 걸으면 된다[7].

시멘트제방 길 양옆으론 크지 않은 능수버들이 키만큼의 그늘을 드리우고 있다. 굴다리를 지나선 맨 왼쪽의 길로 조금만 가면 고덕수변생태복원지 입구[8]다. 고덕천이 넓고 잔잔한 한강으로 소리 없이 흘러든다.

계절이 바뀌는 시기, 활짝 폈던 해바라기가 그 밝음을 서서히 잃어가고 있다.

13~14 전용산책로와 자전거도로로 나뉘어 있는 강변길.

여전히 알려지지 않은 곳 __ 고덕수변생태복원지 ▶한강산책로 9~14

　입구에 세워진 안내판은 여느 곳과 달리 나뭇가지와 나무판으로 아담하게 만들어져 있다. '후두두둑~ 툭~툭~' 잔돌이 깔린 길을 따라 들어서자 길 위의 메뚜기들이 놀라서 이리저리 뛰어오른다. 곧 음수대, 컨테이너 건물, 천막을 친 쉼터[9]가 나온다. 최근 공사로 인해 생태복원지 바로 옆으로 자전거도로가 나고 고덕동과 자전거도로를 연결하는 고덕나들목이 생겼다. 그러나 생태복원지 안으로는 자전거가 출입할 수 없으므로 긴장하지 않고 걸을 수 있다. 쉼터 안쪽을 보면 숲으로 연결되는 산책로가 몇 곳 있다. 내키는 곳으로 들어서서 발길 닿는 대로 걸으면 된다. 산책로 전체 길이는 1.5km 정도로 길지도 짧지도 않다.

　'고덕수변생태복원지' 또는 '고덕수변생태공원' 이라는 이름을 쓰고 있지만 이곳의 분위기는 공원이라는 단어가 연상케 하는 모습과는 거리가 멀다. 사람이 산책할 수 있을 만큼의 넓이로만 숲에 길이 나 있고, 인공구조물이라야 해설판이나 솟대(그마저도 폐나무로 만들었다)가 전부다. 매점이나 현대식 화장실 같은 편의시설도 없다. 산책로에서는 왜 이곳이 생태복원지인지 더욱 확실하게 알 수 있다. 곳곳에 핀 들꽃, 모여든 벌과 나비, 자귀풀·꽃마리 같은 국내수종이 어우러진 수풀, 흰 구름이 흐르는 파란하늘. 그곳을 지나는 한적한 길.

　간혹 남다른 데이트 장소를 원하는 커플이 찾거나 인근 유치원에서 소풍을 오

'키스금지' 를 권고하는 안내판? 고덕수변생태복원지 내.

9~10

12
강동구와 구리시를 연결하는 강동대교. 다리 아래는 자전거 타는 이들이 즐겨 찾는 명당쉼터다.

긴 하지만 여전히 이곳은 '알려지지 않은 곳'이다. 바로 옆으로 자전거족이 쉴 새 없이 지나지만 출입이 허용되지 않는 산책로를 들러보는 라이더는 거의 없다. 오직 걸어야만 만날 수 있는 특별한 장소다.

 길을 이어가려면 쉼터가 있던 9번 지점으로 돌아 나와 자전거도로[10]로 들어선다. 여기서 왼쪽으로 보이는 다리를 건너 한강을 따라가야 미사리로 가는 길이다. 반갑게도 이 길에는 자전거도로와 산책로를 구분해 놓은 구간이 있다. 자전거도로 옆에 줄 하나 그어놓은 정도가 아니라 강 쪽으로 별도의 산책로가 있다는 얘기다. 다리를 건너면 그런 산책로를 알리는 이정표가 나타나고 산책로와 자전거도로로 길이 나뉜다[11].

나무고아원 출신의 느티나무 _ 강동대교▶16번 버스종점 [12~18]

 서울의 동쪽 끝자락을 걸어 미사리로 가는 길. 강변 풍경은 걷는 속도에 맞춰 흘러간다. 고즈넉한 강변의 낭만을 즐기기에 부족할 것 없는 산책로지만 그늘을 만들어줄 나무가 적어 한여름엔 괴로울 수 있겠다. 자전거도로에서 강 쪽으로 내려왔던 산책로는 강동대교가 가까워지면 잠시 언덕을 올라 자전거도로와 합류한

다. 자전거도로도 별다른 그늘이 없기는 마찬가지. 그늘지고 강바람 시원한 강동대교 아래 12에서 라이더들이 자전거를 세우고 목을 축인다. 이 길의 틀림없는 명당쉼터다.

강동대교를 지나면서 자전거도로와 나란한 산책로를 한동안 걸어야 한다. 다시 별도의 산책로가 등장한 것은 길 오른쪽 아래로 매점13 현수막이 보였을 때다. 무더운 날엔 시원한 물만큼 간절한 것도 없다. 때마침 준비해온 물도 거의 바닥을 보이고 있어 군대시절, 대민지원 나와 동네슈퍼 가는 심정으로 매점에 들렀다. 의외로 막걸리·파전·국수·생수·컵라면 등 다양한(?) 메뉴가 준비되어 있다. 주인아주머니 말로는 원래 약초를 재배하는 비닐하우스인데 자전거 타는 사람들이 많아져서 간단한 먹을거리를 팔게 되었단다.

생수 두 통을 사들고 다시 강과 가까운 산책로를 따라서 미사리로 향한다. 강

강동대교 부근에서 본 거미.

14

하남시 선동체육공원의 산책로와 자전거도로.

건너편은 고덕수변생태공원부터 구리시인데 이곳은 아직 서울 안쪽이다. 강 너머로 구리타워가 보이고, 구리시와 남양주시의 경계를 이루는 왕숙천도 이내 시야에 들어온다.

걷고 있는 길의 행정구역이 바뀌면서 주변 분위기도 크게 달라진다. 시멘트 산책로가 초록 우레탄 산책로로 바뀌고 붉은색 자전거도로와 합쳐졌다. 하남시 선동체육공원14에 들어선 것이다. 눈높이에 장애물이라곤 없는 탁 트인 장소다. 삼각형 꼭짓점 모양으로 뻗어나간 길이 하늘과 선명하게 맞닿아 있다. 강가로는 습지대가 잘 발달되었다. 곳곳에 버드나무가 자생하고 그 사이를 빼곡히 자란 수초가 뒤덮었다. 습지로 흘러든 강줄기는 실개천처럼 변해 야생오리 몇 마리가 아주 느긋하게 떠다닌다.

이후로 풍경은 크게 변하지 않고 외길이 한참 이어진다. 그러다 커다란 다리(미사리와 남양주 덕소를 연결하는 미사대교)가 가까워지면 길이 ㅏ 자 모양으로 나뉜다15. 이곳에서 오른쪽으로 가야 '미사리 산책로'로 접근할 수 있다.

방향을 돌려 굴다리 밑에 있는 한강 초소까지 간다. 왼쪽으로 자동차와 자전거 진입을 막는 바리케이드가 보인다. 미사리 산책로 입구[16]다. 마사토(磨沙土-배수성과 통기성이 좋은 흙)가 바닥에 깔렸고 길 양옆으로 묘목보다 조금 큰 느티나무들이 미사리 산책로의 끝까지 일정한 간격으로 서 있다.

하남시에는 개발로 인해 잘려져 나갈 뻔한 전국의 나무를 옮겨와 보살피는 나무고아원(정식 명칭)이 있다. 상처 나고 병든 나무가 회복되면 조경수나 가로수가 필요한 장소에 보내는데, 미사리 산책로가 대표적인 입양지다. 쓸모없다고 버려졌던 고아느티나무들은 이제 미사리 산책로에서 없어서는 안 될 존재가 되었다. 천천히 그러나 멈추지 않고 흐르는 한강처럼 언젠가는 아름드리 느티나무로 자라 미사리 산책로를 더욱 풍성하게 만들어줄 것이다.

한강 3초소가 보이면 미사리 산책로의 중간 지점[17]이다. 이곳이 신석기시대부터 백제시대의 유적지였다는 사실을 알리는 미사리 선사유적지 해설판도 보인다. 그러나 카페와 경작지가 들어선 풍경은 흔히 생각하는 유적지 모습과 다르다.

여기서 미사리 산책을 끝내기로 한다. 절반 정도 남은 구간을 끝까지 걷는다 해도 대중교통을 이용하려면 다시 이곳으로 돌아와야 하기 때문이다. 오른쪽 계단으로 산책로를 벗어나 조금만 가면 강동, 강남구간을 운행하는 16번 버스의 종점[18]이다. 〈정규찬〉

교통편

시작은 지하철 5호선, 돌아올 때는 버스를 이용한다.
- 버스 : 16번 종점–미사리 · 명일여고 · 천호역 · 송파역 · 일원동 삼성의료원 정차.
- 지하철 : 5호선 상일동역 3번 출구.
- 승용차 : 상일동역 주변에는 주차장이 없다. 미사리에서는 조정경기장 내 주차장(하루 3천 원)을 이용할 수 있다.

버스안내사이트 : 서울 topis.seoul.go.kr 경기 www.gbis.go.kr

02 강·하천

양재천·탄천

대한민국에서 가장 비싼 산책로

주변 가로수가 빽빽해 하천길이라기보다 숲길 같은 양재천과 탁 트인 풍경으로
자전거도로가 널찍하게 뻗은 탄천길은 강남의 대표적인 하천 산책로다.
고급스럽고 때로는 수수한 두 길을 걸어 강남을 지나면 마음만은 풍요로워질지 모른다.

추천 테마	아이들과	연인끼리	여럿이	숲	들	계곡	강	바다	문화유적	봄	여름	가을	겨울	난이도 무난해요
	★★	★★	★★	★	★					★★	★	★★	★★	

하천 산책로야, 숲속 산책로야? __ 매봉역▶대치교 아래 1~7

오전 6시 30분. 증권사 애널리스트 A씨는 집을 나서서 양재천 산책로를 따라 조깅을 한다. 샤워를 하고 아침을 먹은 후 출근. 비가 오나 눈이 오나 몇 년째 이어오고 있는 그의 아침 생활 패턴이다. 양재천은 이렇게 이른 시간부터 '자신을 관리' 하는 사람들로 활기차다. 인근 회사 직장인들이 점심식사 후 가볍게 산책하는 모습도 어렵지 않게 볼 수 있다.

양재천은 강남의 이미지가 그대로 반영된 하천이다. 보행자를 우선해 만든 별도의 산책로도 그렇고, 천변에 조성된 깔끔한 근린공원, 하천을 건널 수 있는 대리석 징검다리도 여느 서울 하천의 그것과 달리 '럭셔리' 하다.

양재천에 쉽게 접근할 수 있고 적당하게 거리를 조절해 걸을 수 있는 매봉역1에서 길을 시작하기로 한다. 4번 출입구로 나와 강남수도사업소 쪽으로 방향을 돌려 대치중학교를 지나 양재천 산책로2로 들어선다. 둔치에 있는 전용산책로다. 분명 하천을 따라 길이 나 있지만 숲속 산책로 같다. 양

◀ 영동3교에서 바라본 양재천. 하천 왼편에 높게 솟은 건물이 타워팰리스다(3지점).
▶ 양재천의 전용산책로. 가로수가 우거져 웬만한 숲길 못잖다(2~3지점).

양재천·탄천 263

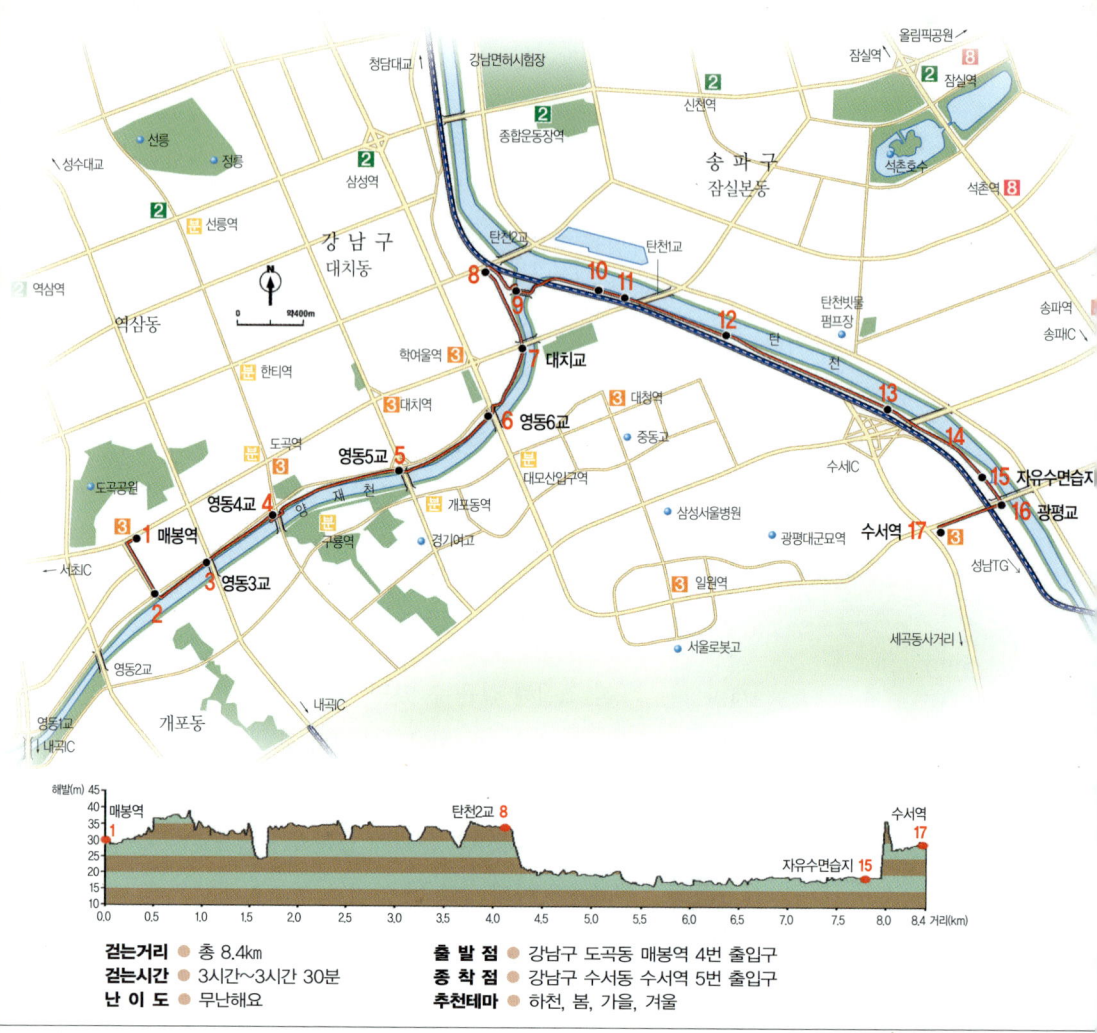

걷는거리	총 8.4km
걷는시간	3시간~3시간 30분
난 이 도	무난해요
출 발 점	강남구 도곡동 매봉역 4번 출입구
종 착 점	강남구 수서동 수서역 5번 출입구
추천테마	하천, 봄, 가을, 겨울

    옆에 울창하게 자라난 활엽수가 터널처럼 하늘을 덮었고 바닥에는 흙 대신 우레탄이 깔렸다. 울창한 나무는 보기 좋고 볕을 가려 편하고 울타리 역할도 해 바로 옆 찻길 소음이나 불편한 시선까지 막아준다. 왼쪽으로 방향을 돌려 잠시 걸으면 영동3교[3]에 이른다. 다리 아래를 지나면 전용산책로가 계속된다. 산책로는 앞으로 나올 영동4·5·6교 아래를 통과해 이어지도록 설계되어 있다.

    영동3교를 지나면 바벨탑처럼 우뚝 솟은 강남의 랜드마크, 주상복합건물들이 눈에 들어온다. 그러나 양재천이 '럭셔리' 한 이유는 이런 마천루 때문만은 아니다. 사계절 내내 일정 수준의 수량을 유지하는 하천과 그 양옆으로 넓게 자리 잡은 초지, 그 초록빛 사이로 선명하게 난 붉은색 자전거도로, 일정하게 심은 가로수가 점점이 드리운 그늘, 이 모든 풍경을 볼 수 있는 둑 위의 전용산책로까지. 양재천은 보기 좋고 걷기 좋고 타기 좋은 길을 가졌다. 이런 길을 꽤 오랫동안 걸어 대치교[7] 아래를 지나면 탄천이 가깝다.

느린 걸음, 더 많이 보이는 풍경 _ 탄천2교▶양재대로 갈림길 [8~13]

탄천2교[8]에 다다르면 물줄기 두 개가 합쳐진다. 지금까지 걸어오며 봤던 양재천과 드디어 모습을 드러낸 탄천이다. '합쳐진다'는 표현보다 양재천이 훨씬 큰 물줄기인 탄천으로 '흘러든다'고 말하는 게 더 정확하다.

탄천2교 아래를 지나지 말고 오른쪽으로 유턴하듯 방향을 틀어 하천 가까이로 나선다. 양재천의 전용산책로는 여기서 끝. 이제부터는 동부간선도로 아래, 성남 방향의 탄천 자전거도로를 따라서 걷는다. 양재천을 왼쪽에 두고서 조금 걸어가면 왼편으로 양재천 하류 습지에 놓인 데크[9]가 나온다.

데크를 다 건너 탄천으로 접어들기 직전에 조그만 시멘트 다리가 있는데 이곳의 이름이 꽤나 거창하다. 옆에 놓인 안내판을 보니 한강이나 탄천의 물고기들이 산란과 번식을 위해 수질이 좋아진 양재천으로 몰려드는 길목, 그래서 '등용문

탄천습지와 그 너머로 보이는 교회가 만들어낸 목가적인 풍경.

(登龍門)'이란다.

　용문은 중국 황허 상류에 있는 계곡이름으로 잉어들이 상류로 뛰어오르기 힘들 만큼 가팔랐다. 그래서 만약 뛰어오르기만 한다면 용이 된다는 전설이 전해지는데, 여기서 나온 말이 '등용문'이다. '출세하는 데 계기가 되는 어떤 관문'이란 뜻이다.

　전국의 부(富)가 모인다는 강남은 많은 사람들이 살고 싶어 하는 '성공의 상징' 같은 곳. '등용문'은 그 한복판을 흐르는 양재천 다리 이름으로 '이상하게' 어울린다. 생각할수록 그럴싸하다 싶은 부분이 있는 반면 별로 공감가지 않는 부분도 있다. 쓸데없이 생각이 가지를 쳐, 걸어온 길을 돌아보는 마음이 아득하다.

　탄천에는 산책하는 사람보다 자전거 타는 사람이 압도적으로 많다. 쌩쌩 달려가는 그들의 뒷모습이 경쾌해 보인다. 그러나 속도와 볼 수 있는 양은 반비례한다. 길옆 버들강아지가 살랑대는 것을, 하천 갈대밭을 쓰다듬고 파란하늘로 사라진 바람을 걷지 않고서 볼 수 있을까? 격 없는 사람처럼, 하늘과 풀과 나무와 바람이 보여주는 색과 움직임을 온 몸으로 느끼며 한참 걸었다. 어느새 수서IC로 나가는 출구13 부근이다.

탄천에서 수세IC로 빠지는 출구. 유독 버들강아지가 많이 피었다.

탄천의 한낮, 여유로운 걸음을 즐기는 산책객.

탄천에는 탄(炭)이 없다 __ 자전거도로 출구▶수서역 14~17

탄천(炭川)은 총연장 35.6km에 이르는 한강지류다. 용인에서 발원하여 하천 절반에 달하는 구간을 성남시에 걸치고 강남과 송파 사이를 통해 한강으로 흘러든다.

지명은 성남시의 옛 이름인 탄리(炭里)에서 유래되었다고 하는데 정작 얽힌 이야기를 보면 '탄'과는 크게 연관이 없다. 현재의 성남시 태평동·수진동·신흥동에 해당하는 한 마을에는 남이(南怡) 장군의 6세손인 남영(南永)이 살았고 그의 호가 탄수(炭叟)였다. 그래서 그 마을을 숯골이나 탄골로, 하천 역시 숯내 또는 탄천으로 불렀다는 얘기다. 그럼에도 탄천이라는 이름이 어색하지 않게 들리지 않는 이유는 1990년대 말 이뤄진 용인의 도심 개발과 관련 깊다. 각종 오수가 흘러들면서 동식물이 살 수 없을 정도로 하천이 오염되었던 것. 환경이 개선된 건 근래, 하천생태복원사업을 시작하고부터다.

걷다보면 탄천 환경을 살리기 위한 노력의 결과물을 볼 수 있다. 갈대·물억새·창포·부들·갯버들 같은 자연정화식물을 심어 인공적으로 조성한 '자유

15 자연정화식물을 심어 놓은 자유수면습지. '깨끗한 탄천'의 상징이 되고 있다.

수면습지15'가 있고 습지 사이로는 관찰데크를 설치해서 직접 둘러볼 수 있게 해놓았다.

자유수면습지를 지나면 2009년까지만 하더라도 지하철 3호선의 종점이었던 수서역이 가까워진다. 수서동과 가락시장을 연결하는 광평교16에 이르면 오른쪽으로 간이화장실과 함께 수서역을 알리는 이정표가 나온다. 다리를 통해 수서동으로 넘어가 5분쯤 걸어가면 수서역17이다. 〈정규찬〉

교통편

출발과 끝 모두 지하철을 이용한다.
- 지하철 : 3호선 매봉역 4번 출구, 3호선 수서역 5번 출구.
- 승용차 : 출발지점인 매봉역에는 주차할 만한 장소가 마땅하지 않다. 되도록 지하철 같은 대중교통을 이용하도록 한다.

버스안내사이트 : 서울 topis.seoul.go.kr 경기 www.gbis.go.kr

03 강·하천

중랑천

서울 하늘 아래에도 철새가 쉰다

잔잔히 흐르는 물길처럼 걷는다. 그늘진 벤치가 나오면 쉬고, 바람에 흔들리는 물가 억새에게 고개 끄덕여 인사도 하면서. 서울 하늘 아래에도 철새가 쉴 곳이 있다. 생태하천다운 모습으로 바뀌어 가고 있는 중랑천 길이 새롭고 반갑다.

추천 테마	아이들과	연인끼리	여럿이	숲	들	계곡	강	바다	문화유적	봄	여름	가을	겨울	난이도 무난해요
	★★	★★	★★	★	★					★★	★	★★★	★★	

'검은 과거' 청산하고 흐르는 물길 __ 도봉역▶노원교▶상계교 1~4

중랑천은 한때 죽어가는 하천이었다. 물 위에는 쓰레기가 둥둥 떠다녔고 바닥은 오수 퇴적물이 두텁게 쌓여 심한 악취를 풍겼다. 중랑천 따라 이어진 동부간선도로를 달리다보면 썩은 냄새 때문에 차창을 열 수 없을 정도였다.

그러던 중랑천이 몇 해 전부터 달라지기 시작했다. 물에서는 더 이상 악취가 올라오지 않았고 천변에서 자전거나 인라인스케이트를 타는 사람들이 크게 늘었다. 산책을 즐기는 사람들의 표정도 한결 밝아졌다. 봄과 여름에는 벚꽃을 시작으로 야생화 꽃길이 수를 놓고, 가을이면 오색단풍길이 펼쳐진다. 겨울에는 눈

◀ 노원교~상계교 사이에 있는 자연학습장에 칸나가 화사하게 피었다(2~3지점).
▼ 겨울철 중랑천에는 청둥오리들이 날아든다. 예전과 달리 물이 맑고 먹잇감도 많아 철새들의 방문이 부쩍 늘었다(3~4지점).

중랑천 271

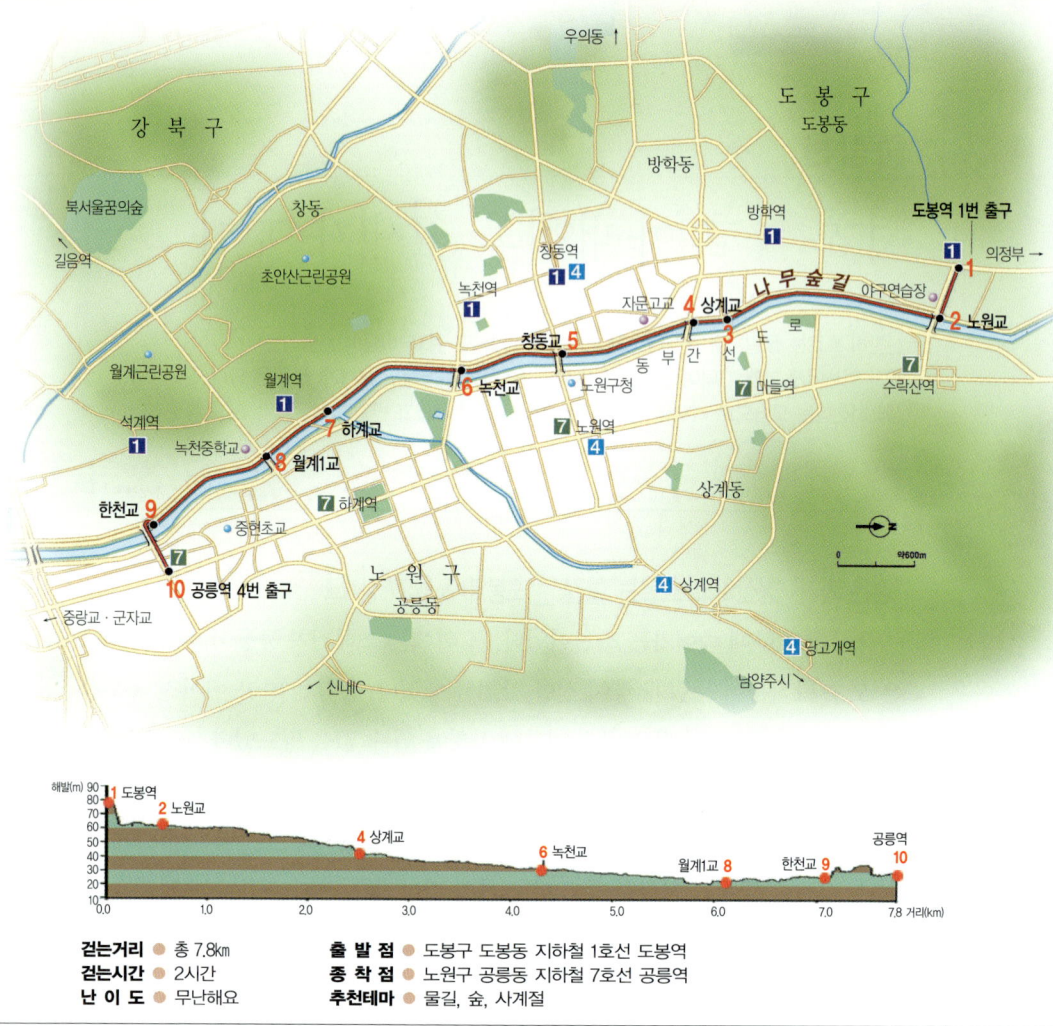

부신 억새 길도 거닐 수 있다.

　중랑천 길이 걷기 좋은 공원으로 바뀌어가는 것과 동시에 물도 깨끗해져 갔다. 하류 쪽은 아직 탁한 편이지만 중상류로 가면 몰라보게 깨끗해진 중랑천을 볼 수 있다.

　이제 중랑천에는 철새도 쉬었다 간다. 물 맑고 먹잇감 풍부하니 스스로들 찾아오기 시작했다. 겨울철 중랑천에 가면 청둥오리, 백로는 물론 멧비둘기, 쇠오리, 박새 등 수십 종의 철새들을 볼 수 있다.

경기도 양주에서 발원한 중랑천은 의정부를 거쳐 청계천과 합류해 한강으로 흘러든다. 전체 길이는 약 45km로 서울 시내를 흐르는 하천 중 가장 길다. 서울 구간만 따져도 족히 20km는 돼서 다 걸으려면 꼬박 하루는 잡아야 한다. 두세 시간 산책하기에 알맞은 길이 없을까 찾던 중에 발견한 구간이 중류에 속하는 노원교~한천교이다.

도봉역 1번 출구[1]로 나와 건널목을 건넌 후 성균관대학교 야구장연습을 지나면 무수천과 합류하는 중랑천과 만난다. 중랑천은 수많은 지류들이 연결되어 있는데, 우이천·무수천·면목천·호원천·광사천 등이 대표적이다. 이 실개천들을 하나씩 모아 안고 흐르다 한강의 품에 안긴다.

합류 지점인 노원교[2]에서 오른쪽으로 돌아가면 자전거도로와 산책로가 잘 조성돼 있는 중랑천으로 이어진다. 여기서 바로 중랑천 산책로로 들어서지 않고 중랑천과 나란한 아파트 옆 흙길을 택해 걷는다. 노원교부터 상계교까지 이어지는 2km의 그늘진 흙길은 여름철 단비와 같은 존재다. 단풍나무, 벚나무, 은행나무 등이 잘 자라 있어 깊은 가을에 찾으면 더욱 멋진 광경이 펼쳐진다.

잠시 내렸던 단비가 어느새 멈췄다. 노원교에서 불과 30분, 나무 그늘 드리운 흙길이 아쉽게 끝난다. 길 건너 창도초교가 보이는 삼거리에서 왼쪽 상계교[4]가 놓인 다리 밑 산책로로 들어서자 자전거도로 옆으로 나란히 산책로가 놓였다. 이후로 활짝 핀 야생화들이 반겨주는 화원 같은 길이 이어진다. 하늘에 잔

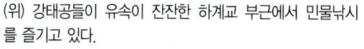

(위) 강태공들이 유속이 잔잔한 하계교 부근에서 민물낚시를 즐기고 있다.
(아래) 산책길 옆 공원에서 벌어진 '뜨거운 승부'. 임시경기장을 설치해 놓고 아마추어 이종격투기 선수들이 치열한 공방전을 펼쳤다.

뜩 낀 먹구름 덕에 햇빛이 독하지 않아 다행이다.

아무도 경계하지 않는 풍경 _ 창동교▶한천교▶공릉역 5~10

언제 비가 내릴지 몰라 부지런히 걸음을 옮긴다. 창동교5를 지날 즈음 옹기종기 모여서 무언가를 열심히 구경하고 있는 사람들이 저만치 보인다. 호기심에 머릿수 하나를 보탰더니 아마추어 이종격투기 선수들이 공원에 임시 경기장을 만들어 놓고 한창 경기를 펼치고 있다. 두 도장의 자존심을 건 승부! 아마추어들의 교류전인 듯하지만 박진감 넘치는 경기 내용에 눈길을 뗄 수가 없다. 선수나 구경꾼들이나 팽팽한 긴장감에 휩싸여 있다. 얼굴이 부어오르고 피가 튀고 누군가 쓰러지고…. 프로 선수들처럼 화려한 개인기는 볼 수 없었지만 그들의 열정에 큰 박수를 보내고 싶은 마음이다.

한참 서서 경기를 구경하는데 비가 내리기 시작한다. 폭우 수준의 소낙비다. 서둘러 자리에서 일어나 종종걸음으로 녹천교6로 향한다.

축축하게 젖은 신발이 발걸음을 무겁게 한다. 녹천교에 멈춰 서서 비가 그치길 기다린다. 10분, 20분, 30분…. 하늘에 구멍이라도 났나? 아무리 기다려도 그칠 줄

Walking Tip

경기도 양주에서 발원한 중랑천은 한강과 만나는 군자교까지 약 45㎞, 서울 구간만 따져도 약 20㎞로 하루에 완주하기엔 무리가 따른다. 2~4시간쯤 산책을 즐기기 좋은 구간이 노원교~한천교다. 중간 중간 만나는 다리마다 지하철이나 버스를 이용할 수 있는 정류장이 가까이 있어 산책의 시작과 끝을 편하게 정할 수 있다.

한천교를 지나 계속 걸으면 중랑교를 거쳐 장안교를 건너 지하철 7호선 사가정역으로 갈 수 있다. 장안교에서 더 걸어가 장평교를 거쳐 군자교를 지나면 지하철 5호선 장한평역과 연결된다. 노원교~한천교~군자교까지는 3시간~3시간 30분 걸린다. 군자교부터 청계천과 합류하다가 성수대교 부근에서 응봉역으로 가거나, 조금 더 가서 옥수역에서 마무리하면 서울 중랑천 구간은 거의 다 둘러본 것이다. 군자교~옥수역은 1시간 30분쯤 걸린다.

2~3 노원교에서 바로 산책길로 들어서지 않고 중랑천과 나란한 아파트 옆 흙길로 들어선다. 나무그늘이 시원해 기분 좋게 걸을 수 있다.

2~3 소박하면서 여유가 느껴지는 길이다. 휴일 어느 한때 가족이나 친구들과 이야기를 나누며 걷고 싶다.

모른다. 잠깐 하늘을 원망하다 '어차피 젖은 거 그냥 즐기자'는 기분으로 다시 길을 나선다. 체념이 동력이 되는 시간. 마음을 편하게 먹으니까 힘들 게 없다.

녹천교부터는 평범한 산책로가 죽 이어진다. 볼거리가 많거나 숲길이 아니어도 잠잠한 물길 따라 걷는 기분이 괜찮다. 게다가 비까지 내리니, 빗소리를 벗 삼아 호젓하게 걸을 수 있어 좋다.

하계교[7]를 지나면서 지난 봄 이곳에서 낚시하던 때를 떠올린다. 평소 낚시를 즐겨서 가까운 중랑천을 자주 찾는 편인데, 그때마다 찾는 낚시 포인트가 하계교다. 이곳에서 낚싯대를 드리우면 두세 마리는 잡곤 했다. 하계교부터 연이어 나오는 월계1교[8]까지는 오랜 낚시 명소다. 수심이 알맞고 유속이 느린 곳이 많아 고기들이 잘 모여든다.

월계1교를 지난다. 잔잔히 흐르다가 갑자기 거품을 무는 여울을 보기도 하고, 모래톱에 내려앉아 서성이는 새들도 바라본다. 어른 키만큼 자란 풀들은 빗물을 머금어 무거워진 몸을 바람에 맡긴 채 딴청이다. 아무도 경계하지 않는 풍경 속에 바람 소리, 강물 소리만 음악처럼 흐른다.

빗방울이 멈췄다. 발길은 어느새 한천교9에 닿았다. 노원교에서 한천교까지는 8km 남짓. 한강과 만

겨울철 중랑천을 찾은 철새들.

나는 두물머리까지 가려면 온 만큼 더 걸어야 한다. 욕심을 버리고 한천교를 건너 공릉역10으로 향한다. 기나긴 물길을 다 걷지는 못했지만, 빗속의 산책이 중랑천이어서 좋았다. 일상에서 가장 가까운 탈출구를 발견한 듯한 기분.

문을 열면 다른 공간으로 통했던 영화 '매트릭스'의 한 장면처럼, 새로운 풍경은 늘 이처럼 가까운 곳에 준비되어 있을지 모른다. 반듯하게 그어진 골목을 따라 공릉역으로 향한다. 젖었던 신발이 조금씩 말라간다. 새로운 산책길을 만나고 일상으로 돌아가는 발걸음이 한결 가뿐하다. 〈김성중〉

교통편

도봉역 1번 출구로 나와 성균관대학교 야구장을 지나면 중랑천으로 내려가는 노원교가 보인다. 한천교에서는 다리를 건넌 후 큰 길을 따라 200m쯤 가면 공릉역이 나온다.

■버스 : 도봉역 7, 1127 1139번, 공릉역 105, 146, 1136, 1221번.
■지하철 : 1호선 도봉역 1번 출구, 7호선 공릉역 4번 출구.

버스안내사이트 : 서울 topis.seoul.go.kr 경기 www.gbis.go.kr

04 강·하천

한강 청담대교~광진교 수변길

흙길 밟으며 강변 거니는 즐거움

청담대교~광진교 구간은 아름답고 걷기 좋은 길로 꼽힌다. 길을 천연색으로 밝히는 꽃들이 좋은 향기를 뿜어내고 수양버들은 넓고 짙은 그늘을 만든다.
벤치에 앉아 한강을 바라보면 추억 속 한강 못지않게 지금의 한강도 충분히 사랑스럽다.

추천테마	아이들과	연인끼리	여럿이	숲	들	계곡	강	바다	문화유적	봄	여름	가을	겨울	난이도
	★★	★★	★★	★	★		★★★			★★	★	★★★	★★	무난해요

강바람에 실려 온 추억들 __ 뚝섬유원지역▶잠실대교 1~6

    1980년대초 한강은 지금과는 사뭇 다른 모습이었다. 서울에 살다보면 한번쯤 보았을 지금의 밤섬습지나 장항습지와 비슷했다고 보면 얼추 맞을 것이다. 당시만 해도 한강은 원시의 모습을 간직하고 있었다. 그러나 어느 순간 180도 달라졌다. 아마 올림픽 전후였던 것 같다.

    지금 시세로 그루 당 수백에서 수천만 원은 되었을 수많은 나무가 잘려나갔고 발목까지 찰랑찰랑 물에 잠기던 습지대에는 딱딱한 콘크리트 바닥이 깔렸다. 그러면서 한강을 집터 삼던 수많은 생물종(種)들이 사라졌다. 물 위에는 거대한 유람선이 떴고 보트와 윈드서핑을 즐기는 수상레포츠 동호인들이 크게 늘었다. 강변에는 축구장, 농구장, 테니스장 등 다양한 운동시설이 들어섰고 자전거도로와

◀ 올림픽대교를 배경으로 활짝 꽃을 피운 무궁화. 잠실철교를 지나면 야생화들이 반기는 흙길이 이어진다(7~8지점).
▶ 뚝섬시민공원 안에는 테마별 공원이 여럿 있다. 유럽풍으로 꾸민 장미정원(3지점).

걷는거리	총 6.9km	출 발 점	광진구 자양동 지하철 7호선 뚝섬유원지역
걷는시간	2시간 30분	종 착 점	강동구 천호동 지하철 5·8호선 천호역
난 이 도	무난해요	추천테마	물길, 숲, 봄, 가을

보행로 등 포장된 수변길이 놓였다.

   변화는 계속되고 있으며 지금도 그 속도는 빠르다. 몇 해 전부터는 한강르네상스란 거대한 프로젝트 아래 전시장, 공연장, 수영장, 음악분수대 등이 우후죽순 생겨났고 지금도 다양한 시설들이 들어서는 중이다.

   바뀐 한강에서는 아이 손만큼 컸던 두꺼비도, 그 흔했던 물방개, 방아깨비, 무당거미, 달팽이도 모두 보기 어려워졌다. 그러나 개발과 정비로 변화하고 있는 한쪽에서는 한강 밤섬습지의 람사르습지 등록이 추진 중이다. 한강이 걸어야 할 길이 어느 방향인지, 내가 걸어야 할 길이 어떠해야 좋을지, 강은 늘 그랬듯이 묵묵히 흐르는데 개발과 보존의 딜레마가 계속되고 있는 현실을 바라보는 마음은 복잡하다. 한강에 대한 회상과 향수는 목에 걸려 넘어가지 않는 가시처럼 때때로 아프다. 하지만 추억은 애정으로 남았고, 유장한 한강의 물줄기는 오늘도 걸을 수 있는 힘을 준다. 바뀌고 달라져도 사랑할 수밖에 없는 그대. 서울시민들의 마음속에 한강은 그런 존재다.

서울에 속한 한강의 수변길은 편의상 크게 네 구간으로 나눌 수 있다. 신행주대교~당산철교 남북, 당산철교~동작대교 남북, 동작대교~청담대교 남북, 청담대교~광진교 남북 구간이다. 이중에서 이번에 소개하는 길은 장미화원, 음악분수대 등 다양한 볼거리와 부드러운 흙길이 조화를 이룬 청담대교~광진교 구간 수변길이다.

청담대교~광진교 수변길의 중심을 이루고 있는 한강시민공원 뚝섬지구(뚝섬시민공원)는 뚝섬유원지역 2번 출구[1]로 나오면 바로 연결된다. 정면으로 넓은 광장이 나오는데, 전망문화콤플렉스란 테마시설도 있으니 꼭 들러보자. 나선형으로 휘어진 모양이 독특한 이 공간에서는 예술인들의 사진과 그림, 영상 등을 감상할 수 있다.

길은 왼쪽 수영장으로 이어지고, 수영장을 지나 나오는 음악분수대[2]는 밤에 찾으면 더 아름답다. 아름다운 조명을 받으며 음악에 맞춰 춤추는 분수를 볼 수 있다. 음악분수대에서 게이트볼장을 지나 장미화원[3]에 들어서면 유럽의 고풍스

광진교에서 바라본 한강시민공원.

한강에서 윈드서핑을 즐기고 있는 서퍼들.

런 정원을 보는 것 같다. 미로 같은 방사형 길을 따라 붉은 꽃망울을 터뜨린 장미들이 반긴다. 연이어 나오는 자연학습장에서는 시원한 그늘을 드리운 나무들에게 넙죽 절이라도 하고 싶어진다.

자연학습장에서 잠시 햇볕을 피한 후 오른쪽 길로 들어서면 시원한 강바람이 부는 수변길[4]이다. 정면으로 잠실대교가 보이고, 시원한 바람에 몸을 맡긴 채 물살을 가로지르는 서퍼들이 회색 물결에 생기를 돋운다.

주변에 쭉 늘어서 있는 윈드서핑클럽 건물들을 지나면 잠실대교까지 지척이다. 한강 수변길은 그늘이 거의 없는 편이라서 이곳에서 길 왼쪽 계단 위 플라타너스 숲길[5]을 잠시 따르는 것도 괜찮다. 플라타너스 숲길은 잠실대교[6]까지 이어진다.

수양버들 살랑대는 흙길을 걷다 __ 잠실철교▶광진교▶천호역 [7~12]

잠실대교에서 10분쯤 걸어 지하철 다리인 잠실철교[7]를 지나면 야생화와 수양

뚝섬시민공원 청담대교~광진교 구간은 숲길과 흙길을 고루 갖추어 걸을 때 지루하지 않다.

버들이 인상적인 산책길을 만난다. 이제 한강에서 흙길을 찾기란 쉽지 않은데, 잠실철교~올림픽대교 구간은 걷기 좋은 흙길이고 주변에 야생화들이 지천으로 피어 있다. 사실 이 흙길이 아름다워서 길고 긴 강변길 중에 이 구간을 소개하고 싶었다.

화려하게 핀 꽃길 사이로 수양버들이 그늘을 드리운다. 강가에 자란 수양버들은 물가에 닿을락 말락 잎을 늘어뜨린 채 바람결을 타고 이리저리 하늘거린다. 동구 밖 언덕에 서서 남편을 기다리는 아낙네 같기도 하고, 처연한 춤사위를 보는 것도 같다.

얼마쯤 걸으니 나무그늘이 아쉽게 끝나고 따가운 햇볕이 머리 위에 있다. 한때 강북을 대표하던 테크노마트의 전경을 뒤로하고 단조로운 회색 몸뚱이의 올림픽대교[8]를 지나자 흙길마저 끝이 난다[9]. 잠시 동안 행복한 꿈을 꾼 듯하다. 잠에서 덜 깬 듯한 기분을 털고 발길을 재촉해 천호대교[10]에 도착한다.

전망콤플렉스&리버뷰 8번가

뚝섬유원지역 2번 출구를 나서면 독특한 건물을 볼 수 있다. 일명 자벌레를 닮았다고 하여 '제이버그'(J-Bug)라 불리는 전망문화콤플렉스다. '문화와 예술이 흐르는 한강'이란 모토 아래 지어진 시민과 예술인들의 교류의 장으로, 아마추어 예술인들의 그림과 사진, 영상 등을 전시한 문화공간과 뚝섬시민공원의 전경을 한눈에 내려다볼 수 있는 전망공간, 음악카페, 레스토랑, 기프트숍 등이 자리한 편의공간 등이 모여 있다.

특히 한글서체 갤러리에서 본 '수묵으로 풀어낸 역대 대통령 캐리커처전'이 기억에 남는다. 우리나라 역대 대통령들의 모습을 익살스럽고 개성 있게 표현해 놓아 공감이 가고 재미도 있다. 이밖에 미디어아트와 서체 갤러리 등에도 다양한 볼거리가 마련되어 있다.

광진교를 중간쯤 건널 때 보이는 리버뷰 8번가는 교각 하부에 위치한 전망대인데, 공연과 전시가 이뤄지는 독특한 문화공간이기도 하다. 매주 다양한 공연과 전시가 열리므로 시원한 한강의 전망과 함께 공연을 감상하고 싶다면 홈페이지에서 일정을 확인해보자.

www.riverview8.co.kr

흙길이 끝나갈 무렵 야생화 '꽃범의 꼬리'가 줄 지어 서서 미소를 보낸다.

천호대교를 지나면서 잠시 망설인다. 조금 있으면 청담대교~광진교 구간 수변 길이 끝나는데 좀 더 걷고 싶은 마음이 들어서다. 그러나 곧 마음을 고쳐먹는다. 다른 계절에 한 번 더 찾는 게 좋겠다 싶다. 아쉬움을 털어 볼 기회는 걸음을 멈추지 않는 한 계속될 것이고, 지금 이 길에서 느낀 행복감은 언젠가 또 다른 시간에 마주하게 될 것이다.

　보행로 바닥에 큼지막하게 쓰인 '광진교 가는 길' 이정표를 따라 왼쪽 길로 들어서면 광진교와 만나는 삼거리[11]다. 여기서 왼쪽 인도를 따라 5분쯤 걸으면 광나루역 지하철역이다. 이곳에서 마침표를 찍어도 되지만, 해질 무렵이라면 광진교를 꼭 한번 건너보라고 추천하고 싶다. 노을이 지는 시간, 다리를 건너며 바라보는 한강의 붉은 물결과 긴 그림자를 드리운 도심 풍경은 형언키 어려울 만큼 아름답다. 다리를 건너기 전 중간 지점에 위치한 '리버뷰 8번가' 전망대에서는 투명유리 아래로 아찔하게 흐르는 한강을 조망할 수 있다. 광진교를 건너 큰 사거리에서 오른쪽 인도를 따르면 천호역[12]이다. 〈김성중〉

맛집 | 광릉불고기

　여러 대중매체에 '간판 없는 맛집'으로 소개되었던 광릉불고기집의 체인점이다. 원조 광릉불고기를 먹어보진 않았지만, 숯 냄새가 향긋하게 밴 돼지불고기와 정갈하게 차린 밑반찬을 맛보고 나면 굳이 광릉까지 갈 필요가 없다는 생각이 든다. 메인 메뉴는 돼지불고기와 소불고기 백반인데, 두 가지 모두 석쇠에 구은 듯 기름기를 쏙 빼 담백한 육질을 즐길 수 있다.

☎ (02)467-7452　⏰ 10:00~22:00(연중무휴)　🅿 가능　🍖 불고기백반 7천 원, 소불고기백반 1만2천 원, 감자탕(대) 3만 원
📍 광진구 자양3동 855 이튼타워리버3차 지하 1층(뚝섬유원지역 1번 출구에서 3분 거리)

교통편

　지하철 7호선 뚝섬유원지역에 내리면 산책길 시작점인 뚝섬시민공원과 바로 연결된다. 산책길 종점은 광진교를 건너기 전 광나루역이나 광진교를 건너 천호역이 된다.

- 버스 : 뚝섬유원지역 2014, 2222, 2412번, 천호역 16, 30, 340, 3214, 3318번.
- 지하철 : 7호선 뚝섬유원지역 2번 출구. 5호선 천호역 2번 출구.
- 승용차 : 뚝섬시민공원 내 주차장을 이용한다. 주차비는 승용차 기준 최초 30분 1천 원, 초과 10분당 200원씩 추가.

버스안내사이트 : 서울 topis.seoul.go.kr　경기 www.gbis.go.kr

서울 · 경기 대중교통 연락처

전국고속버스운송사업조합 - www.kobus.co.kr
수도권 대중교통정보시스템 - www.algoga.org
서울버스안내 - www.topis.seoul.go.kr
경기버스안내 - www.gbis.go.kr

■ 서울특별시 소재 버스터미널
동서울종합터미널(서울 광진구 구의동)
☎(02)453-7710 www.ti21.co.kr
상봉고속버스터미널(서울 중랑구 상봉동)
☎(02)323-5885 www.sbtr.co.kr
서부시외버스터미널(서울 은평구 대조동)
☎(02)355-5103
서울고속버스터미널(서울 서초구 반포동)
☎(02)535-4151~2 www.exterminal.co.kr
서울남부터미널(서울 서초구 서초동)
☎(02)521-8550 www.nambuterminal.co.kr
서울역전터미널(서울 중구 봉래동2가) ☎(02)755-0988
센트럴시티(서울 서초구 반포동) ☎(02)6282-0600
www.centralcityseoul.co.kr
신촌정류장(서울 마포구 노고산동) ☎(02)324-0611

■ 경기도 소재 버스터미널 - 지명 가나다 순
가남시외버스터미널(여주군 가남면 태평리)
☎(031)882-6202
가평시외버스터미널(가평군 가평읍 대곡1리)
☎(031)582-2308
강화시외버스터미널(인천 강화군 강화읍 남산리)
☎(032)934-9811
고양화정터미널(고양시 덕양구 화정동)
☎1577-9884 www.hwajungterminal.co.kr
광명고속터미널(광명시 일직동) ☎(02)898-6897
광주시외버스터미널(광주시 경안동) ☎(031)765-2625

광주 경기 · 대원고속 영업소(광주시 송정동)
☎(031)765-2611
광탄터미널(파주시 광탄면 신산리) ☎(031)947-8241
금촌탄현버스터미널(파주시 금촌동) ☎(031)349-6541
김포 강화운수 영업소(김포시 북변동) ☎(031)987-6027
김포 강화운수 영업소(김포시 월곶면 포내리)
☎(031)989-0206
동두천시외버스터미널(동두천시 생연동)
☎(031)865-2901
문산시외버스터미널(파주시 문산읍 문산리)
☎(031)952-2657
부천시외버스터미널(부천시 원미구 상동) ☎1599-3455,
(032)624-7000 www.bucheonterminal.co.kr
성남종합버스터미널(성남시 분당구 야탑동)
☎(031)704-2186
송탄공용버스터미널(평택시 지산동) ☎(031)662-5330
수원종합버스터미널(수원시 권선구 권선동)
☎(031)267-7800
서수원버스터미널(수원시 권선구 구운동)
☎(031)278-8200 www.seosuwonbusterminal.co.kr
시흥버스터미널(시흥시 정왕동) ☎(031)431-6008
안산종합여객자동차터미널(안산시 성포동)
☎(031)403-8251 www.ansan-busterminal.co.kr
안성버스공용터미널(안성시 서인동)
☎1688-1845, (031)674-7686
안양시외버스터미널(안양시 만안구 안양1동)
☎1688-0658, (031)466-5536
양평시외버스터미널(양평군 양평읍 공흥1리)
☎(031)772-2341
여주종합버스터미널(여주군 여주읍 홍문리)
☎1688-6512, (031)882-9597 www.yjterm.co.kr/home
오산시외버스터미널(오산시 오산동) ☎1688-0689,
(031)373-3355~6 http://osanterminal.hihome.com

용문시외버스터미널(양평군 용문면 다문1리)
☎(031)773-3100
용인버스터미널(용인시 김량장동)
☎1688-0853, (031)339-3181
운천시외버스터미널(포천시 영북면 운천리)
☎(031)532-5217
의정부시외버스터미널(의정부시 금오동)
☎(031)844-1374
이천시외버스터미널(이천시 중리동) ☎(031)635-5431
이천터미널(이천시 창전동) ☎(031)633-3182
인천버스종합터미널(인천광역시 남구 용현동)
☎(032)430-7114　www.ictr.or.kr
장호원시외버스터미널(이천시 장호원읍 장호원리)
☎(031)641-2688
적성버스공용터미널(파주시 적성면 마지리)
☎(031)959-4188
청평시외버스공용터미널(가평군 청평면 청평1리)
☎(031)584-0239
평택공용버스터미널(평택시 평택동) ☎(031)652-2618
평택고속버스터미널(평택시 평택동) ☎(031)655-2453
포천시외버스터미널(포천시 신읍동) ☎(031)535-7301
하남 경기·대원고속 영업소(하남시 상산곡동)
☎(031)794-1507
현리시외버스터미널(가평군 하면 현1리)
☎(031)584-3777

■**기차** – www.korail.com ☎1544-7788, 1588-7788

●**경부선** – 서울에서 진행 방향 순
서울역 ☎1588-7788
수원역 ☎(031)253-2724
오산역 ☎(031)374-7788

서정리역 ☎(031)662-7788
평택역 ☎(031)652-7811

●**경원선** – 동두천에서 진행 방향 순
동두천역 ☎(031)862-7788
소요산역 ☎(031)865-7788
초성리역 ☎(031)835-3188
한탄강역 ※무인역으로 안내전화 없음
전곡역 ☎(031)832-2009
연천역 ☎(031)834-0778
신망리역 ☎(031)834-1778
대광리역 ☎(031)834-8778
신탄리역 ☎(031)834-8887

●**중앙선** – 서울에서 진행 방향 순
청량리역 ☎(02)3299-7212
덕소역 ☎(031)577-7788
양수역 ☎(031)772-6006
국수역 ☎(031)772-7578
아신역 ※무인역으로 안내전화 없음
양평역 ☎(031)774-7788
원덕역 ☎(031)772-4267
용문역 ☎(031)773-7788
지평역 ☎(031)773-7010
석불역 ※무인역으로 안내전화 없음
구둔역 ☎(031)773-7733
매곡역 ※무인역으로 안내전화 없음
양동역 ☎(031)772-7788
판대역 ※무인역으로 안내전화 없음
간현역 ☎(033)731-7783
동화역 ☎(033)731-2008
원주역 ☎(033)742-6072

수도권 지하철 노선도

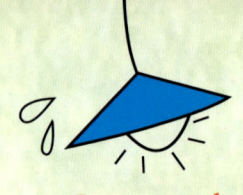

주요 색인

가사당암문 118
가야 밀냉면 118
가양대교 245
강감찬 166
강동대교 258
개로왕 223
거북약수터 37
건강산책로 217
경복궁 123
경신고등학교 139
고구려정 227
고덕2교 255
고덕수변생태복원지 255
고덕천 253
곤충식물원 189
공릉역 277
과천저수지 157
관악산 165
관악예절원 167
광나루역 224, 28
광장중학교 225
광진교 285
광평교 269
광희문 129
교현탐방지원센터 59
구기터널 35
구름정원길 37
구리타워 260
구파발역 211
국립4.19민주묘지 21
국립극장 126
국사당 123
근린체육공원 29

기자촌전망대 41
김신조 55
까치다리 98
꽃사슴 방사장 189

나무고아원 260
나무뿌리원 235
나월봉 117
나절길 213
나한봉 116
낙산성곽 132
낙성대 166
낙성대공원 165
낙성대역 165, 171
낙성대입구 165
낙타고개 227
난지도 241
난지연못 243
난지잔디광장 243
난지천공원 243
남대문시장 121
남산 123
남산공원 122
남산도서관 122
남산야외음악당 122
남산케이블카 123
남산타워 123
남장대 110
남장대터 90
남한산성둘레길 83
남한산성유원지 84

남한산성입구역 84
내시 45
내시묘역길 42, 45, 102
넓은마당공원 217
넓적바위 218
노변사방사업기념비 61
노원고개 221
노원교 273
노을공원 245
노을캠핑장 245
노적봉 108
녹색연합 121
녹천교 274
놀이동산 238
느티나무집 239
능동로 236
능원사 77

다락원길 75
담터추어탕 220
대공원역 157
대남문 116
대동문 110
대동사 106
대서문 118
대성문 115
대치교 265
대학로 135
덕릉고개 215
덕암초교 217
도봉사 77
도봉산 19
도봉역 273
도봉옛길 76
도봉탐방지원센터 77
독도 185
독립공원 173

독립문 173
독립문역 173
독립투사 22
독립협회 173
독바위역 39
독서하는 숲 160
독수리사격장 59
돈의문 131
돈의문터 152
동대문역사문화공원 130
동대문운동장 130
동대입구역 121, 129
동물원 163, 236
동물의 집 189
동암문 90
동장대 110
동장대터 90
동학농민운동 21
둘레길탐방안내센터 24
들꽃향기쉼터 237
등용문 265
디지털미디어시티역 203
딸기원 194
뚝섬역 185
뚝섬유원지 185
뚝섬유원지역 185, 281

람사르습지 280
마루정원 71
마실길 42
마애관음보살좌상 219
만경대 48
만고강산 21
만수천 169
말바위안내소 140
망경산막 160
망우리고개 193

망우리공원 193
매바위 87
매봉역 263
맨발길 160
맨발산책로 248
맹수사 159
명상길 30
목조아치문 21
못골산막 162
몽촌토성 93
몽촌토성역 94
몽촌해자 95
몽촌호수 95
무수천 273
무악정 179
무장애 탐방로 77
무지개다리 98
문명훤 200
문수봉 116
문일평 200
미사리 258

바닥분수 190
박정희 55, 235
박태성정려비 49
밤골공원지킴터 52
밤섬습지 279
방아다리꽃길 211
방정환 199
방학능선 78
방학동 은행나무 79
방학동길 77
백범광장 122
백악마루 145
백운대 108
벌고개 207
병암남성산수비 87

병자호란 83, 89
보광사 22
보국문 110, 114
보금자리숲 71
보루길 73, 223
봉덕칼국수 161
봉산 203
봉원사 177
부암동주민센터 145, 147
부왕동암문 117
북문 105
북악산 121, 137
북장대 110
북한산 19, 101
북한산국립공원 19
북한산둘레길 19
북한산성 107
북한산성12성문길 102, 113
북한산성계곡 48, 106
북한산성입구 48
북한산성탐방안내센터 48, 119
북한산탐방안내소 29, 111, 113
불광중학교 39
불암산둘레길 213
불암약수터 217
비봉 116
비봉능선 116
빨래골공원지킴터 25

사귐의 숲 159
사기막골 52
사기막골지킴터 52
사방공사 61
사색의 길 30, 193
4.19혁명 21
사패능선 73
사패산3보루 73

사패터널 70
산녀미길 65, 69
산림욕장 157, 179
삼육대 221
삼전도 84
삼천교 42
삼천사 42
상계교 273
상록수어린이집 152
상봉약수터 168
상봉역 193
상일동역 253
생각하는 숲 162
생성약수터 217
생태관찰로 225
생태연못 235
서대문구청 181
서대문청소년수련관 181
서대문형무소 21
서대문형무소 역사관 174
서병호 199
서암문 103
서오릉 208
서옹메밀국수 198
서울88올림픽 95
서울구치소 173
서울대공원 157
서울랜드 157
서울성곽 121
서울숲 184
서울숲 선착장 188
선동체육공원 260
선림사 40
선바위 150
성가퀴 121
성내천 98
성수대교 188
성수중학교 191
섶다리 23

세일교 77
소귀고개 62
소원의 폭포 189
소희문 130
손병희 21
솔고개 53
솔밭공원 21
솔샘길 25
송촌산막 162
송추계곡유원지 67
송추공영주차장 67
송추마을 66
송추마을길 65
수국사 205
수변길 283
수색마트 203
수색산 203
수색역 203
수색주민센터 203
수서역 269
수어장대 87
수향정 205
숙정문 131, 141
순례길 21
순명황후 234
숭례문 121, 131, 153
숲속놀이터 191
숲속의 무대 236
쉬어가는 숲 161
스카이전망대 25
습지초화원 191
승가봉 116
시골마루장작구이 211
시구문 103
식물원 236
신숙 22
실미도 55
쌍둥이 전망대 78

ㅇ

아나키스트 22
아차산 223
아차산생태공원 225
아차산성 223, 227
아차산역 224
안골계곡 70
안골공원지킴터 70
안골교 70
안골길 65
안국사 167
안산 177
안산근린공원 176
압록강 83
야생화정원 71
야생화학습장 98
양재천 263
양지초소 217
어린이대공원 231
어린이대공원역 233
언더우드 139
언론인 41
얼음골 숲 162
N서울타워 123
여기소경로당 45
여기소마을 45
여장 89
연산군묘 78
연인의 길 94
연주대 168
연화정사 31
염초봉 105
영산군 42
영주사과길 190
영춘정 87
옛성길 35
오간수교 131
오금선 200

오봉산석굴암 53
오봉전망대 59
오봉탐방지원센터 67
오세창 199
옥천약수터 179
온달교 225
온달장군 223
올림픽공원 93
올림픽공원역 94
올림픽대교 283
와룡공원 139
YMCA다락원캠프장 76
왕숙천 260
왕실묘역길 73, 78
용마산 223
용마산역 229
용마폭포 229
용아장성 116
용암문 108
용출봉 117
용혈봉 117
우이동계곡 20
우이령 21, 53
우이령길 55
우이령안보체험관 62
우이탐방지원센터 63
우익문 87
움집터전시관 98
원각사 75
원당시장 171
원도봉 74
원효대사 103
원효봉 48, 103
원효암 103
월계1교 276
월드컵경기장 242
월드컵경기장역 249
월암근린공원 152
위문 108

유림 22
유상규 200
684부대 55
윤동주 147
은평뉴타운 41
은행나무길 238
음악분수대 281
응봉 203, 210
의상대사 47
의상봉 47, 118
이북5도청사 33
이성계 200
이승만 21
이준 23
이중환 241
이진아기념도서관 174
인공암벽장 186
인왕산 145, 150
인왕스카이웨이 148
인조 84
1·21사태 62
1·21사태 소나무 143

자벌레 185
자연식물관찰로 225
자연학습장 283
자유수면습지 268
자하손만두 142
잠실대교 283
잠실철교 283
장경사신지옹성 90
장덕수 198
장미공원 37
장미화원 281
장항습지 279
전경대 63
전승문 89

전주이씨묘역 49
젊은의 길 94
정동길 152
정릉계곡 110, 113
정릉생태관찰로 113
정릉초등학교 25, 29
정의공주묘 77
제36공병단 62
제명호 221
조각공원 99
조봉암 199
조절저수지 160
조형물광장 95
족두리봉 37
좌익문 90
중랑천 191
중랑천 271
증취봉 117
지미 43
지석영 200
지축역 211
지화문 85
직동공원 71
직동축구장 71
진관동 41
진관사 41
진미파전 133

차범근 139
창동교 274
창의문 145
천호대교 283
천호역 285
청계산막 161
청계천 273
청량사 32
청수동암문 116

권말부록—색인 295

청양당 87
청와정 88
청운공원 147
체조경기장 99
초암약수터 217
최불암 218
최학송 197
충의길 53

카페나루 229
탄천 265
탄천2교 265
탕춘대성 암문 36
태릉 219
택리지 241
토성의 길 94
통일교육원 23
통일약수 215

팔각당 236
88호수 98
평강공주 223
평강교 225
평창공원지킴터 32
평창마을길 31
평화의 공원 242
평화의 문 95
하계교 276
하늘계단 243
하늘공원 247
하루길 213
학도암 218
한강 183, 279
한강난지공원 245
한강르네상스 280

한강시민공원 281
한성대입구역 129, 135, 137
한용운 199
한천교 277
해맞이광장 227
향로봉 41, 116
형제봉입구삼거리 31
혜화동 132
혜화동로터리 135, 138
혜화문 138
호돌이열차 97
호반의 길 94
홍난파 가옥 152
화계사 24
화계사 일주문 24
화엄사 215
환경연못 233
황태극 83
황톳길 225
회룡탐방지원센터 71, 73
효자구판장 102
효자길 49
효자마을회관 102
흥인지문 129
흰구름길 23

• 서울의 고운길 걷기여행 • 길따라! 발길따라

휴대용
코스 가이드북

〈서울성곽길 • 북한산둘레길〉 별책부록

편집부 지음

황금시간
Golden Time

● 서 울 의 고 운 길 걷 기 여 행 ●

〈서울성곽길 • 북한산둘레길〉 별책부록

〈일러두기〉
● 지도에 표기된 거리 계산은 코스 답사 시 수집한 트랙정보를 환산한 것임.
● 지도의 거리(km)표시 가운데 예를 들어 '0.25km'는 구간거리를 뜻함.
● 지도에 표기된 '┗ 1.25km'는 출발점으로부터의 누적 거리임.
● 지도의 ━━은 포장길, ╍╍╍은 흙길을 나타냄.
● 지도의 13(5)는 13번과 5번 지점이 같은 곳임을 뜻함.

CONTENTS

Section 1 북한산 둘레길
01 북한산 둘레길_1~7구간   6p

Section 2 성곽길
02 남한산성   20p
03 몽촌토성   22p
04 북한산성_1~2구간   24p
05 서울성곽_1~4구간   28p

Section 3 숲과 공원
06 과천서울대공원   36p
07 낙성대공원 · 관악산   38p
08 독립공원 · 안산   40p

09 뚝섬유원지 · 서울숲   42p
10 망우리공원 사색의 길   44p
11 봉산~응봉   46p
12 불암산 산책길   48p
13 아차산~용마산   50p
14 어린이대공원   52p
15 월드컵공원   54p

Section 4 강과 하천
16 고덕수변생태복원지 · 미사리   56p
17 양재천 · 탄천   58p
18 중랑천   60p
19 한강 청담대교~광진교 수변길   62p

걷기여행 코스 위치 일람

Section 1 북한산 둘레길
01 북한산 둘레길_1~7구간   6p

Section 2 성곽길
02 남한산성   20p
03 몽촌토성   22p
04 북한산성_1~2구간   24p
05 서울성곽_1~4구간   28p

Section 3 숲과 공원
06 과천서울대공원   36p
07 낙성대공원 · 관악산   38p
08 독립공원 · 안산   40p
09 뚝섬유원지 · 서울숲   42p
10 망우리공원 사색의 길   44p
11 봉산~응봉   46p
12 불암산 산책길   48p
13 아차산~용마산   50p
14 어린이대공원   52p
15 월드컵공원   54p

Section 4 강과 하천
16 고덕수변생태복원지 · 미사리   56p
17 양재천 · 탄천   58p
18 중랑천   60p
19 한강 청담대교~광진교 수변길   62p

코스 위치 일람 3

01 북한산 둘레길 1구간_소나무숲길~순례길~흰구름길

우이동치안센터 ▶ 소나무숲길 ▶ 순례길 ▶ 흰구름길 ▶ 화계사 일주문 ▶ 정릉초교

- **걷는거리** ● 총 9.3km
- **걷는시간** ● 3시간 30분~4시간
- **난 이 도** ● 무난해요
- **출 발 점** ● 강북구 우이동 우이령 입구
- **종 착 점** ● 강북구 정릉동 정릉초교
- **추천테마** ● 숲, 유적지, 사계절

▶ 순례길의 전망대에서 내려다본 4.19 민주묘지.

02 북한산 둘레길 2구간_솔샘길~명상길~평창마을길

▶ 정릉초교 ▶ 북한산탐방안내소 ▶ 명상길 ▶ 평창마을길 ▶ 버스정류장

- **걷는거리** ● 총 7.6 km
- **걷는시간** ● 3시간 30분~4시간
- **난 이 도** ● 조금 힘들어요
- **출 발 점** ● 성북구 정릉동 정릉초교
- **종 착 점** ● 종로구 구기동 버스정류장
- **추천테마** ● 숲, 마을길, 사계절

▶ 연화정사에서 보면 북한산 남서쪽 자락의 평창동이 한눈에 들어온다.

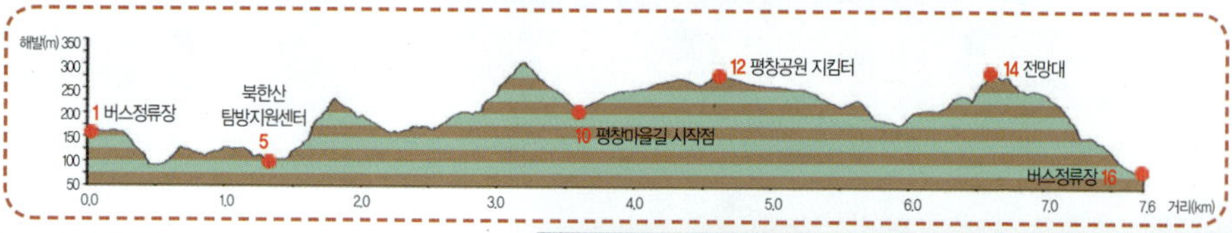

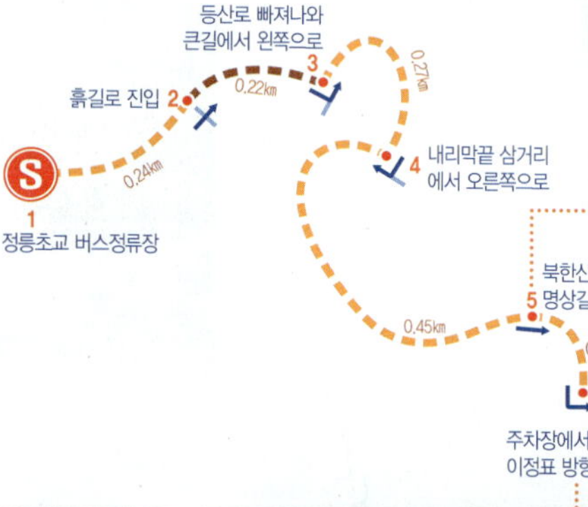

03 북한산 둘레길 3_옛성길~구름정원길~마실길

구기터널 버스정류장 ▶ 옛성길 ▶ 구름정원길 ▶ 마실길 ▶ 입곡삼거리 버스정류장

- **걷는거리** ● 총 9.2km
- **걷는시간** ● 4시간~4시간 30분
- **난 이 도** ● 무난해요
- **출 발 점** ● 종로구 구기동 구기터널 입구 버스정류장
- **종 착 점** ● 은평구 진관동 입곡삼거리 버스정류장
- **추천테마** ● 숲, 사계절

▶ 이름 그대로 이웃에 놀러가듯 편하게 걸을 수 있는 마실길.

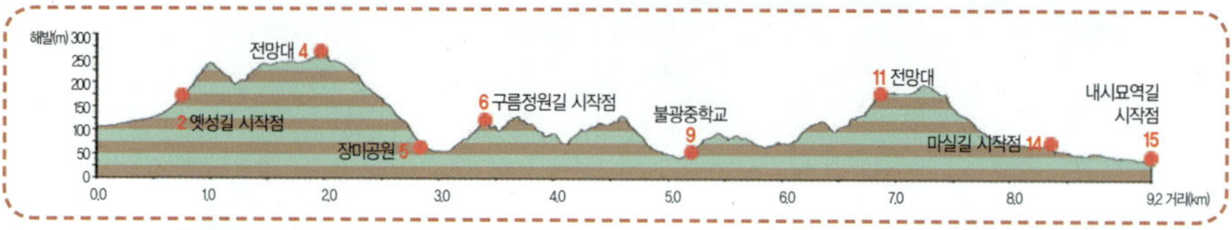

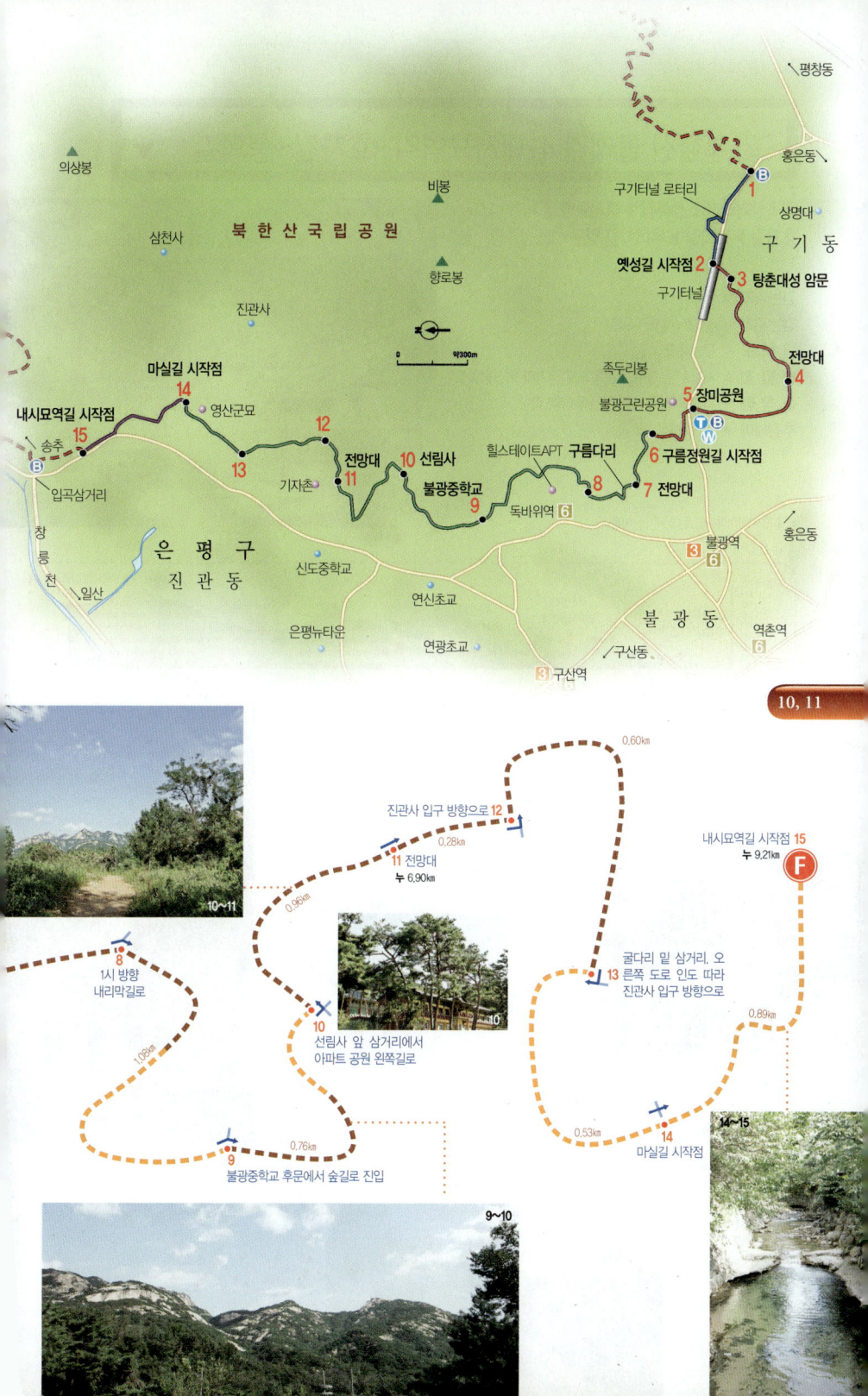

04 북한산 둘레길 4_내시묘역길~효자길~충의길

입곡삼거리 버스정류장 ▶ 내시묘역길 ▶
효자길 ▶ 충의길 ▶ 우이령길 입구 버스정류장

- **걷는거리** ● 총 8.8km
- **걷는시간** ● 4시간~4시간 30분
- **난 이 도** ● 무난해요
- **출 발 점** ● 서울시 은평구 진관동 입곡삼거리 버스정류장
- **종 착 점** ● 경기도 양주시 장흥면 우이령 입구
- **추천테마** ● 숲, 사계절

▶ 슬픈 사랑이야기의 무대 여기소 마을.

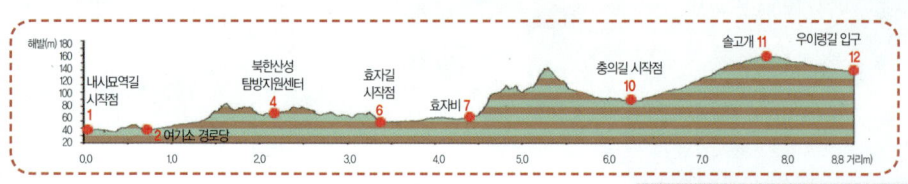

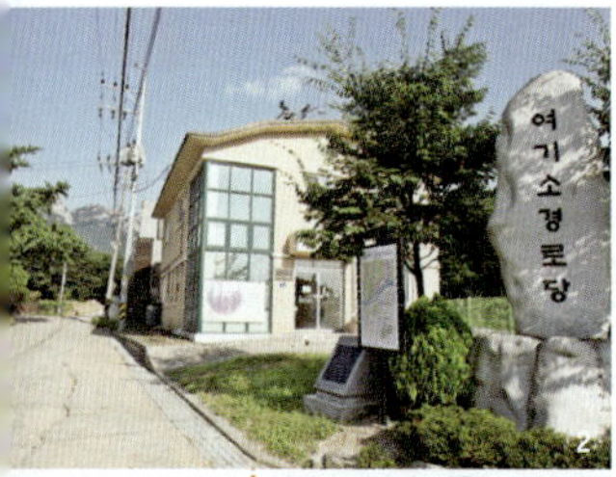

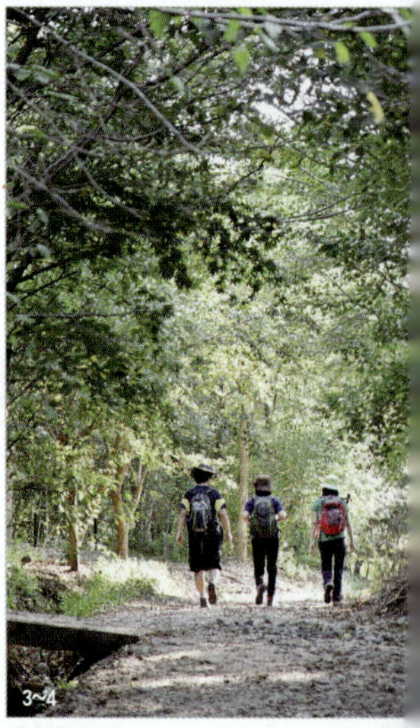

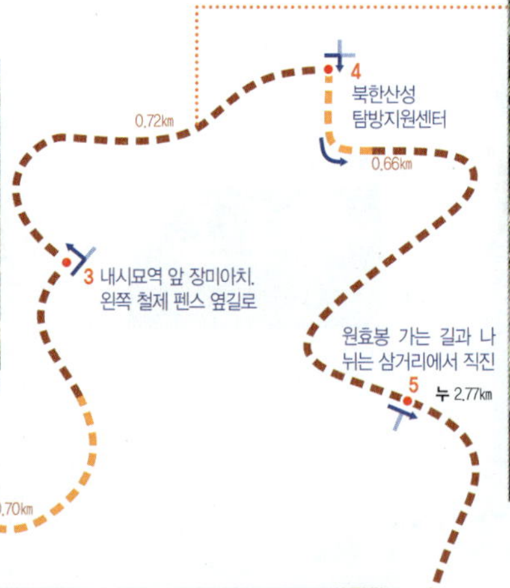

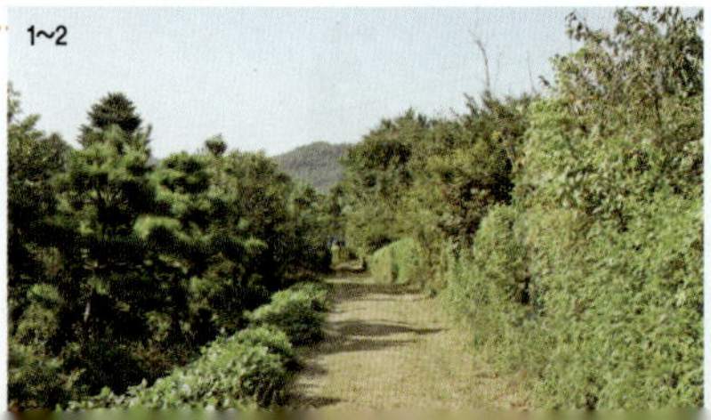

05 북한산 둘레길 5구간_우이령길

우이령 입구 정류장 ▶ 전망대 ▶ 우이령 정상 ▶ 우이동치안센터

걷는거리 ● 총 6.7㎞
걷는시간 ● 2시간~2시간 30분
난 이 도 ● 쉬워요
출 발 점 ● 우이령 입구 정류장
종 착 점 ● 우이동치안센터
추천테마 ● 숲, 봄, 여름, 가을

▶ 40년 만에 다시 열린 우이령길은 수도권 시민들에게 크나큰 선물이다.

10~11

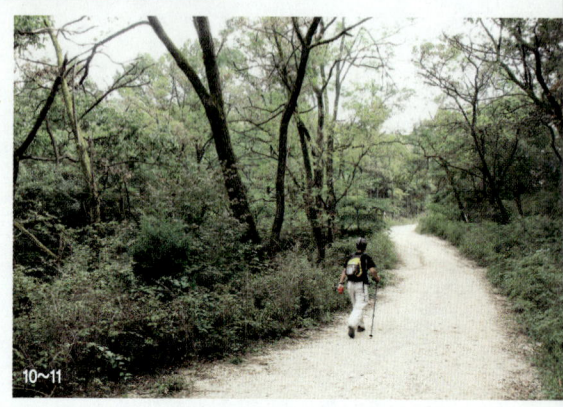

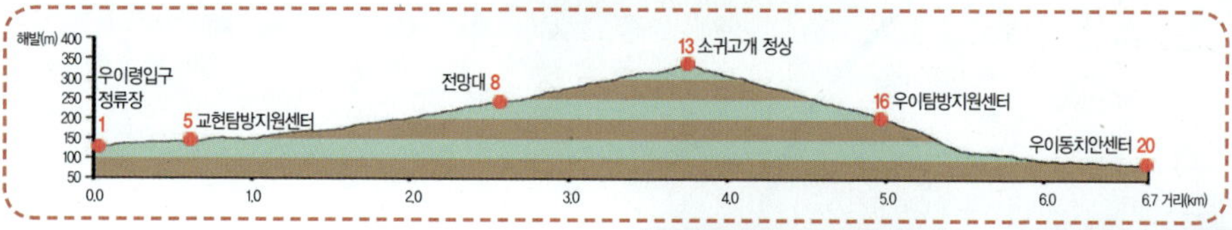

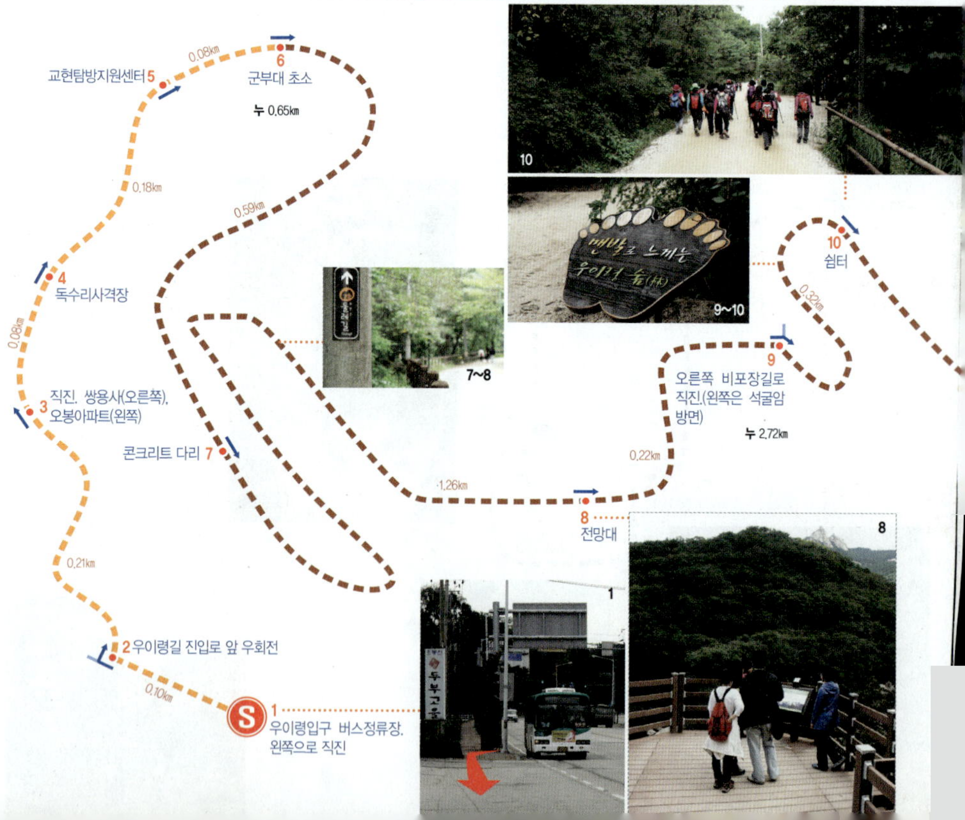

06 북한산 둘레길 6구간_송추마을길~산너미길~안골길 ▼

교현 우이령길 입구 ▶송추계곡유원지 ▶안골계곡 ▶직동공원 ▶회룡탐방지원센터

걷는거리 ● 총 13.2㎞
걷는시간 ● 4시간 반~5시간
난 이 도 ● 조금 힘들어요
출 발 점 ● 경기도 양주시 장흥면 교현리 교현 우이령길 입구
종 착 점 ● 경기도 의정부시 효원2동 회룡탐방지원센터
추천테마 ● 봄, 가을

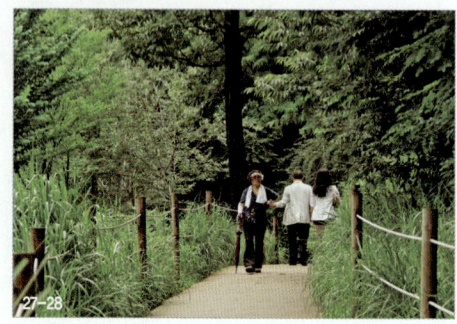

27-28

▶ 녹음이 우거진 직동공원의 산책로.

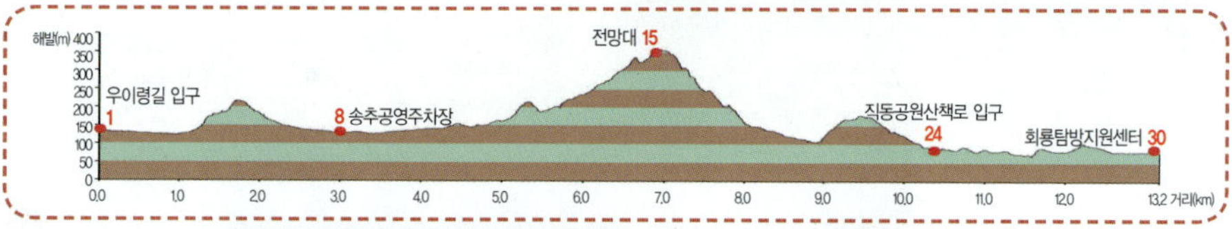
해발(m) 400
350
300
250
200
150
100
50
0
우이령길 입구 1
8 송추공영주차장
전망대 15
직동공원산책로 입구
24
회룡탐방지원센터 30
0.0
1.0
2.0
3.0
4.0
5.0
6.0
7.0
8.0
9.0
10.0
11.0
12.0
13.2 거리(km)

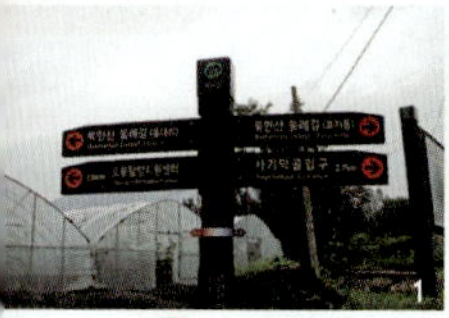
1

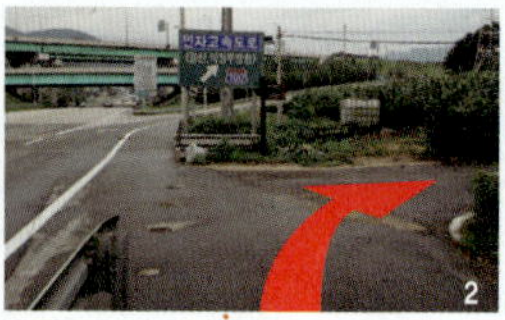
2

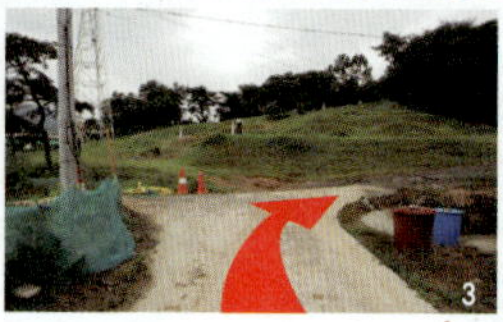
3

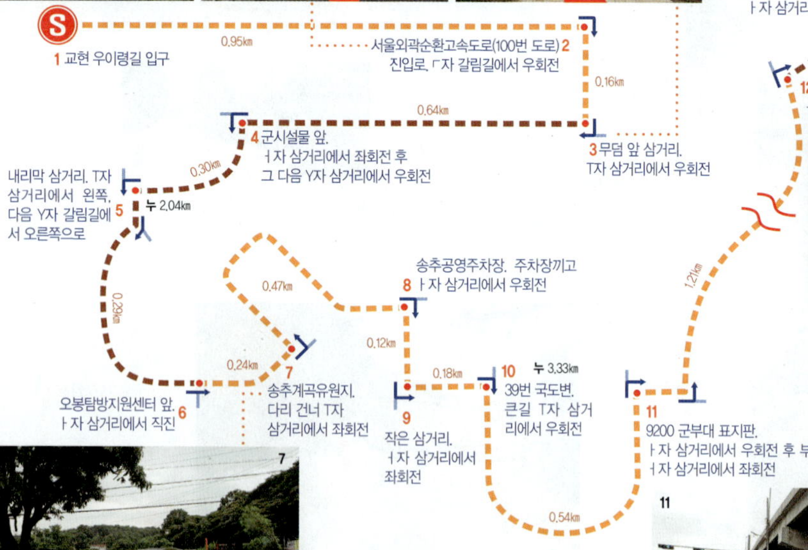
S
1 교현 우이령길 입구
0.95㎞
서울외곽순환고속도로(100번 도로) 2
진입로. ┌자 갈림길에서 우회전
0.16㎞
0.64㎞
3 무덤 앞 삼거리.
T자 삼거리에서 우회전
4 군시설물 앞.
ㅓ자 삼거리에서 좌회전 후
그 다음 Y자 삼거리에서 우회전
0.30㎞
내리막 삼거리. T자
삼거리에서 왼쪽,
다음 Y자 갈림길에
서 오른쪽으로 5
누 2.04㎞
0.29㎞
0.24㎞
오봉탐방지원센터 앞.
ㅏ자 삼거리에서 직진 6
0.47㎞
7
송추계곡유원지.
다리 건너 T자
삼거리에서 좌회전
송추공영주차장. 주차장끼고
8 ㅏ자 삼거리에서 우회전
0.12㎞
0.18㎞
9
작은 삼거리.
ㅓ자 삼거리에서
좌회전
10 누 3.33㎞
39번 국도변.
큰길 T자 삼거
리에서 우회전
0.54㎞
11
9200 군부대 표지판.
ㅏ자 삼거리에서 우회전 후 부대 앞
ㅓ자 삼거리에서 좌회전
1.21㎞
12 산너미길 입구.
ㅓ자 삼거리에서 좌회전
0.26㎞
산길 삼거리.
ㅏ자 삼거리에서 우회전 13
1.30㎞

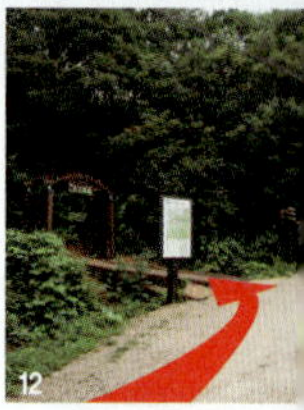
12

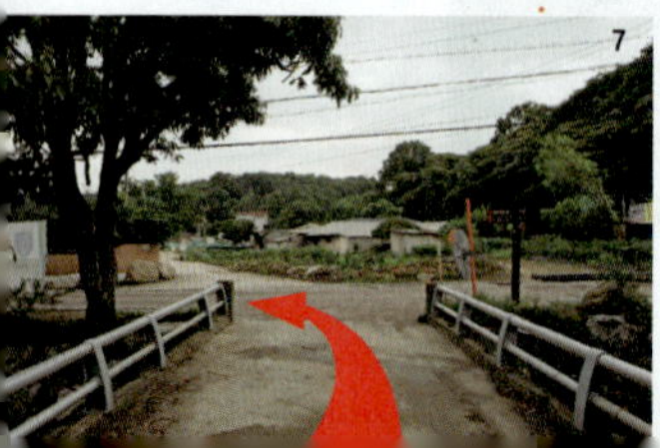
7

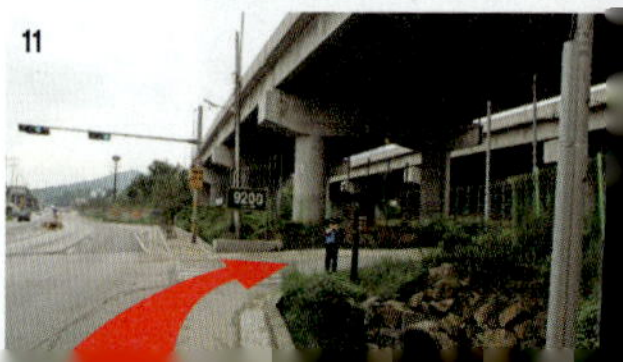
11

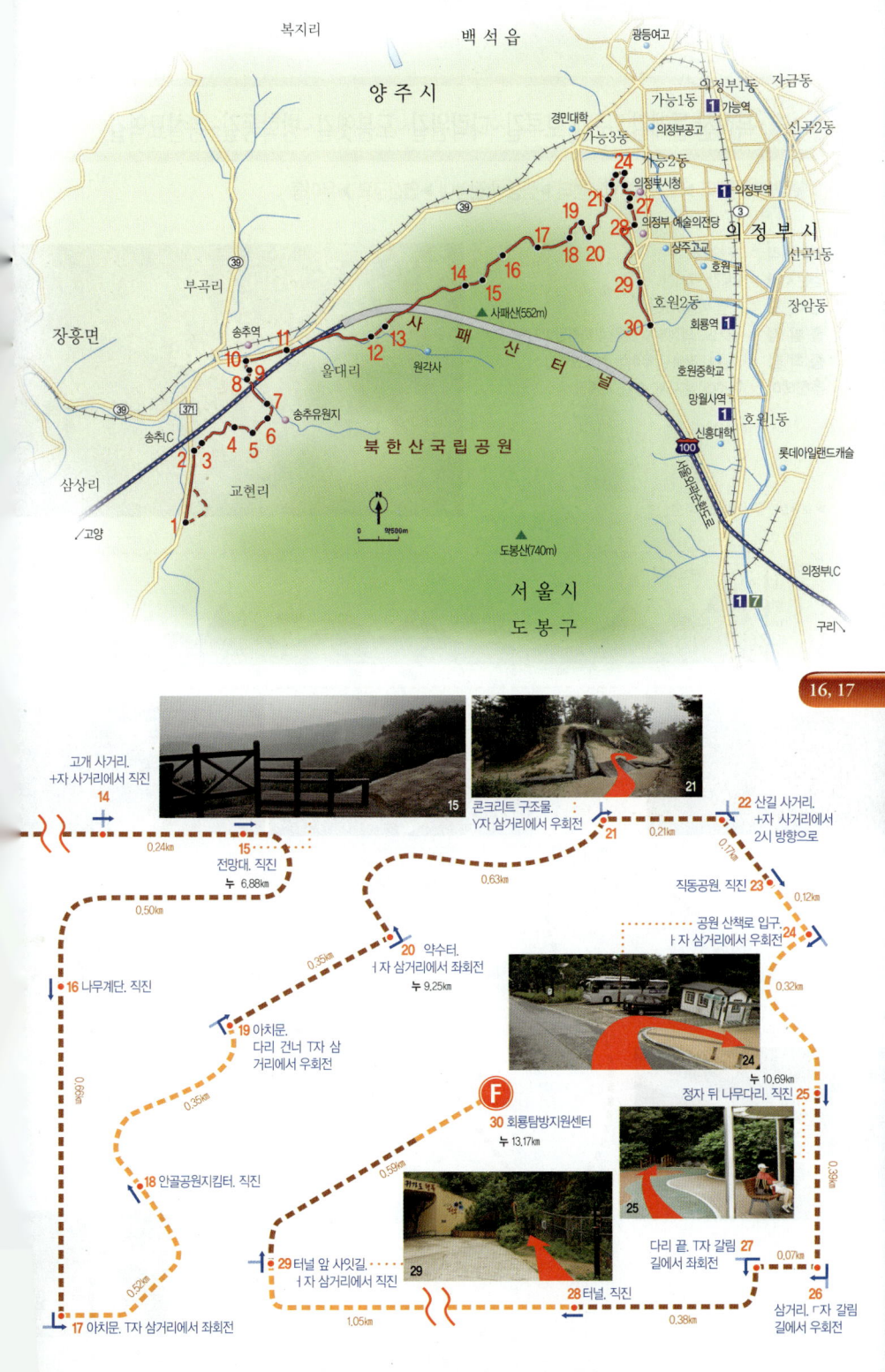

07 북한산 둘레길 7구간_보루길~다락원길~도봉옛길~방학동길~왕실묘역길

회룡탐방지원센터 ▶ 도봉탐방안내센터 ▶ 쌍둥이 전망대 ▶ 연산군묘 ▶ 우이동

- **걷는거리** ● 총 13.2km
- **걷는시간** ● 6시간~7시간
- **난 이 도** ● 조금 힘들어요
- **출 발 점** ● 경기도 의정부시 호원동 회룡탐방지원센터
- **종 착 점** ● 서울시 강북구 우이동 왕실묘역길
- **추천테마** ● 여럿이, 혼자서, 숲길, 사계절

▶ 보루길이 끝나가는 원각사 앞.

01 남한산성

남한산성유원지 입구 ▶ 지화문 ▶ 전승문 ▶ 지화문 ▶ 남한산성유원지 입구

걷는거리 ● 총 10.7㎞
걷는시간 ● 3시간 30분~4시간
난 이 도 ● 조금 힘들어요
출 발 점 ● 경기도 성남시 중원구 은행2동 남한산성유원지 입구
종 착 점 ● 경기도 성남시 중원구 은행2동 남한산성유원지 입구
추천테마 ● 유적지, 봄, 가을, 겨울

8~9

▶ 구불구불 이어진 남한산성 성곽길에는 우리의 아픈 역사가 서려 있다.

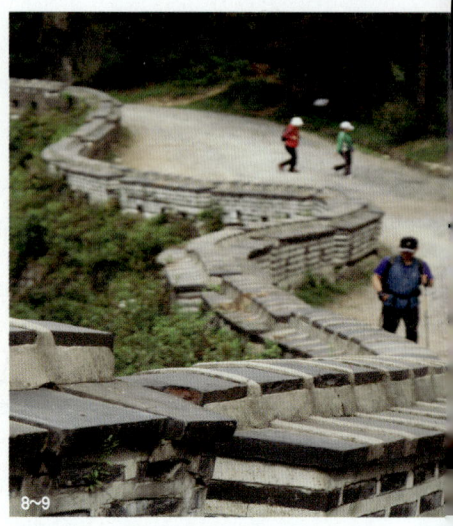

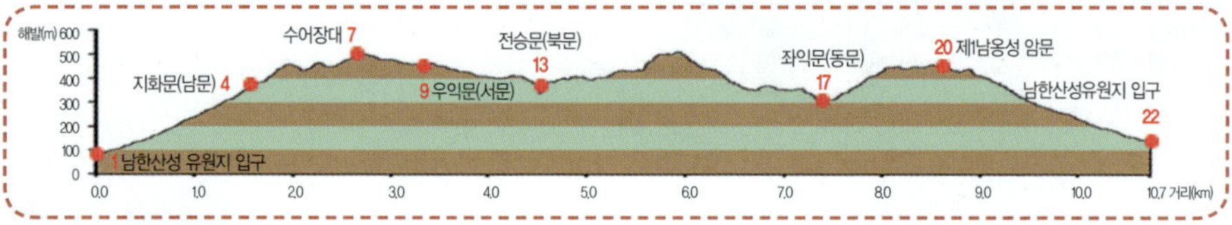

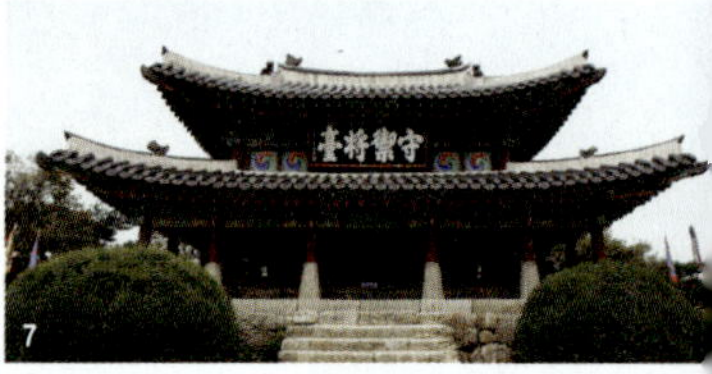

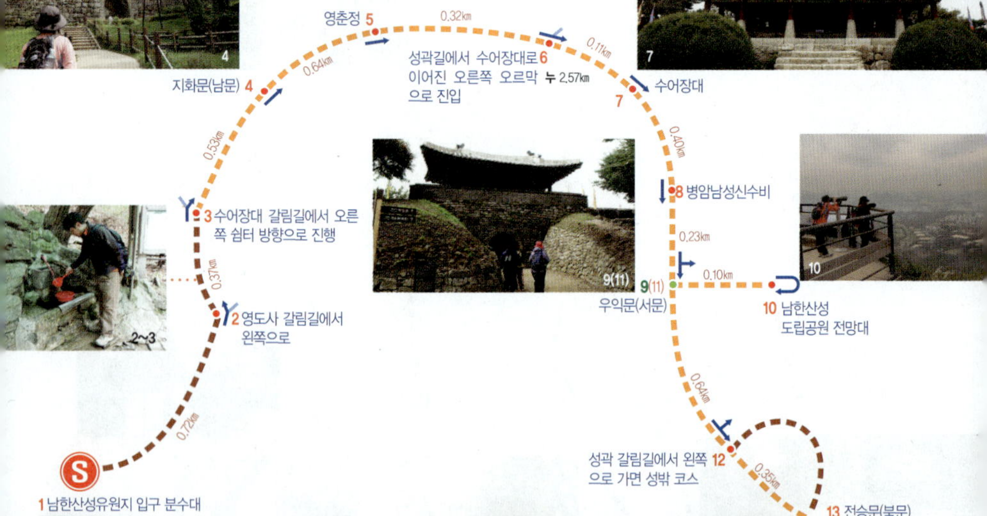

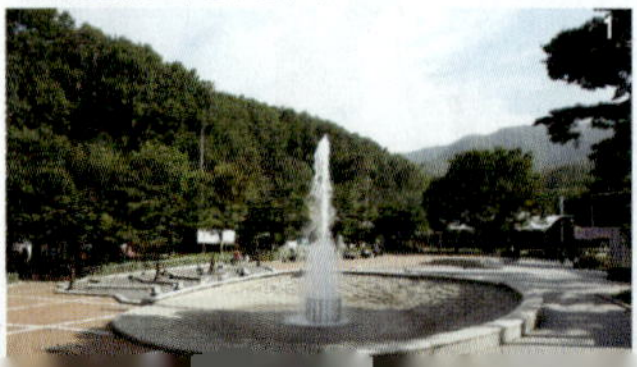

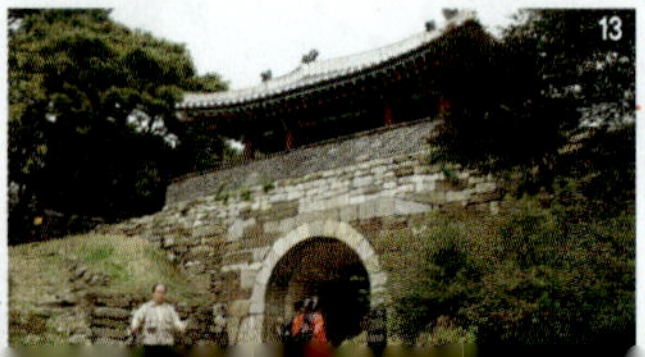

해발(m) 600
500
400
300
200
100
0
1 남한산성 유원지 입구
지화문(남문) 4
수어장대 7
9 우익문(서문)
전승문(북문)
13
좌익문(동문)
17
20 제1남옹성 암문
남한산성유원지 입구
22
0.0
1.0
2.0
3.0
4.0
5.0
6.0
7.0
8.0
9.0
10.0
10.7 거리(km)

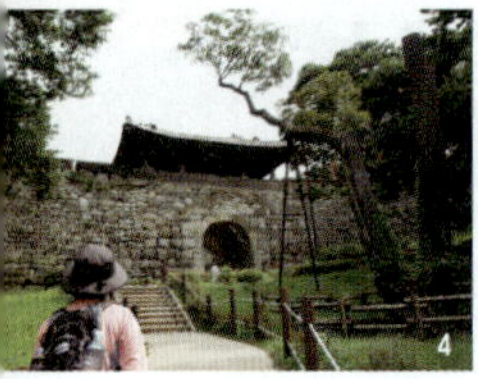

4

守禦將臺
7

영춘정 5
0.32㎞
0.11㎞
0.64㎞
성곽길에서 수어장대로 6
이어진 오른쪽 오르막 누 2.57㎞
으로 진입
지화문(남문) 4
수어장대
7
0.53㎞
0.40㎞
8 병암남성신수비
3 수어장대 갈림길에서 오른
쪽 쉼터 방향으로 진행
0.37㎞
0.23㎞
9(11)
10
0.10㎞
9(11)
우익문(서문)
10 남한산성
도립공원 전망대
2~3
2 영도사 갈림길에서
왼쪽으로
0.64㎞
0.72㎞
성곽 갈림길에서 왼쪽 12
으로 가면 성밖 코스
0.35㎞
S
1 남한산성유원지 입구 분수대
13 전승문(북문)
누 4.51㎞

1

13

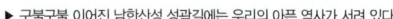

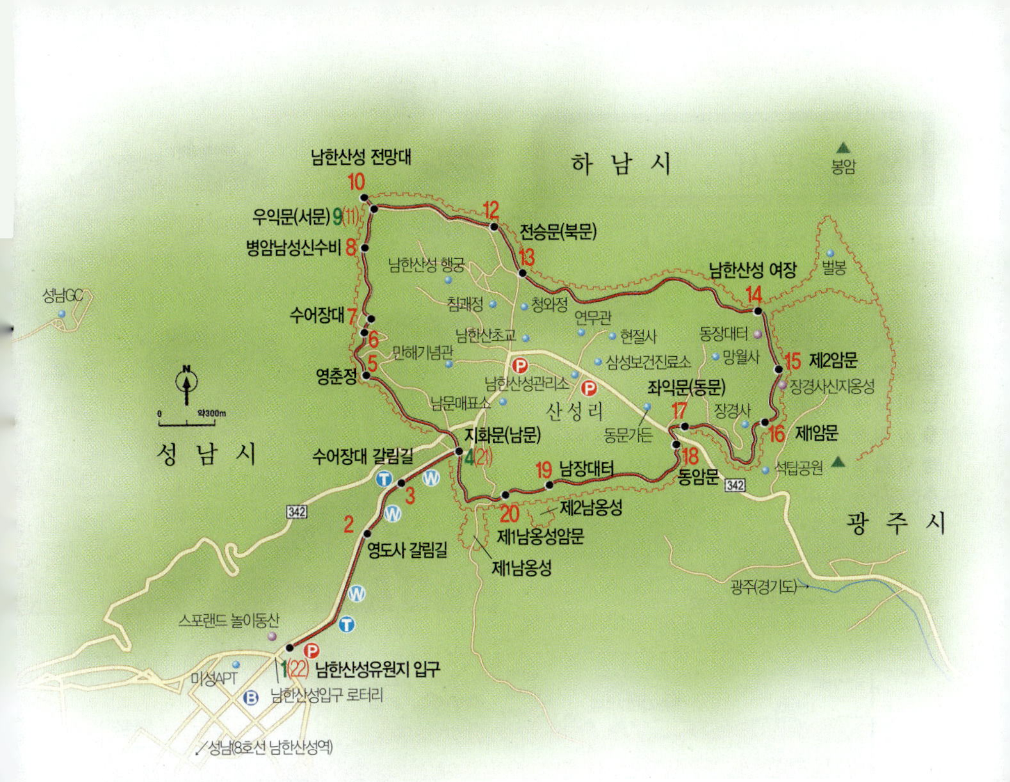

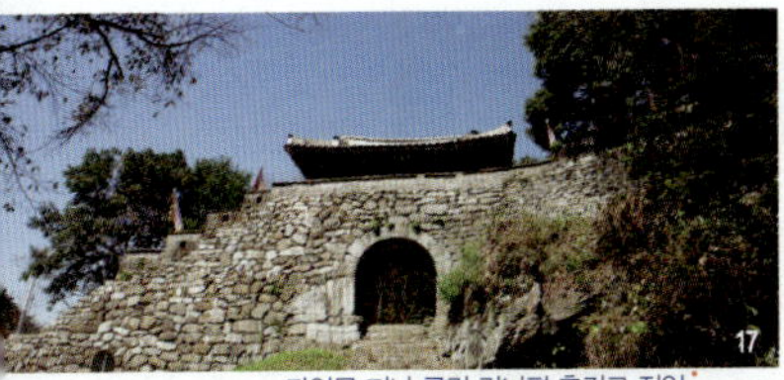

지도

- 10 남한산성 전망대
- 9 우익문(서문) (11)
- 8 병암남성신수비
- 12 전승문(북문)
- 13
- 남한산성 행궁
- 침괘정
- 청와정
- 14 남한산성 여장
- 별봉
- 봉암
- 7 수어장대
- 남한산초교
- 연무관
- 현절사
- 동장대터
- 망월사
- 15 제2암문
- 6
- 만해기념관
- 삼성보건진료소
- 장경사신지옹성
- 5 영춘정
- 남한산성관리소
- 장경사
- 성남시
- 남문매표소
- 산성리
- 좌익문(동문) 17
- 16 제1암문
- 수어장대 갈림길
- 지화문(남문)
- 동문기든
- 석탑공원
- 4 (2)
- 19 남장대터
- 18 동암문
- 342
- 3
- 20 제2남옹성
- 342
- 2
- 제2남옹성암문
- 광주시
- 영도사 갈림길
- 제1남옹성
- 광주(경기도)
- 스포랜드 놀이동산
- 미성APT
- 1 (22) 남한산성유원지 입구
- 남한산성입구 로터리
- /성남(8호선 남한산성역)

20, 21

- 좌익문 지나 큰길 건너편 흙길로 진입 17
- 누 7.34km
- 0.18km
- 18 동암문(제11암문)
- 0.99km
- 왼쪽이 제2남옹성치, 오른쪽이 남장대터
- 19
- 0.25km
- 20 제1남옹성암문
- 0.45km
- 0.64km
- 제1암문 16
- 21 (4) 지화문(남문)
- 0.44km
- 18~19
- 1.52km
- 제2암문 15
- 0.33km
- 남한산성 여장 14
- 15
- 1.43km
- F
- 22 (1) 남한산성유원지 입구 분수대
- 누 10.73km

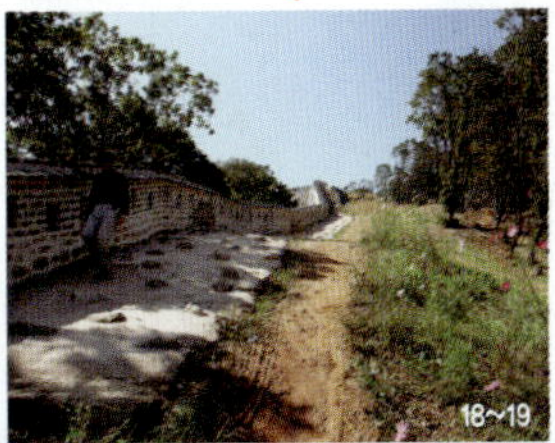

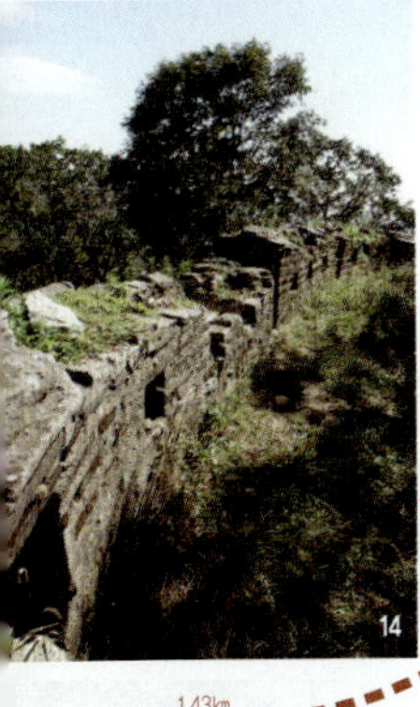

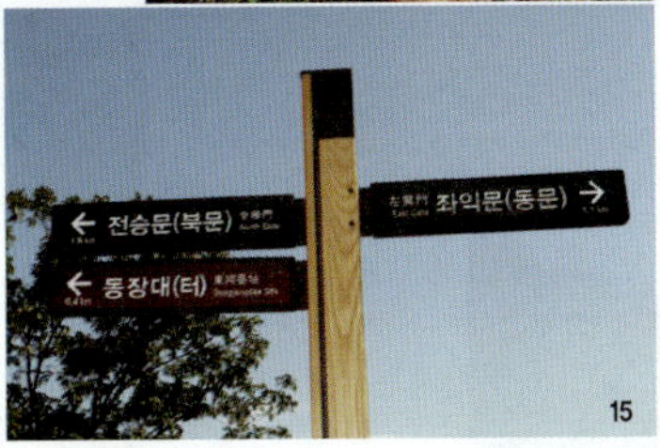

02 몽촌토성

몽촌토성역 ▶ 평화의 문 ▶ 몽촌해자 ▶
몽촌토성 산책로 ▶ 몽촌토성역

걷는거리 ● 총 6.6km
걷는시간 ● 2시간
난 이 도 ● 무난해요
출 발 점 ● 송파구 방이동 지하철 8호선 몽촌토성역
종 착 점 ● 송파구 방이동 지하철 8호선 몽촌토성역
추천테마 ● 역사유적, 호수, 숲, 사계절

▶ 목가적인 풍경을 보여주는 몽촌토성 산책로.

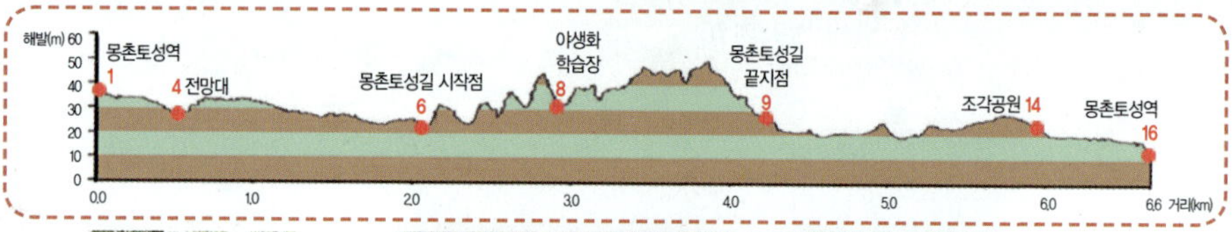

03 북한산성 12성문길 1_시구문~보국문

시구문 ▶ 북문 ▶ 위문 ▶ 용암문 ▶ 대동문 ▶ 보국문

- **걷는거리** ● 총 9.7km
- **걷는시간** ● 5~6시간
- **난 이 도** ● 많이 힘들어요
- **출 발 점** ● 경기도 고양시 덕양구 효자동 효자마을회관
- **종 착 점** ● 서울시 성북구 정릉동 북한산 탐방안내소
- **추천테마** ● 역사유적, 숲, 봄, 가을

▶ 원효봉에 올라서면 성곽 너머로 백운대, 만경대, 노적봉이 연이은 절경을 감상할 수 있다.

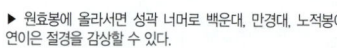

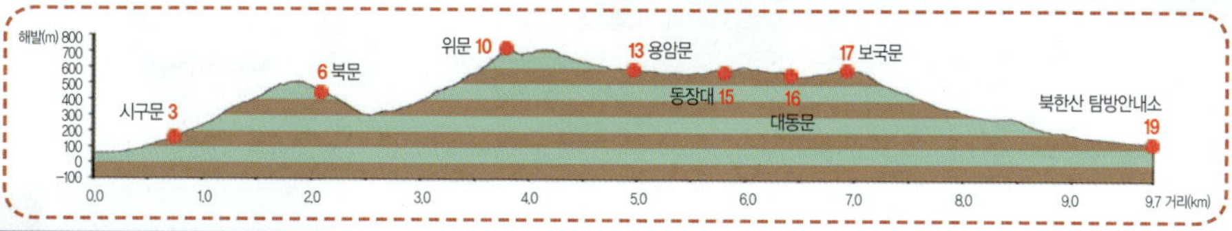

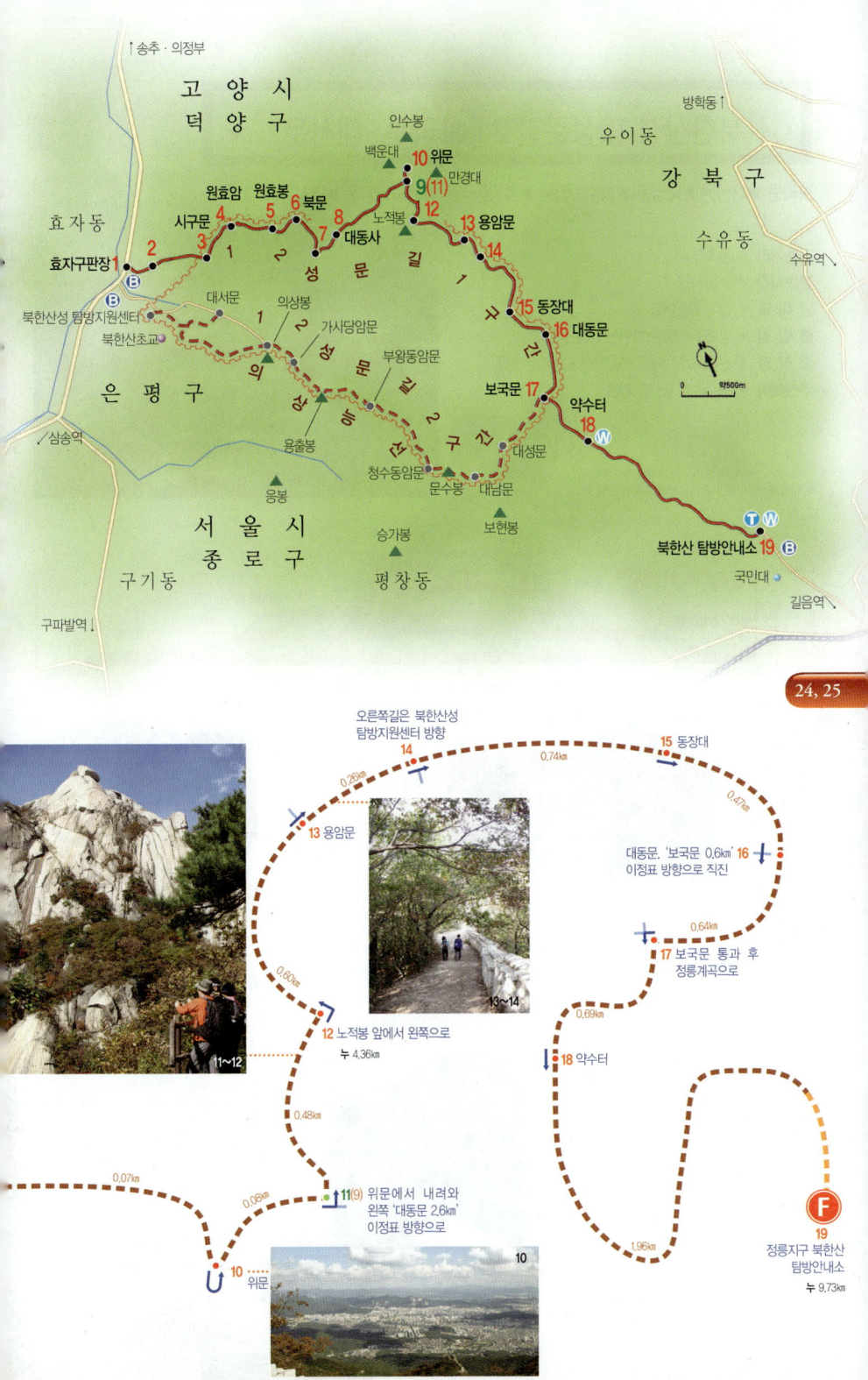

04 북한산성 12성문길 2 _ 보국문~대서문 ▼

보국문 ▶대성문 ▶대남문 ▶청수동암문 ▶부왕동암문 ▶가사당암문 ▶대서문

걷는거리 ● 총 9.0㎞
걷는시간 ● 5~6시간
난 이 도 ● 많이 힘들어요
출 발 점 ● 성북구 정릉동 북한산 탐방안내소
종 착 점 ● 은평구 진관내동 북한산성 탐방지원센터
추천테마 ● 역사유적, 숲, 봄, 가을

3~4

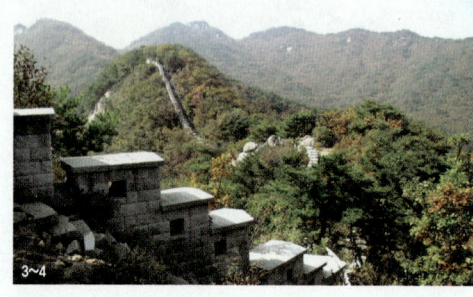

▶ 보국문~대성문 구간에서 바라본 북한산성.

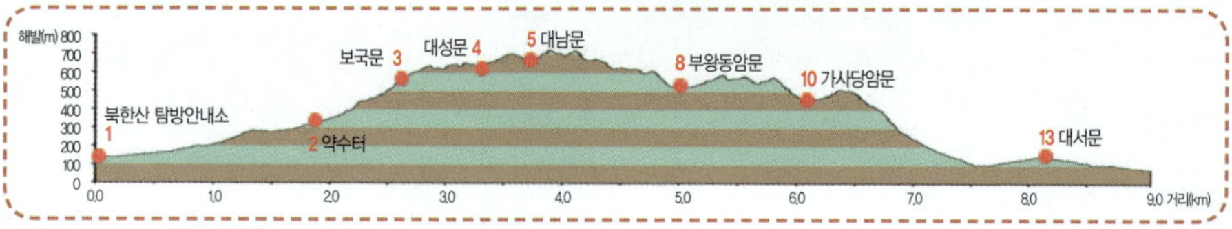

해발(m) 800
700
600
500
400
300
200
100
0
1 북한산 탐방안내소
2 약수터
보국문 3
대성문 4
5 대남문
8 부왕동암문
10 가사당암문
13 대서문
0.0
1.0
2.0
3.0
4.0
5.0
6.0
7.0
8.0
9.0 거리(km)

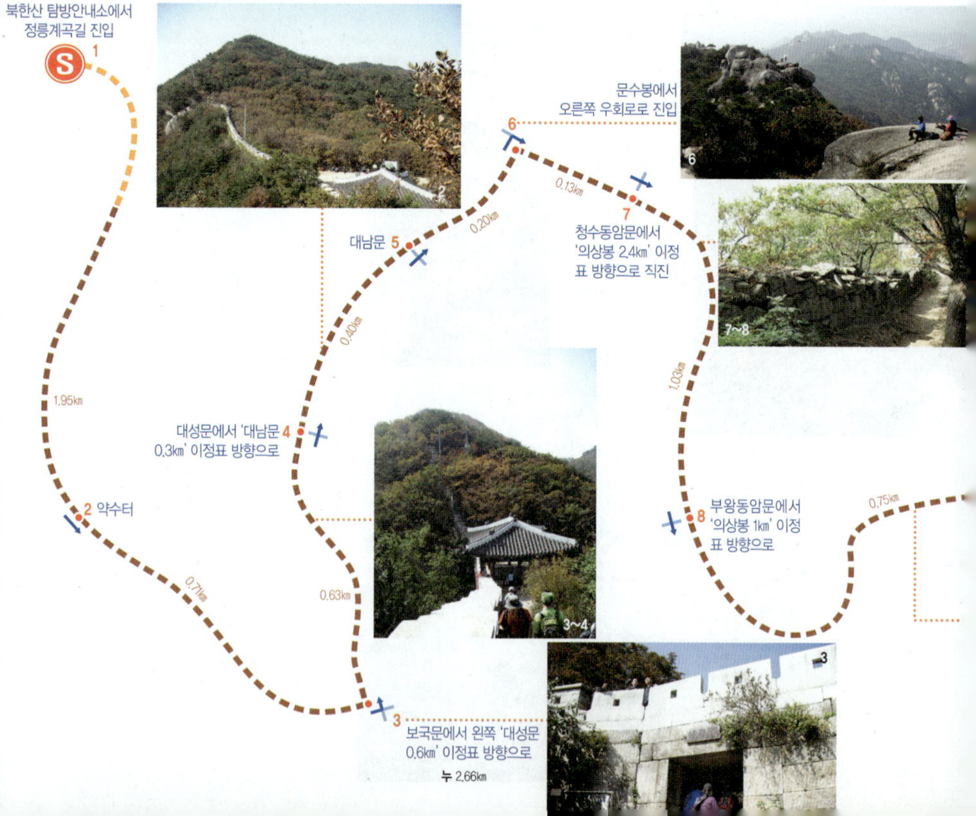

북한산 탐방안내소에서 정릉계곡길 진입
S 1
1.95㎞
2 약수터
0.71㎞
3 보국문에서 왼쪽 '대성문 0.6㎞' 이정표 방향으로
누 2.66㎞
0.63㎞
대성문에서 '대남문 0.3㎞' 이정표 방향으로 4
0.40㎞
대남문 5
0.20㎞
6 문수봉에서 오른쪽 우회로로 진입
0.13㎞
7 청수동암문에서 '의상봉 2.4㎞' 이정표 방향으로 직진
1.03㎞
8 부왕동암문에서 '의상봉 1㎞' 이정표 방향으로
0.75㎞
2
3~4
3
6
7~8

05 서울성곽 1_숭례문~장충체육관

숭례문 ▶남산공원 ▶N서울타워 ▶남산 순환로 ▶동대입구역

걷는거리 ● 총 6.8㎞
걷는시간 ● 3시간 30분~4시간
난 이 도 ● 무난해요
출 발 점 ● 중구 남대문로4가 숭례문
종 착 점 ● 중구 장충동 동대입구역 5번 출입구
추천테마 ● 성곽, 숲, 사계절

남산공원
3

▶ 내사산 중 서울성곽 순례길의 첫째 거점인 남산공원 .

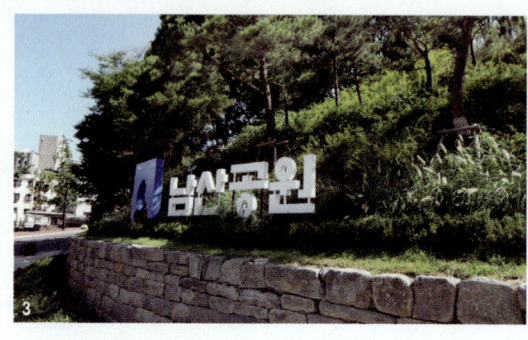

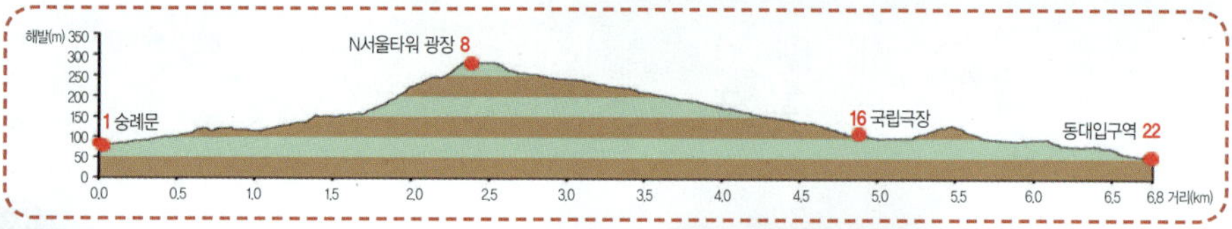

해발(m) 350
300
250
200
150
100
50
0
1 숭례문
N서울타워 광장 8
16 국립극장
동대입구역 22
0.0
0.5
1.0
1.5
2.0
2.5
3.0
3.5
4.0
4.5
5.0
5.5
6.0
6.5
6.8 거리(km)

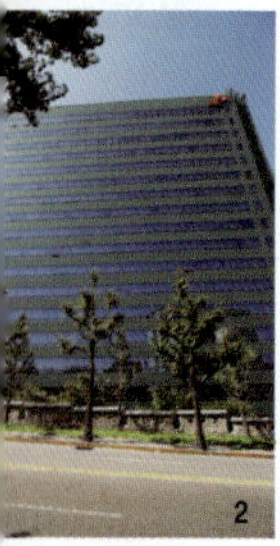

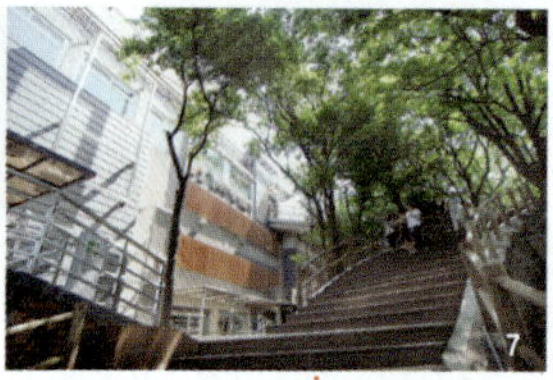

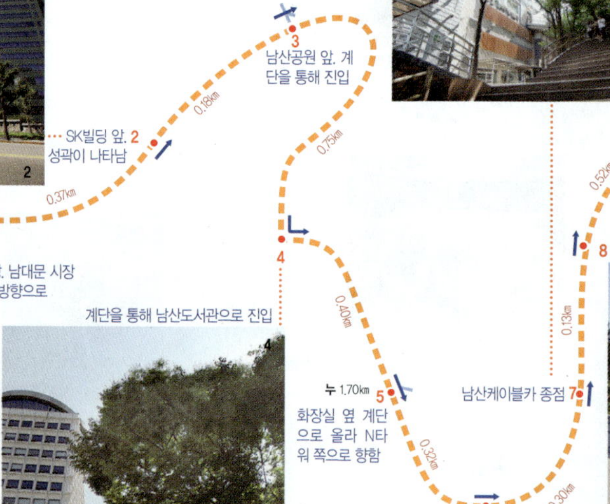

S
1
숭례문 광장. 남대문 시장 1번 게이트 방향으로
0.37㎞
SK빌딩 앞. 2 성곽이 나타남
0.18㎞
3 남산공원 앞. 계단을 통해 진입
0.75㎞
4
계단을 통해 남산도서관으로 진입
0.40㎞
누 1.70㎞
5
화장실 옆 계단으로 올라 N타워 쪽으로 향함
0.32㎞
6
잠두봉 포토 아일랜드
0.30㎞
남산케이블카 종점 7
0.13㎞
8 N서울타워 광장
0.52㎞
9
순환로와 순환 산책로 갈림길. 성곽 따라 직진
0.13㎞
성곽이 끊어진 ㅓ자 삼거리. 순환로 따라 직진
10

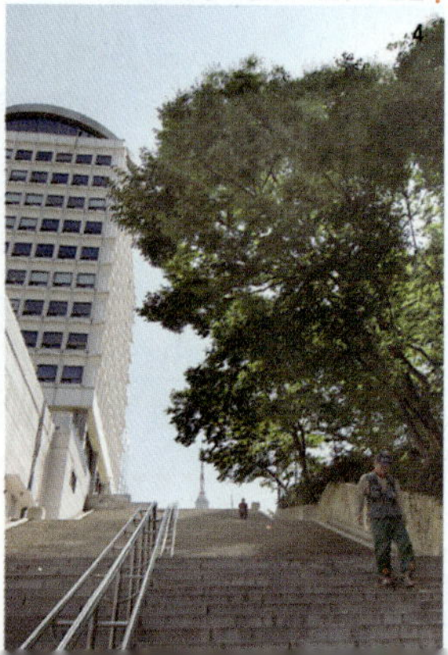

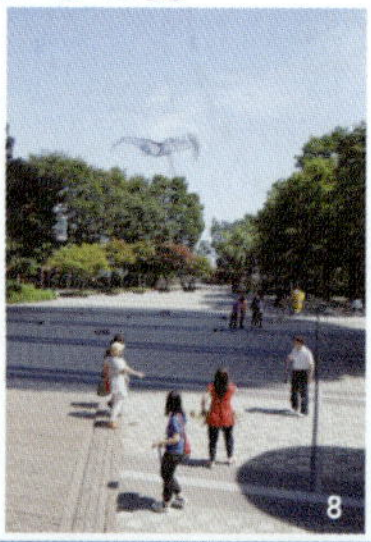

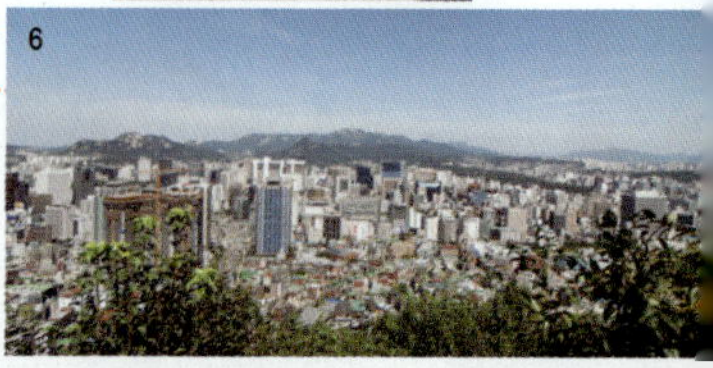

06 서울성곽 2_장충체육관~혜화문 ▼

동대입구역 ▶광희문 ▶흥인지문 ▶낙산공원 ▶혜화문 ▶한성대입구역

걷는거리 ● 총 4.9㎞
걷는시간 ● 2시간 30분~3시간
난 이 도 ● 무난해요
출 발 점 ● 중구 장충동 동대입구역 5번 출입구
종 착 점 ● 성북구 삼선동 한성대입구역 4번 출입구
추천테마 ● 성곽, 사계절

동대문역사문화공원 & 동대문디자인플라자
Dongdaemun Design Plaza

5

▶ 동대문운동장 자리에 새롭게 들어설 동대문역사문화공원 & 동대문디자인플라자.

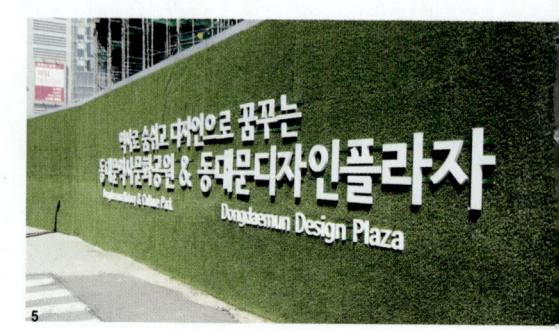

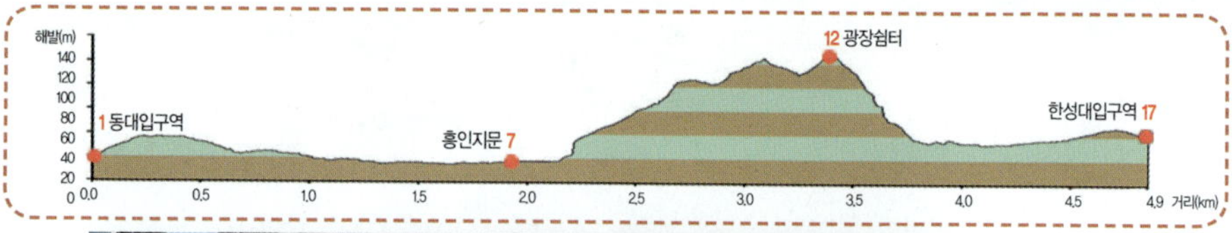

해발(m)
140
120
100
80
60
40
20
0
1 동대입구역
흥인지문 7
12 광장쉼터
한성대입구역 17
0.0
0.5
1.0
1.5
2.0
2.5
3.0
3.5
4.0
4.5
4.9 거리(km)

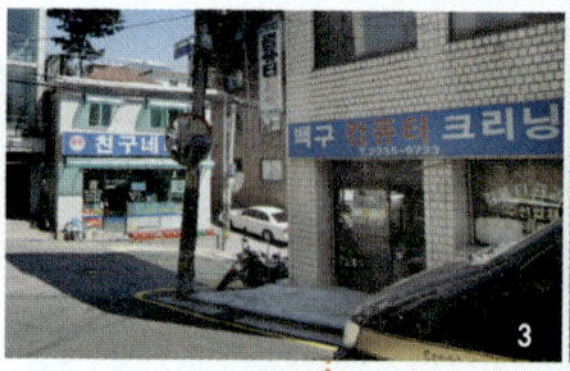

크리닝

3

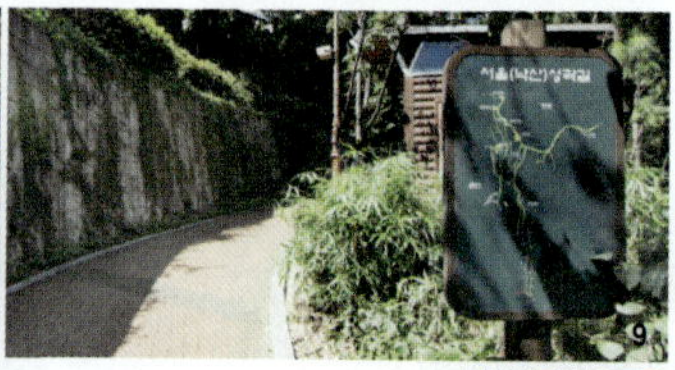
9

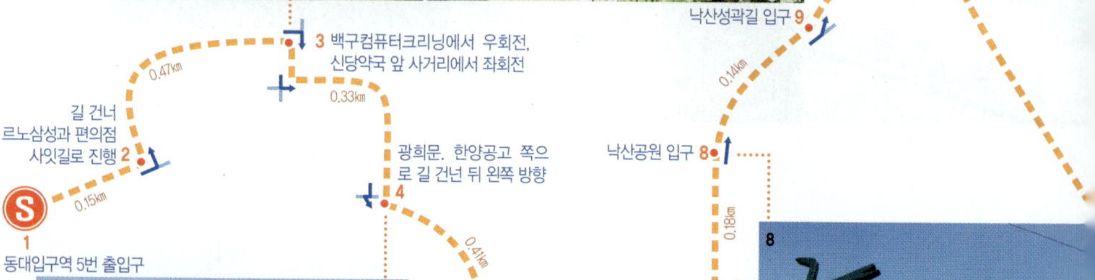

S
1
동대입구역 5번 출입구
0.15㎞
길 건너
르노삼성과 편의점
사잇길로 진행 2
0.47㎞
3 백구컴퓨터크리닝에서 우회전,
신당약국 앞 사거리에서 좌회전
0.33㎞
광희문. 한양공고 쪽으
로 길 건넌 뒤 왼쪽 방향 4
0.41㎞
5 동대문역사문화공원역
지나 우회전
0.45㎞
6 오간수교
0.16㎞
흥인지문, 낙산공
원 쪽으로 길 건넘 7
누 1.97㎞
0.18㎞
낙산공원 입구 8
0.14㎞
낙산성곽길 입구 9
0.32㎞

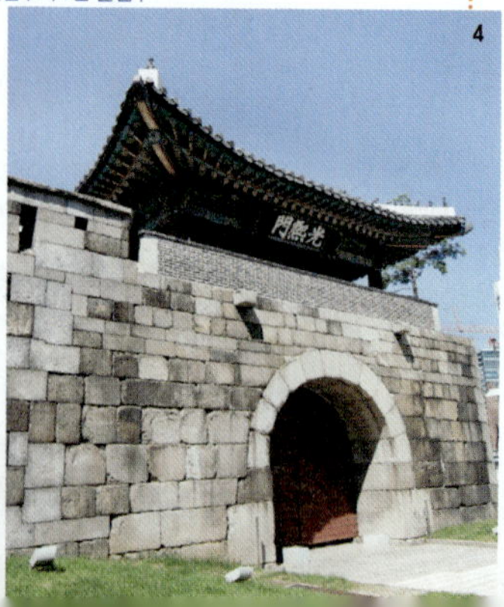
4

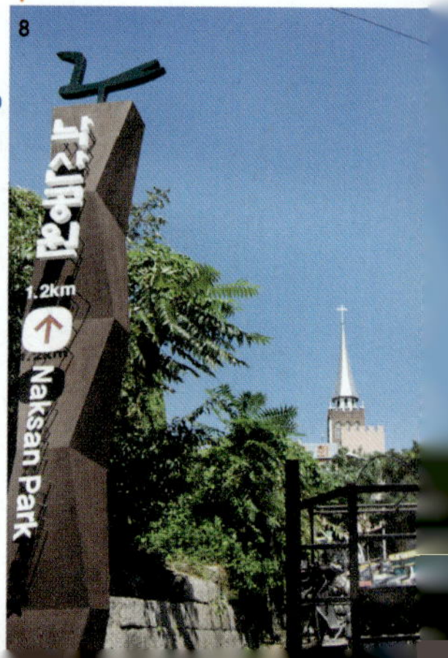

낙산공원
1.2km
Naksan Park

8

07 서울성곽 3_혜화문~창의문 ▼

한성대입구역 ▶혜화문 ▶북악산 ▶창의문 ▶부암동주민센터

걷는거리 ● 총 5.2㎞
걷는시간 ● 3시간~3시간 30분
난 이 도 ● 조금 힘들어요
출 발 점 ● 성북구 성북동 한성대입구역 5번 출입구
종 착 점 ● 종로구 부암동 부암동주민센터
추천테마 ● 성곽, 숲, 사계절

5

▶ 서울성곽 3구간에서 본격적인 탐방이 시작되는 와룡공원. 사진은 그 입구.

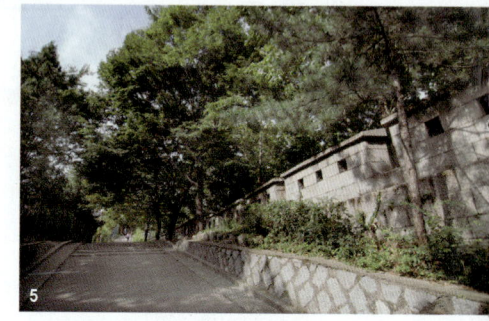

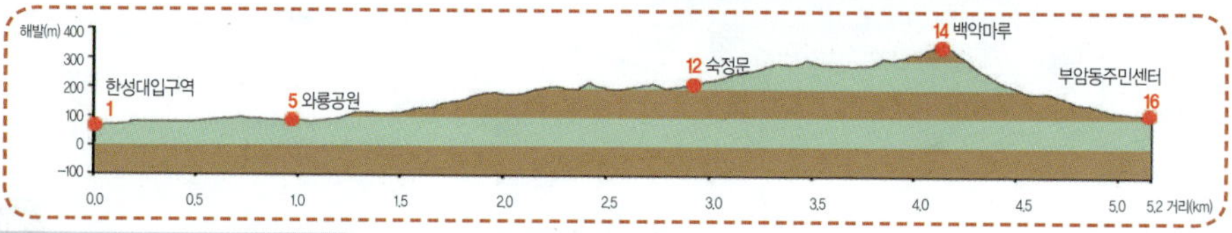
해발(m) 400
300
200
100
0
−100
1 한성대입구역
5 와룡공원
12 숙정문
14 백악마루
부암동주민센터
16
0.0 0.5 1.0 1.5 2.0 2.5 3.0 3.5 4.0 4.5 5.0 5.2 거리(km)

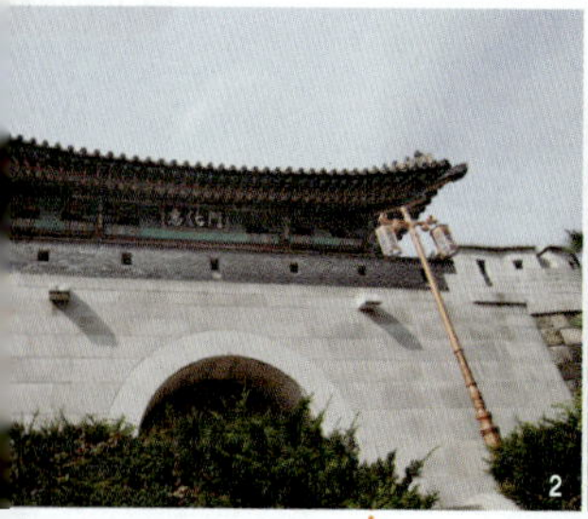
2

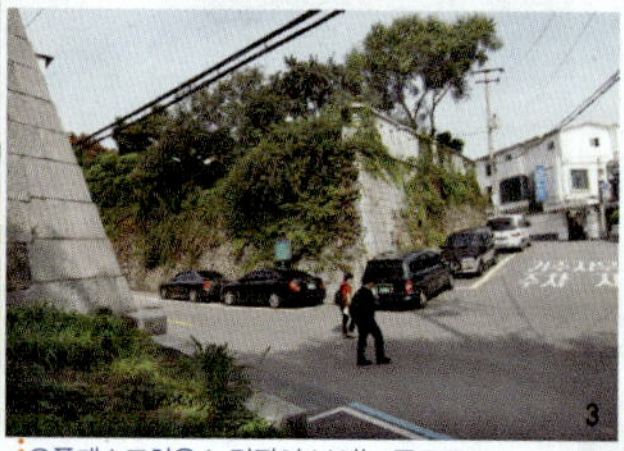
3

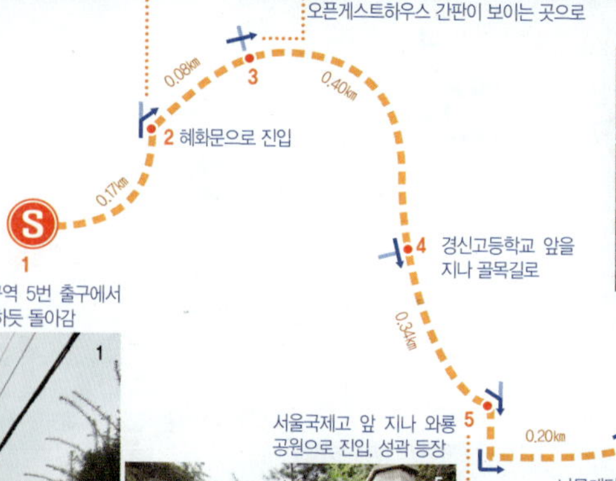
오픈게스트하우스 간판이 보이는 곳으로
0.08㎞
3
0.40㎞
2 혜화문으로 진입
0.17㎞
S
1
한성대입구역 5번 출구에서
나와 유턴하듯 돌아감
4 경신고등학교 앞을
지나 골목길로
0.34㎞
서울국제고 앞 지나 와룡
공원으로 진입, 성곽 등장
5
0.20㎞
6
나무계단과 돌계단 갈림길,
좌우상관 없이 진행
누 1.65㎞
0.29㎞
7
T자 삼거리에서
성곽 따라 오르막으로
0.17㎞
8
암문이 있는 갈림길, 돌계단으로 오름

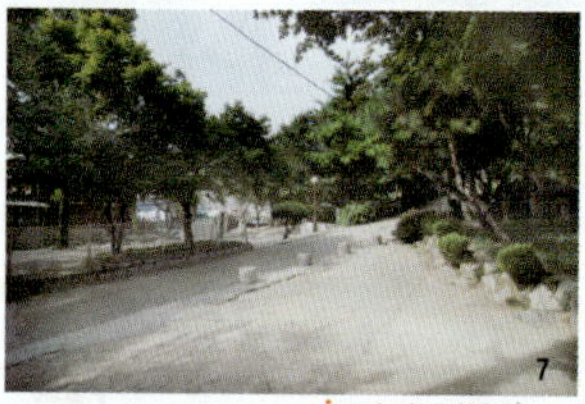
7

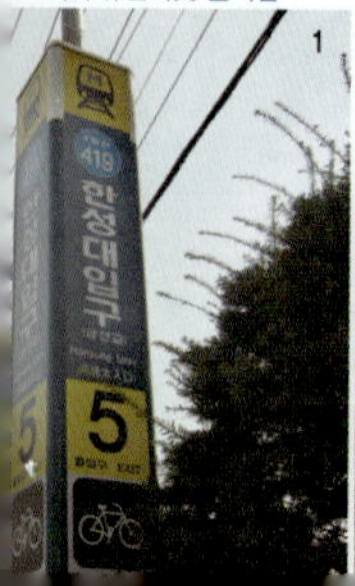
1
한성대입구
5

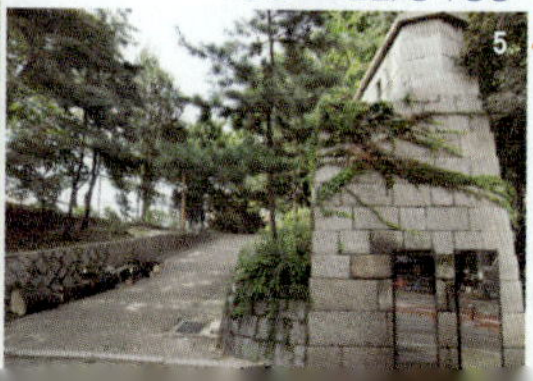
5

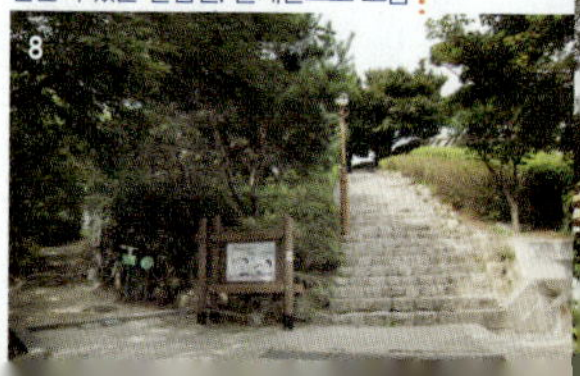
8

08 서울성곽 4_창의문~숭례문 ▼

부암동 주민센터 ▶청운공원 ▶인왕산 ▶돈의문 터 ▶숭례문

걷는거리 ● 총 6.2㎞
걷는시간 ● 3시간~3시간 30분
난 이 도 ● 조금 힘들어요
출 발 점 ● 종로구 부암동 부암동주민센터
종 착 점 ● 중구 남대문로 4가 숭례문
추천테마 ● 성곽, 숲, 사계절

8

▶ 한양 도성의 '모든 풍경'을 보여주는 인왕산 정상.

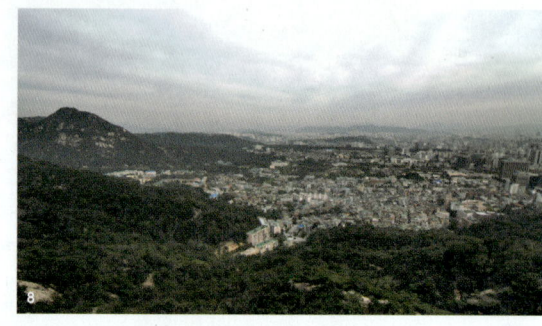

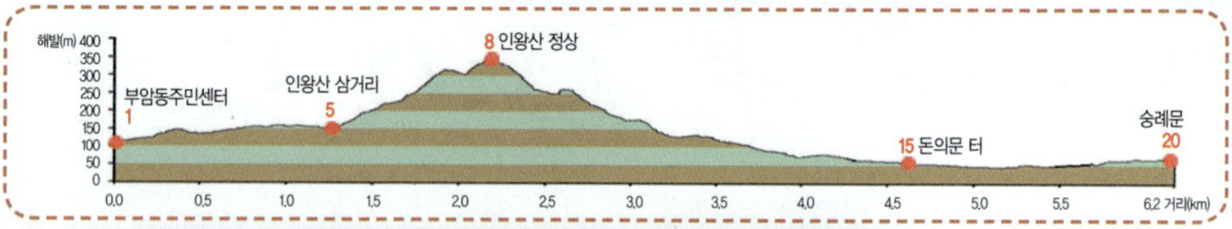
해발(m) 400
350
300
250
200
150
100
50
0
1 부암동주민센터
5 인왕산 삼거리
8 인왕산 정상
15 돈의문 터
20 숭례문
0.0
0.5
1.0
1.5
2.0
2.5
3.0
3.5
4.0
4.5
5.0
5.5
6.2 거리(km)

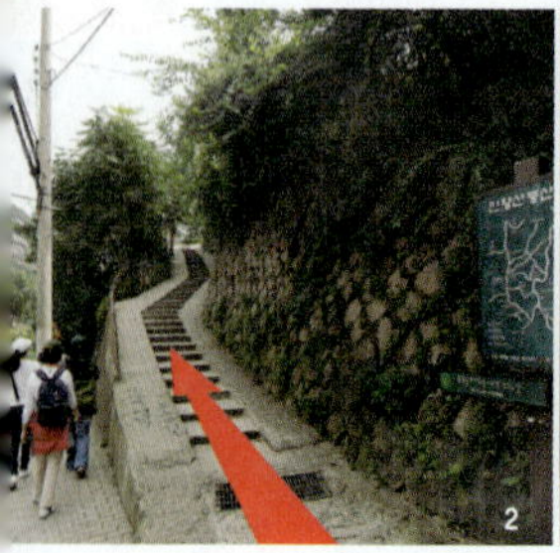
2

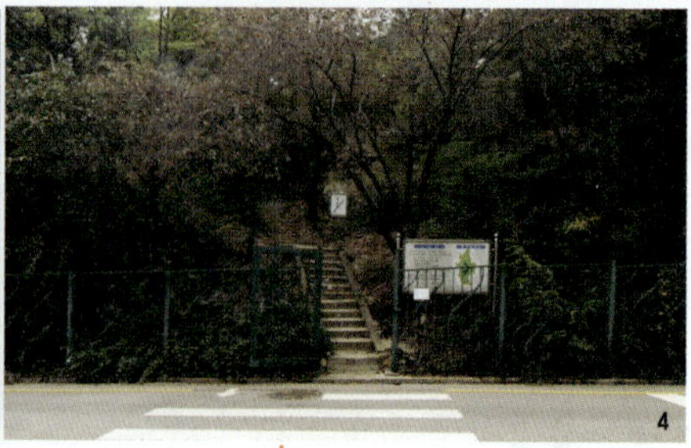
4

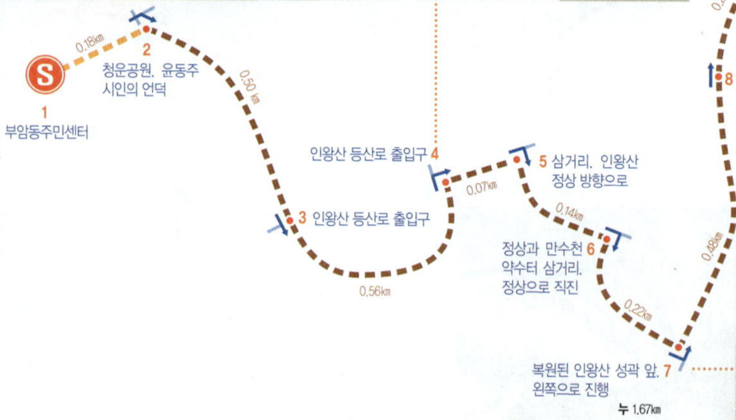
S
1
부암동주민센터
0.18㎞
2
청운공원, 윤동주 시인의 언덕
0.50㎞
3 인왕산 등산로 출입구
0.56㎞
인왕산 등산로 출입구 4
0.07㎞
5 삼거리, 인왕산 정상 방향으로
0.14㎞
정상과 만수천 약수터 삼거리, 정상으로 직진 6
0.22㎞
복원된 인왕산 성곽 앞, 왼쪽으로 진행 7
누 1.67㎞
0.48㎞
8 인왕산 정상
0.28㎞
9
성곽보수공사 구간, Y자 삼거리

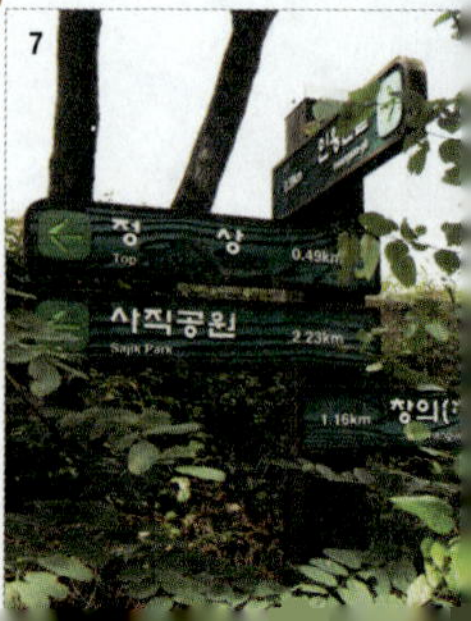
7
정 상
0.49km
사직공원
2.23km
1.16km

01 과천서울대공원 ▼

대공원역 ▶ 북문매표소 ▶ 산림욕장 ▶
동물원 ▶ 대공원역

걷는거리	● 총 11km
걷는시간	● 3시간~3시간 30분
난 이 도	● 무난해요
출 발 점	● 경기도 과천시 과천동 대공원역 2번 출입구
종 착 점	● 경기도 과천시 과천동 대공원역 2번 출입구
추천테마	● 동물원, 사계절

▶ 북문매표소 쪽의 과천서울대공원 산림욕장 출입구.

4

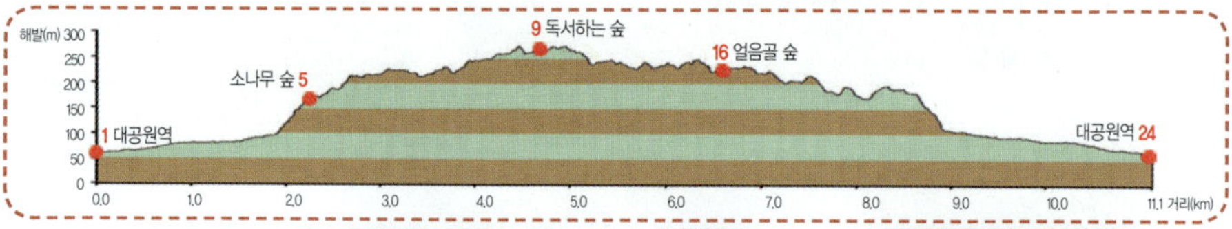

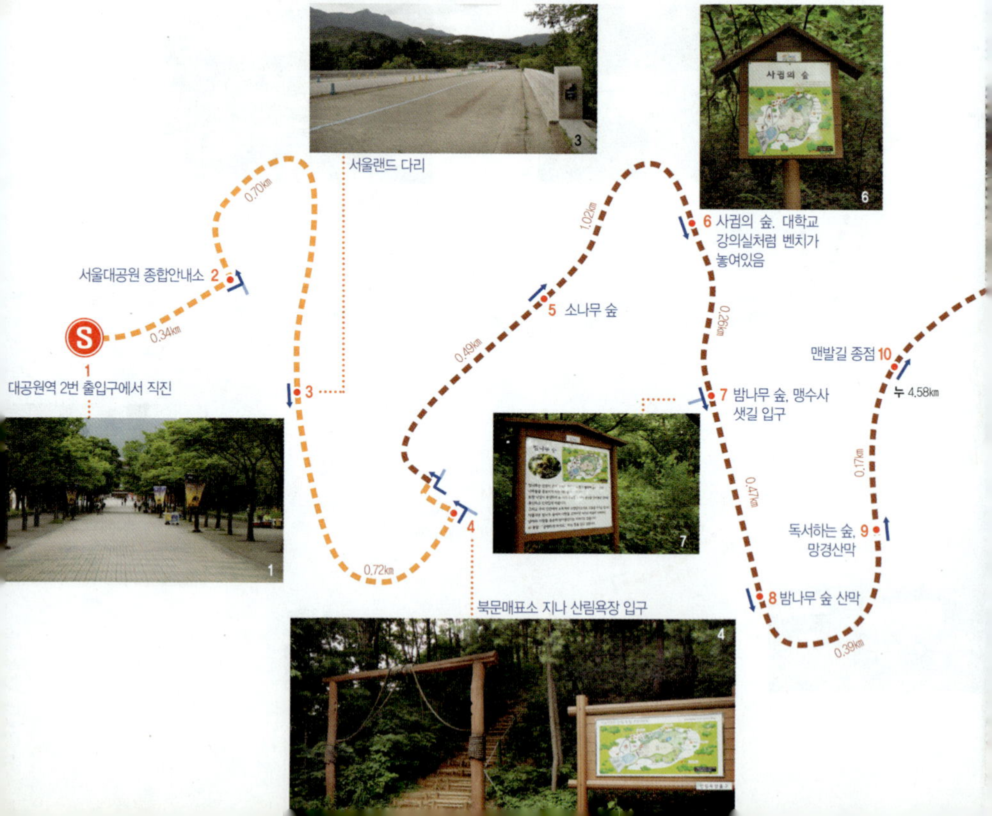

고도 그래프
- 1 대공원역
- 5 소나무 숲
- 9 독서하는 숲
- 16 얼음골 숲
- 24 대공원역

경로
- 서울랜드 다리 3
- 서울대공원 종합안내소 2
- S 대공원역 2번 출입구에서 직진 1
- 0.34km
- 0.70km
- 3
- 0.45km
- 1.02km
- 6 사귐의 숲. 대학교 강의실처럼 벤치가 놓여있음
- 5 소나무 숲
- 0.26km
- 4 북문매표소 지나 산림욕장 입구
- 0.72km
- 7 밤나무 숲. 맹수사 샛길 입구
- 맨발길 종점 10
- 누 4.58km
- 0.47km
- 0.77km
- 9 독서하는 숲. 망경산막
- 8 밤나무 숲 산막
- 0.39km

02 낙성대공원 · 관악산

낙성대역 ▶ 낙성대공원 ▶ 관악산 등산로 입구 ▶
상봉약수터 ▶ 원당시장 ▶ 낙성대역

- **걷는거리** : 총 6.0㎞
- **걷는시간** : 2시간~2시간 30분
- **난 이 도** : 무난해요
- **출 발 점** : 관악구 봉천6동 낙성대역 4번 출입구
- **종 착 점** : 관악구 봉천6동 낙성대역 1번 출입구
- **추천테마** : 숲, 사계절

▶ 강감찬 장군의 영정을 모신 안국사.
 '낙성대'라는 이름은 장군의 출생 설화에서 유래되었다.

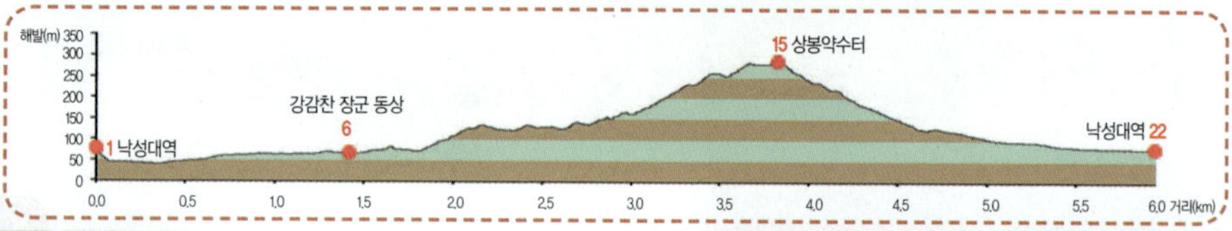

낙성대공원 입구 3
관악예절원
강감찬 장군 동상 6
홍살문 5
안국사 7
낙성대관리사무소 뒤 관악산 등산로 입구 8
낙성대 입구(세계복음선교교회 건물)에서 좌회전 2
낙성대역 4번 출입구로 나와 직진 1
Y자 삼거리 지나서 철망 통과 9
ㅏ자 삼거리에서 연주대 · 상봉약수터 방향으로 10

03 독립공원 · 안산

독립문역 ▶ 독립공원 ▶ 안산근린공원 ▶
봉수대 ▶ 서대문구청

- **걷는거리** : 총 5.4km
- **걷는시간** : 2시간~2시간 30분
- **난 이 도** : 무난해요
- **출 발 점** : 서대문구 현저동 독립문역 4번 출입구
- **종 착 점** : 서대문구 연희동 서대문구청 버스 정류장
- **추천테마** : 숲, 사계절

▶ 안산과 서대문구청 사이의 이면도로, 여느 숲 못지않게 가로수가 우거졌다.

18~19

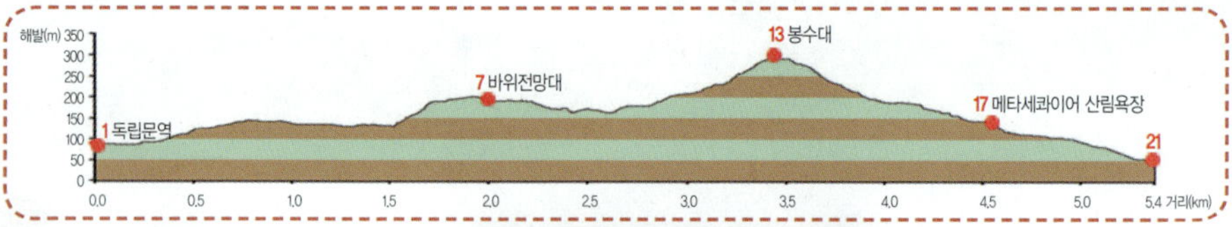

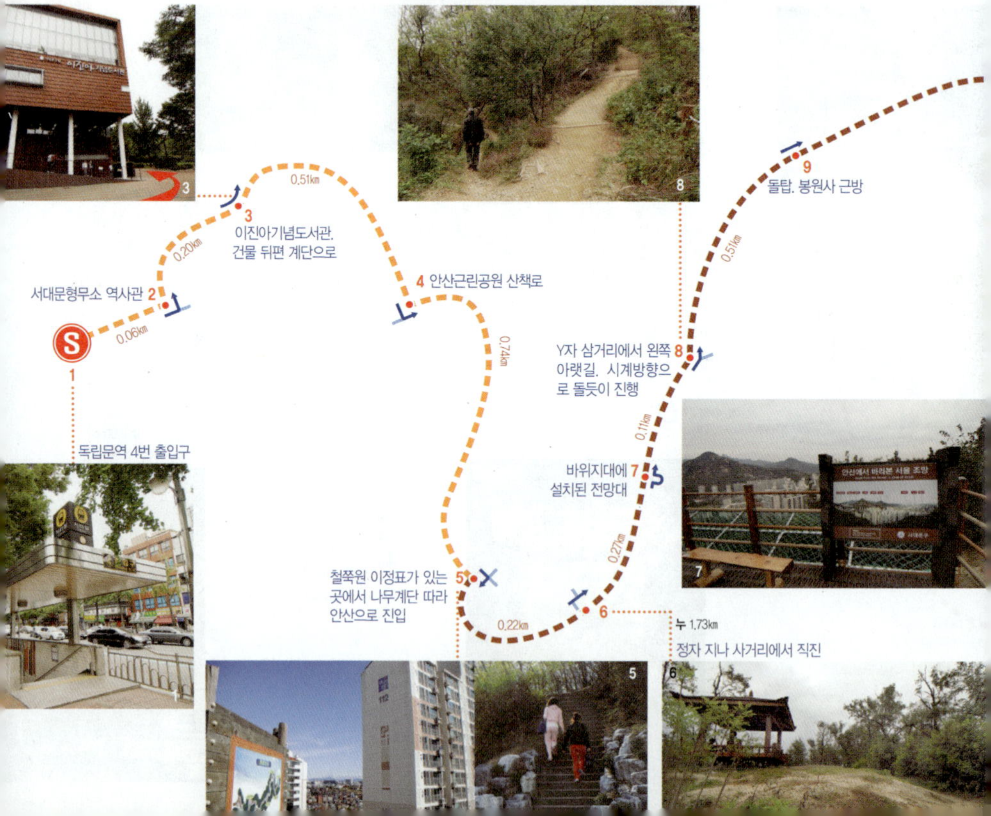

1 독립문역
7 바위전망대
13 봉수대
17 메타세콰이어 산림욕장
21

3 이진아기념도서관, 건물 뒤편 계단으로

2 서대문형무소 역사관

S 1 독립문역 4번 출입구

4 안산근린공원 산책로

5 철쭉원 이정표가 있는 곳에서 나무계단 따라 안산으로 진입

8 Y자 삼거리에서 왼쪽 아랫길, 시계방향으로 돌듯이 진행

7 바위지대에 설치된 전망대

9 돌탑, 봉원사 근방

6 누 1.73km 정자 지나 사거리에서 직진

04 뚝섬유원지 · 서울숲

뚝섬유원지역 ▶ 한강 ▶ 서울숲 ▶ 뚝섬역

- **걷는거리** ● 총 7.5km
- **걷는시간** ● 2시간 30분~3시간
- **난 이 도** ● 무난해요
- **출 발 점** ● 광진구 자양동 뚝섬유원지역 3번 출입구
- **종 착 점** ● 성동구 성수동 뚝섬역 8번 출입구
- **추천테마** ● 공원, 사계절

▶ 서울숲의 대표적인 이미지인 꽃사슴.

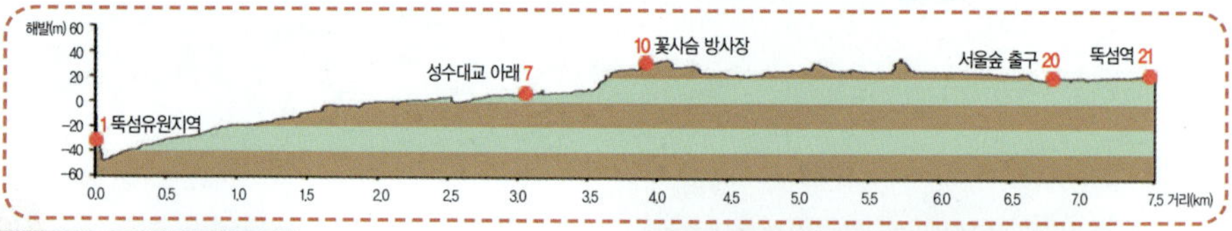

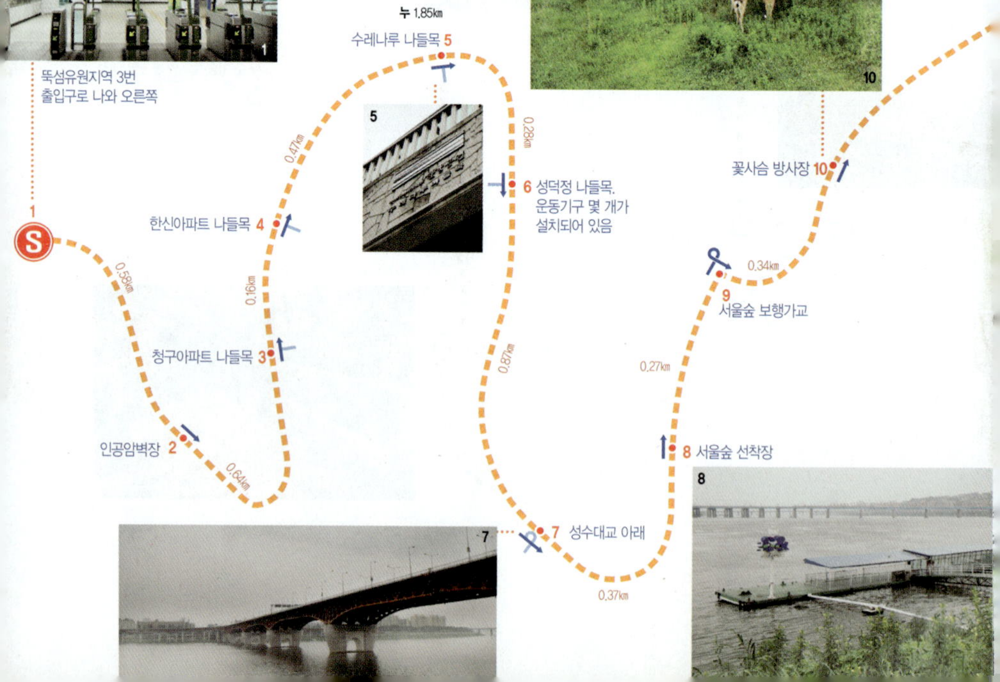

뚝섬유원지역 3번 출입구로 나와 오른쪽

누 1.85km
수레나루 나들목 5

한신아파트 나들목 4

5 성덕정 나들목.
운동기구 몇 개가
설치되어 있음

꽃사슴 방사장 10

서울숲 보행가교 9

청구아파트 나들목 3

서울숲 선착장 8

인공암벽장 2

7 성수대교 아래

05 망우리공원 사색의 길

망우리공원 입구 ▶ 관리사무소 ▶ 사색의 길 ▶
사각정 ▶ 관리사무소 ▶ 망우리공원 입구

걷는거리 ● 총 6.6km
걷는시간 ● 2시간
난 이 도 ● 쉬워요
출 발 점 ● 경기도 구리시 교문동 딸기원 버스정류장
종 착 점 ● 경기도 구리시 교문동 딸기원 버스정류장
추천테마 ● 역사문화 탐방, 숲, 사계절

▶ 망우리공원 산책은 충전의 시간이자 선입견을 벗는 시간이다.

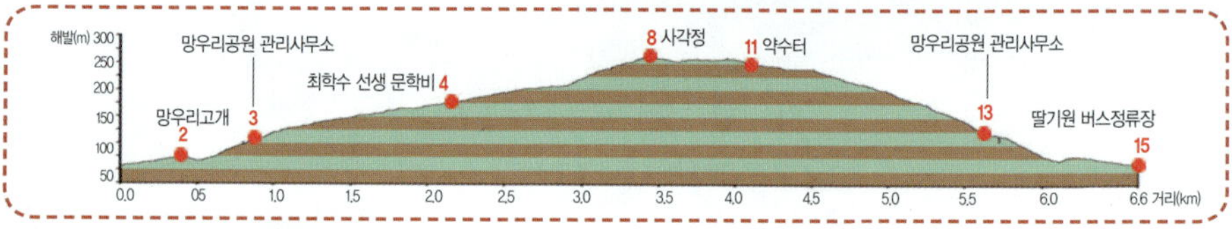

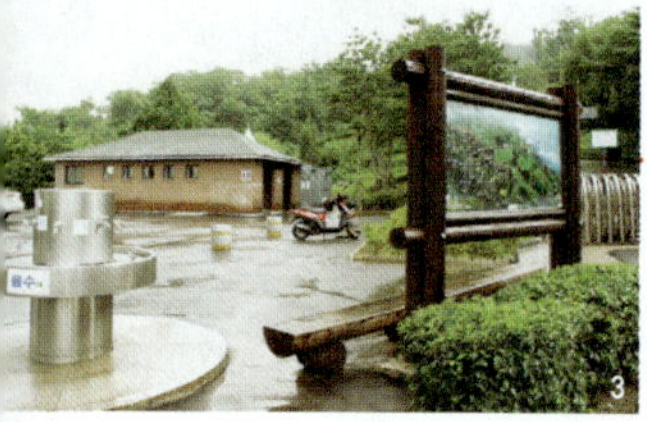

1 딸기원 정류장.
오른쪽 망우리고개 방향으로

2 서울과 구리 경계에 있는
해태상 지나 왼쪽 망우리
공원 사색의 길로 진입

3 망우리공원 관리사무소.
바로 나오는 삼거리에서
1시 방향 사색의 길로

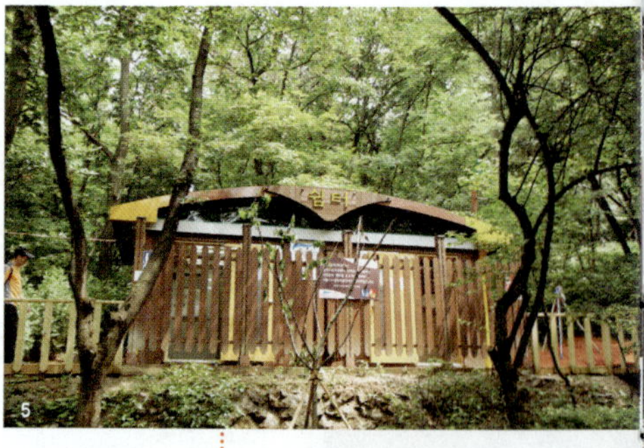

4 왼쪽 최학송 선생
문학비 위치

5 왼쪽 쉼터 화장실

6 직진하면 아차산·용
마산 가는 길.
왼쪽 망우리공원 관리
사무소 방향으로 진입

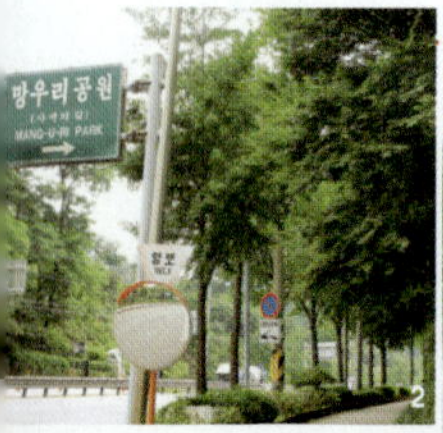

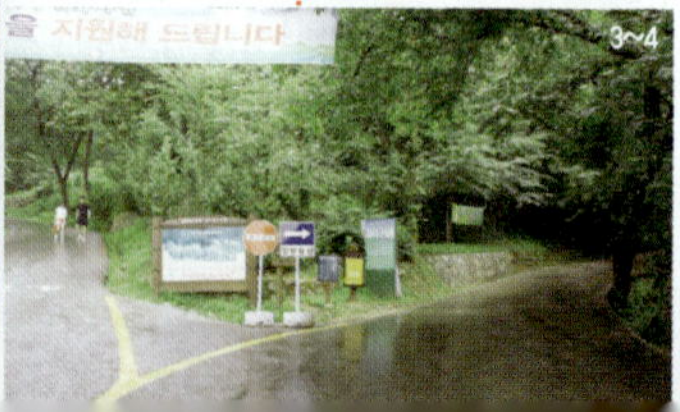

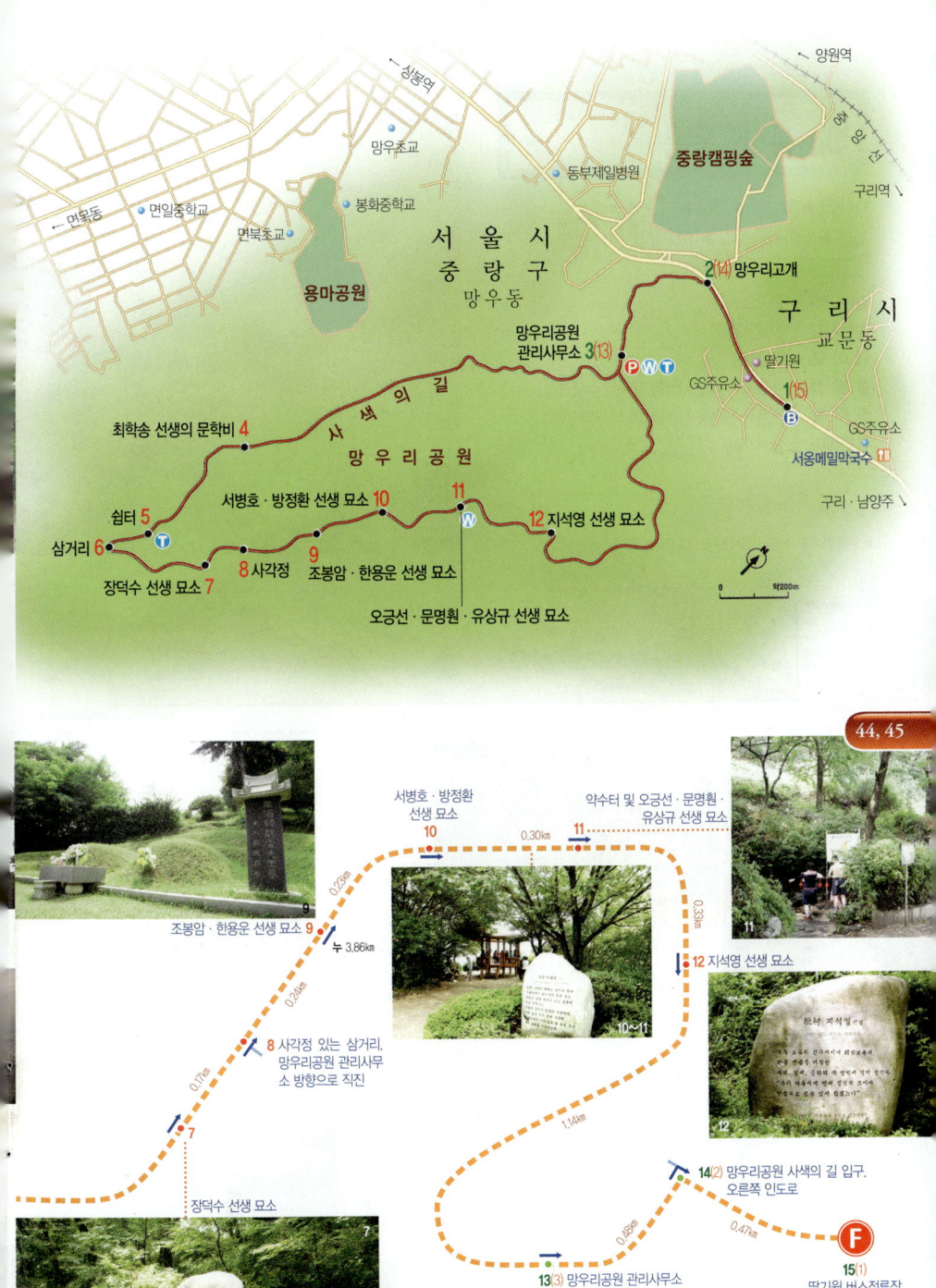

06 봉산~응봉

수색역 ▶ 수향정 ▶ 봉산 ▶ 벌고개 ▶
응봉 ▶ 방아다리꽃길 ▶ 구파발역

- **걷는거리**: 총 8.8km
- **걷는시간**: 3시간 30분
- **난 이 도**: 무난해요
- **출 발 점**: 은평구 수색동 지하철 경의선 수색역
- **종 착 점**: 은평구 진관동 지하철 3호선 구파발역
- **추천테마**: 숲, 사계절

▶ 응봉 정상을 지나면 고양시 일대가 발아래 펼쳐진다.

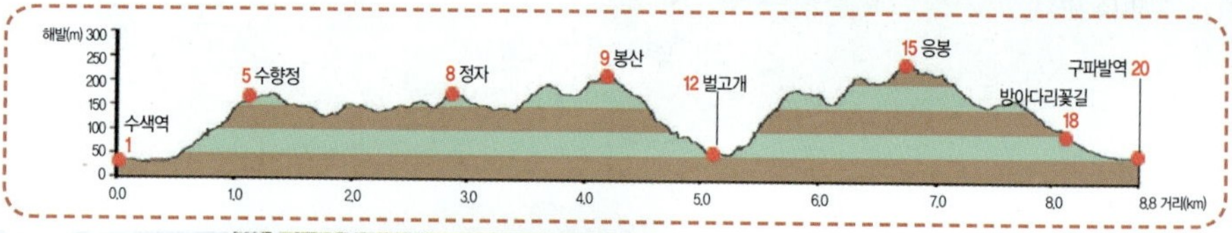

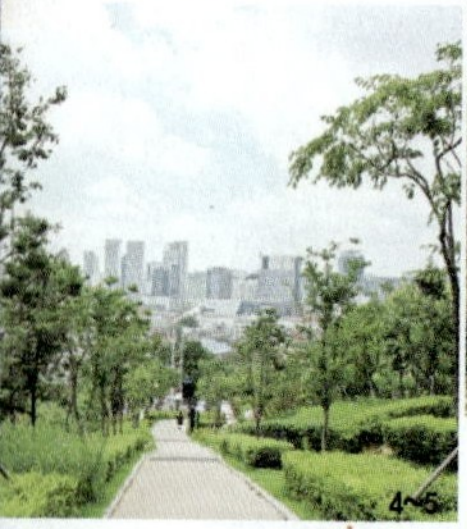

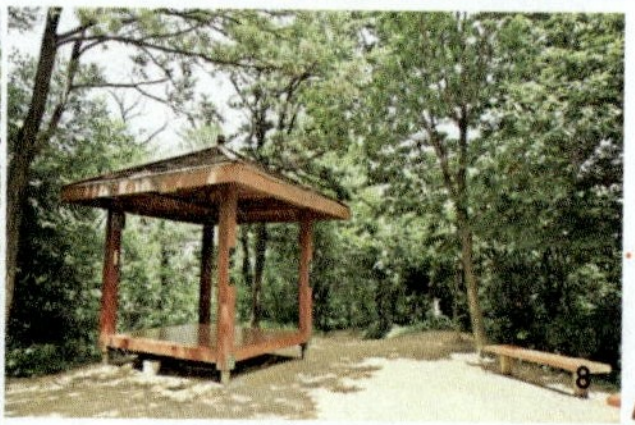

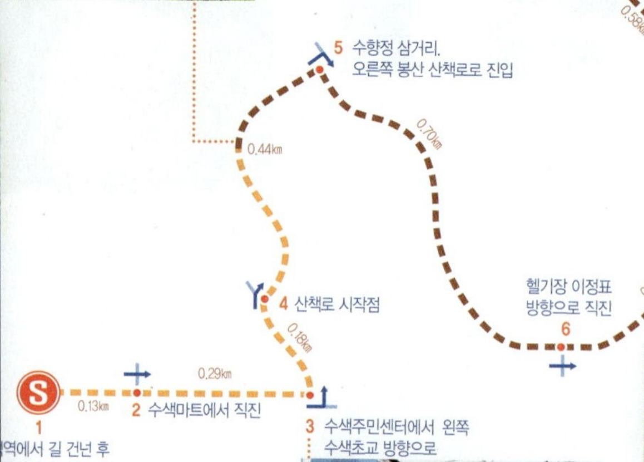

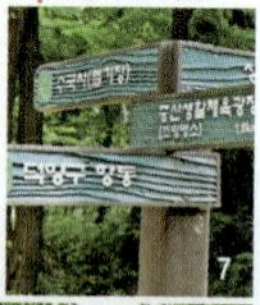

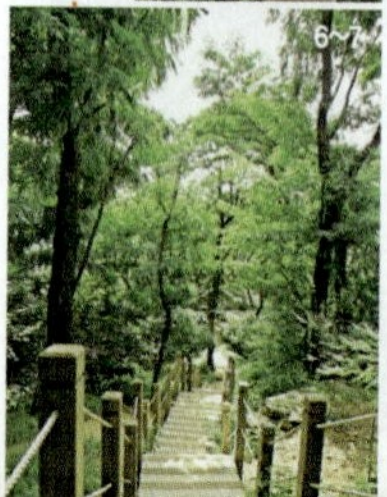

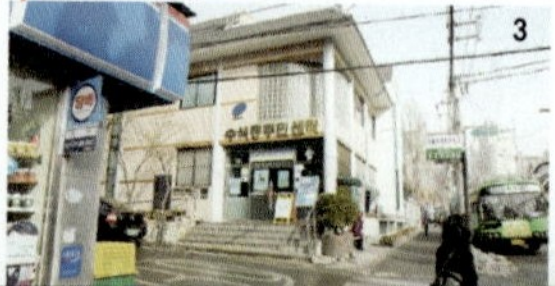

07 불암산 산책길

덕릉고개 ▶ 넓은마당공원 ▶ 건강산책로 ▶ 학도암 ▶ 제명호 ▶ 삼육대 정문

걷는거리 ● 총 7.6㎞
걷는시간 ● 2시간~2시간 30분
난 이 도 ● 무난해요
출 발 점 ● 노원구 상계동 덕릉고개 버스정류장
종 착 점 ● 노원구 공릉동 삼육대학교 정문 버스정류장
추천테마 ● 숲, 사계절

5

▶ 불암산 자락을 걸으며 바라본 수락산 전경.

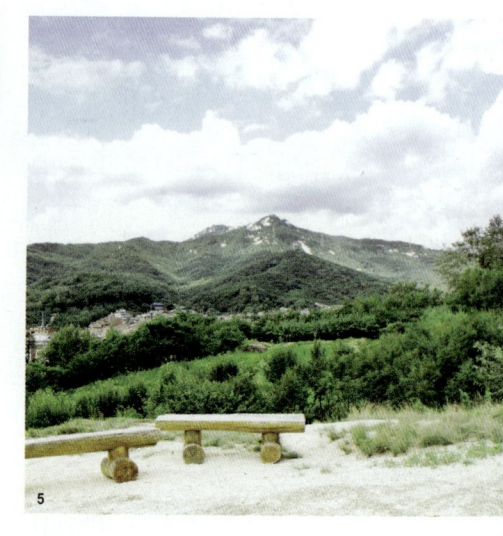

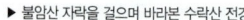

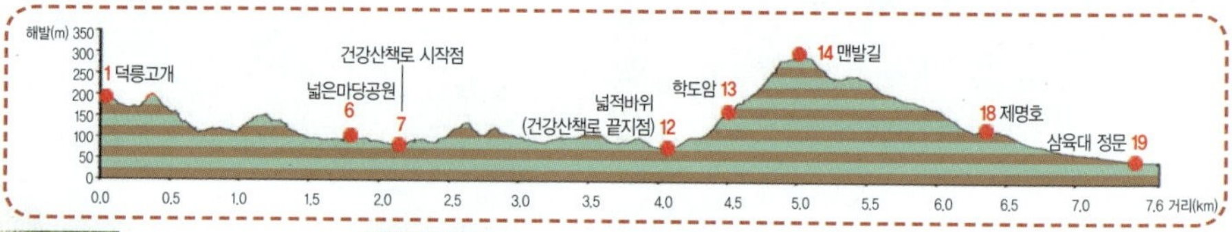

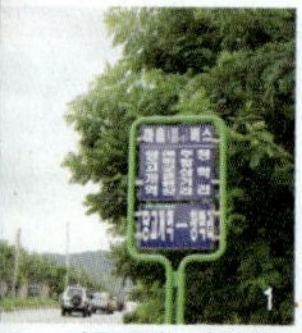

해발(m)
350
300
250
200
150
100
50
0
1 덕릉고개
넓은마당공원
6
건강산책로 시작점
7
넓적바위
(건강산책로 끝지점) 12
학도암 13
14 맨발길
18 제명호
삼육대 정문 19
0.0
0.5
1.0
1.5
2.0
2.5
3.0
3.5
4.0
4.5
5.0
5.5
6.0
6.5
7.0
7.6 거리(km)

1

7

1
S
덕릉고개. 버스정류장 옆 오솔길로 진입
0.40㎞
2 나무데크 전망대
0.54㎞
삼거리에서 왼쪽으로 3
0.40㎞
4 화엄사에서 마을 뒷길 따라 진행
0.38㎞
5 현대아파트 앞 오거리에서 직진
누 1.72 ㎞
0.12㎞
6 넓은마당공원
0.26㎞
7 덕암초교 뒤 건강산책로 시작점
0.28㎞
생성약수터 8
0.25㎞
재현중학교 이정표 방향 9 으로 직진
0.11㎞
10 양지초소 이정표 방향으로 진행
0.84㎞

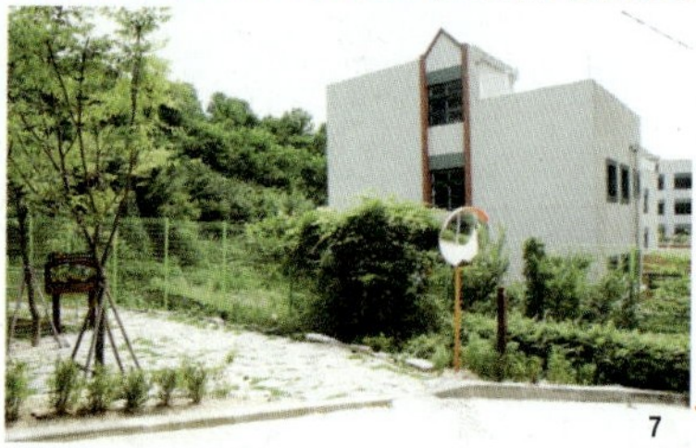

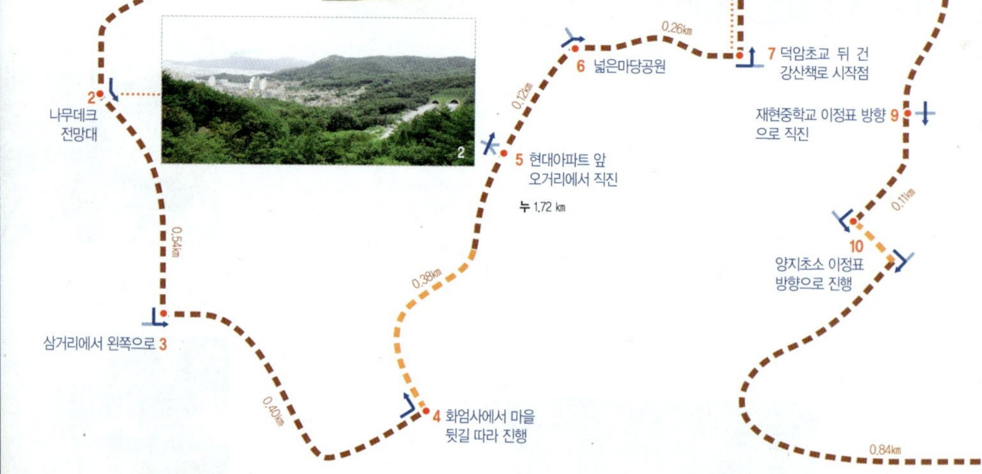

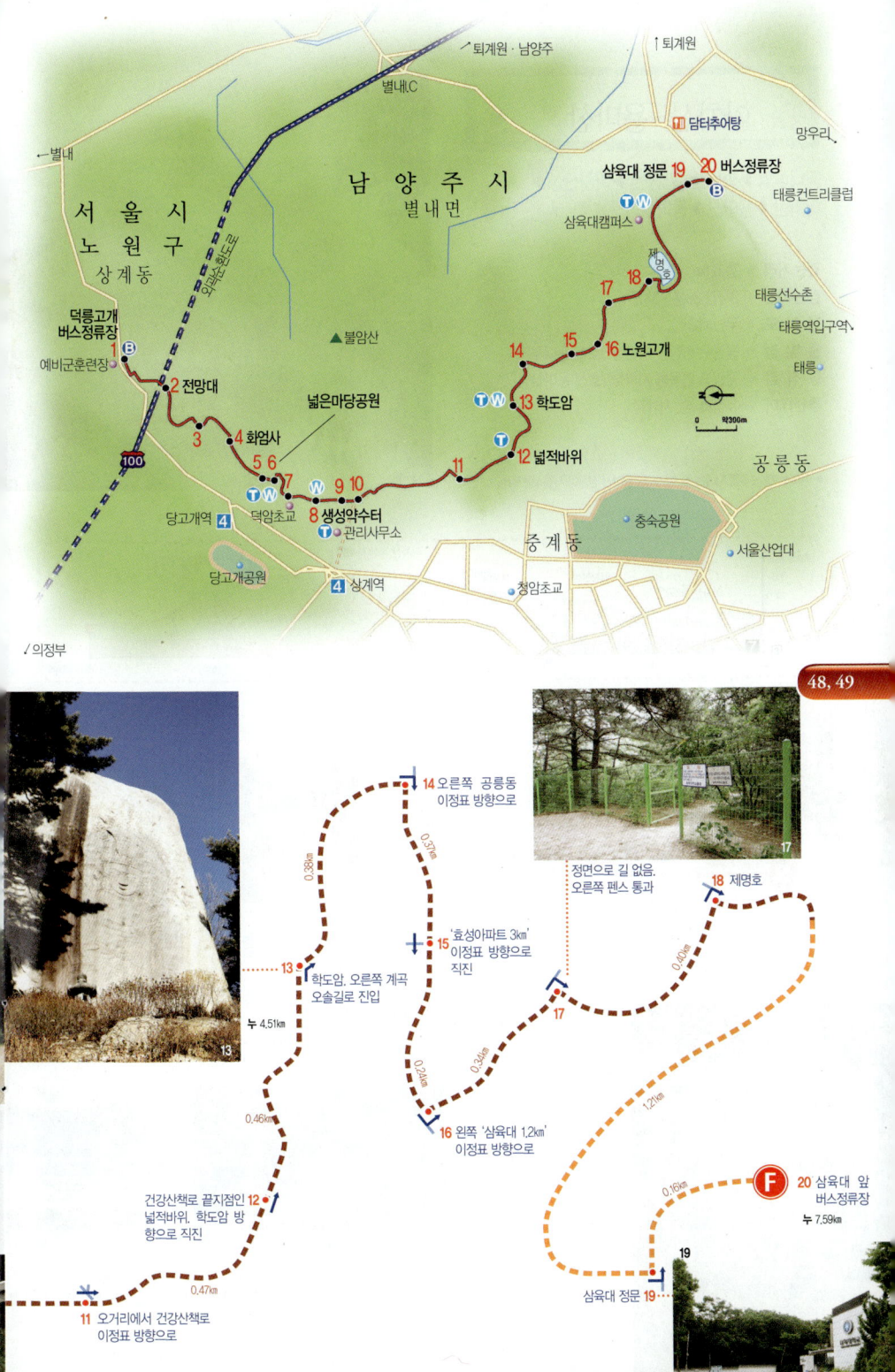

08 아차산~용마산

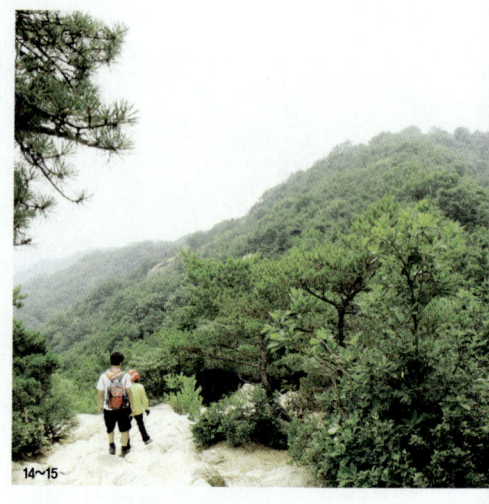

광나루역 ▶ 아차산생태공원 ▶ 아차산성 ▶ 아차산 ▶ 용마산 ▶ 용마산역

걷는거리 ● 총 6.1㎞
걷는시간 ● 2시간 30분~3시간
난 이 도 ● 무난해요
출 발 점 ● 광진구 광장동 지하철 5호선 광나루역
종 착 점 ● 중랑구 면목동 지하철 7호선 용마산역
추천테마 ● 유적지, 숲, 사계절

14~15

▶ 용마산 제4보루를 지나는 길. 정면으로 용마산 정상이 시원스럽게 바라보인다.

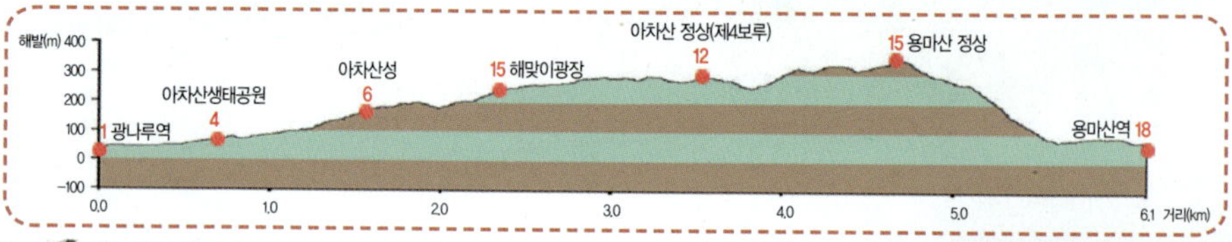

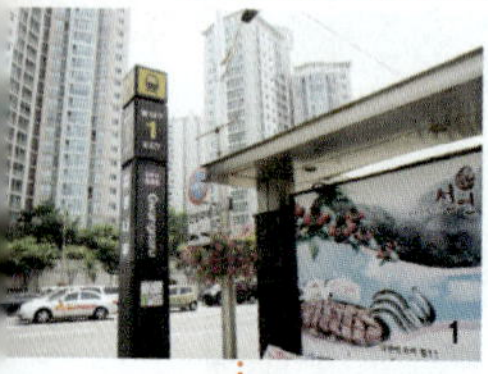

1 광나루역 1번 출구, 광장중학교 방향으로

0.28㎞

2 광장중학교 뒤 광장초교 지나 골목길로 진입

0.24㎞

3 아차산 생태관찰로 시작점

0.23㎞

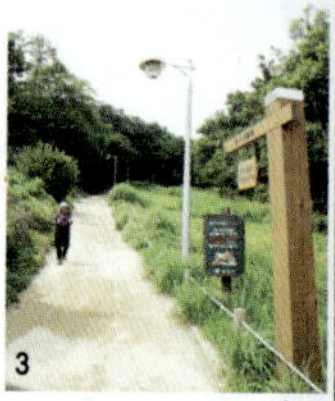

3

4 사거리에서 길 건너 아차산생태공원으로 진입

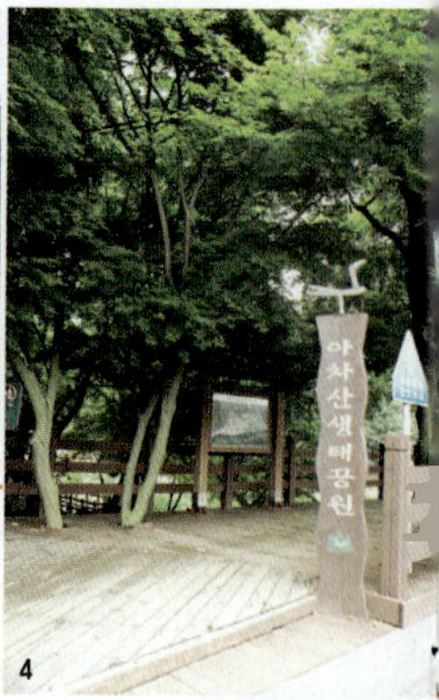

4

0.45㎞

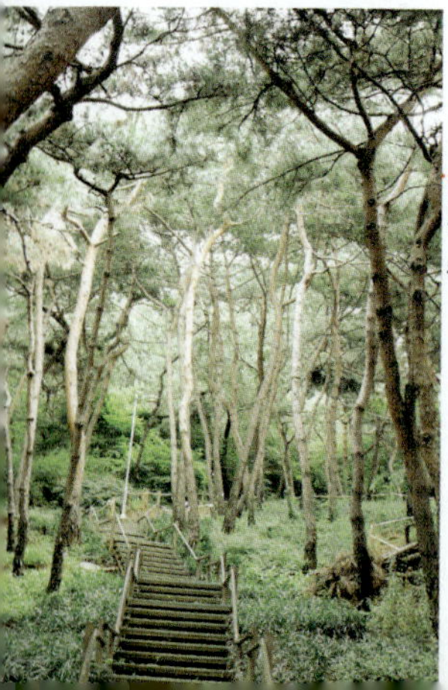

5 낙타고개 방향 소나무 숲길로 직진

누 1.20㎞

0.44㎞

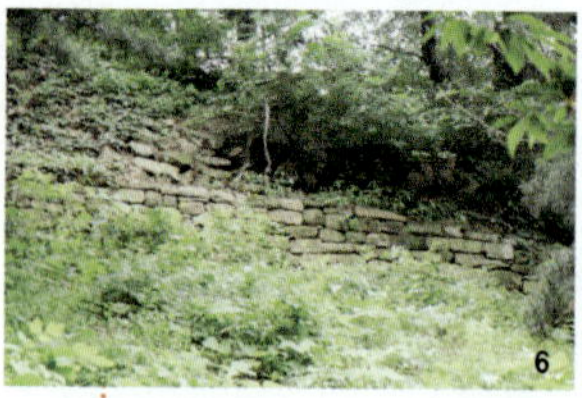

6

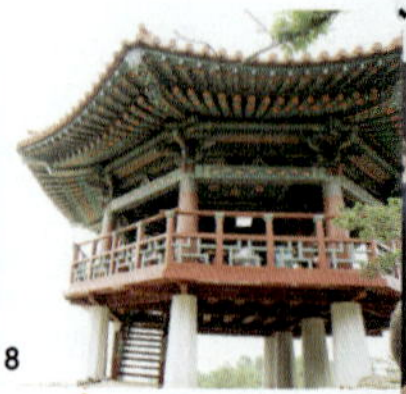

8

6 아차산성

0.33㎞

7 낙타고개 사거리

0.17㎞

8 고구려정

0.19㎞

09 어린이대공원

정문 ▶생태연못 ▶동물원 ▶팔각당 ▶ 들꽃향기쉼터 ▶후문 은행나무길 ▶정문

걷는거리 ● 총 3.3㎞
걷는시간 ● 1시간 30분~2시간
난 이 도 ● 쉬워요
출 발 점 ● 광진구 능동 지하철 7호선 어린이대공원역
종 착 점 ● 광진구 능동 지하철 7호선 어린이대공원역
추천테마 ● 테마공원, 숲, 사계절

▶ 물레방아, 분수대 등으로 운치 있게 꾸며 놓은 환경연못은 사진촬영장소로 인기다.

2~3

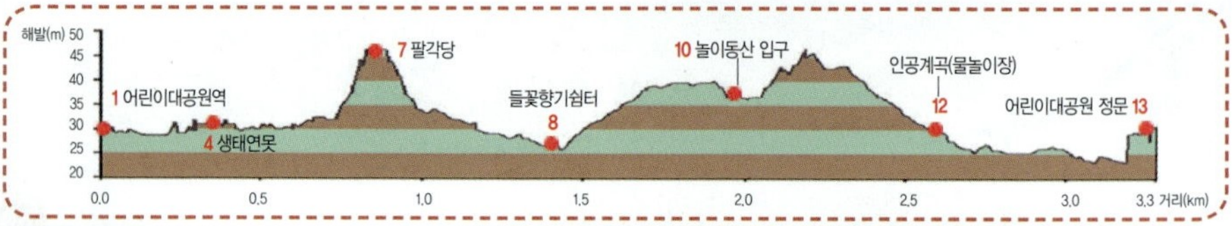

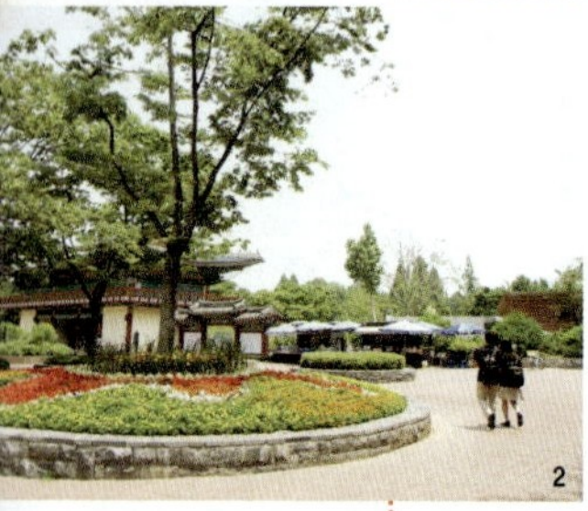

2

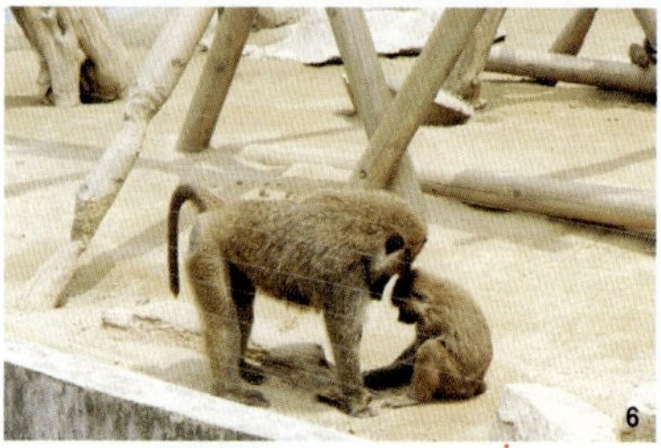

6

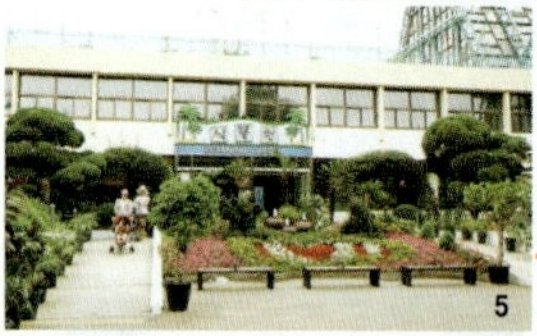

5

S
1
어린이대공원역 1번 출구
0.09㎞
2 어린이대공원 정문
0.20㎞
3 분수대 앞 삼거리,
팔각당, 동물원 방향으로
0.12㎞
4 생태연못
0.12㎞
5 식물원
0.14㎞
동물원 안으로 진입 6
누 0.66㎞
0.15㎞
7
팔각당 지나서
왼쪽 정문 방향으로

1

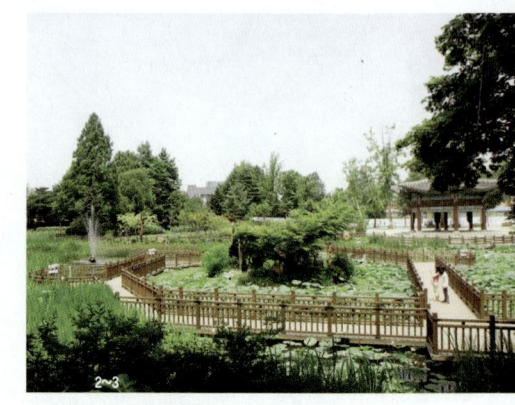

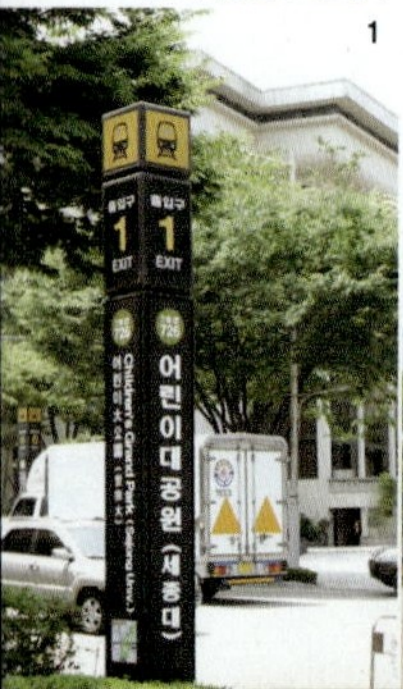

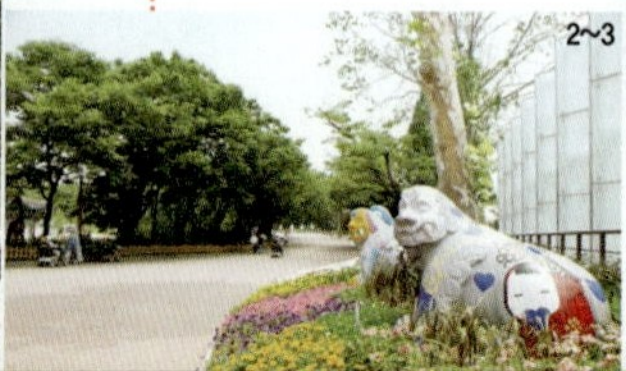

2~3

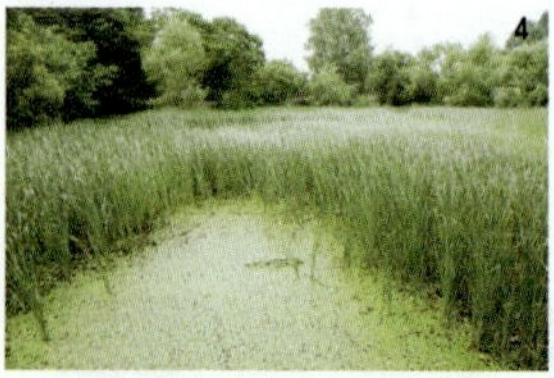

4

7

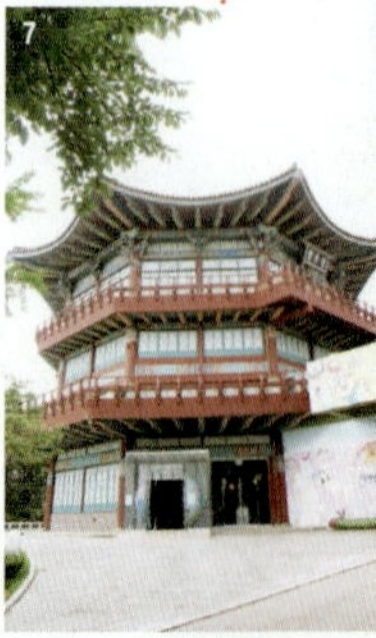

10 월드컵공원

월드컵경기장역 ▶ 평화의 공원 ▶ 난지천공원 ▶
노을공원 ▶ 하늘공원 ▶ 월드컵경기장역

- **걷는거리** ● 총 12km
- **걷는시간** ● 4시간~4시간 30분
- **난 이 도** ● 무난해요
- **출 발 점** ● 마포구 성산동 월드컵경기장역 1번 출입구
- **종 착 점** ● 마포구 성산동 월드컵경기장역 1번 출입구
- **추천테마** ● 공원, 숲, 사계절

▶ 하늘공원의 억새 산책로.

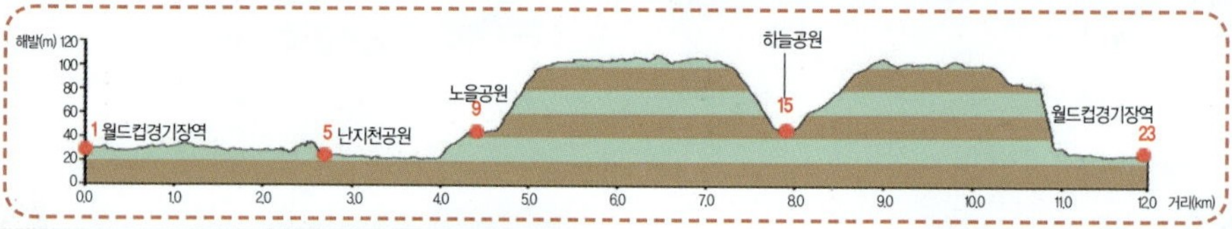

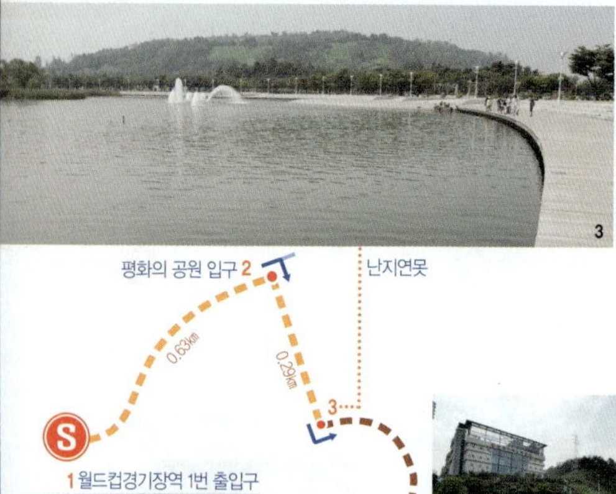

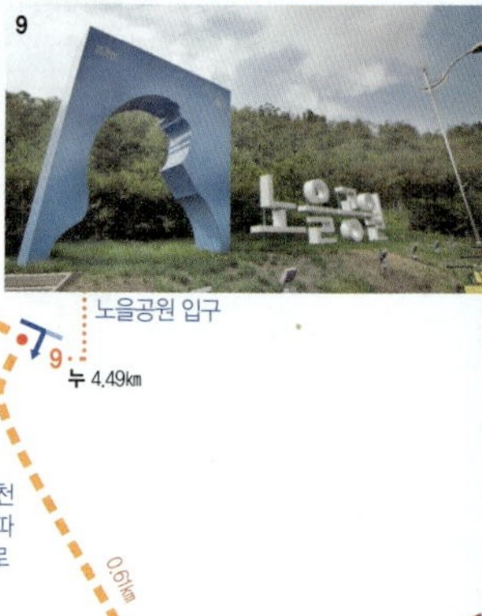

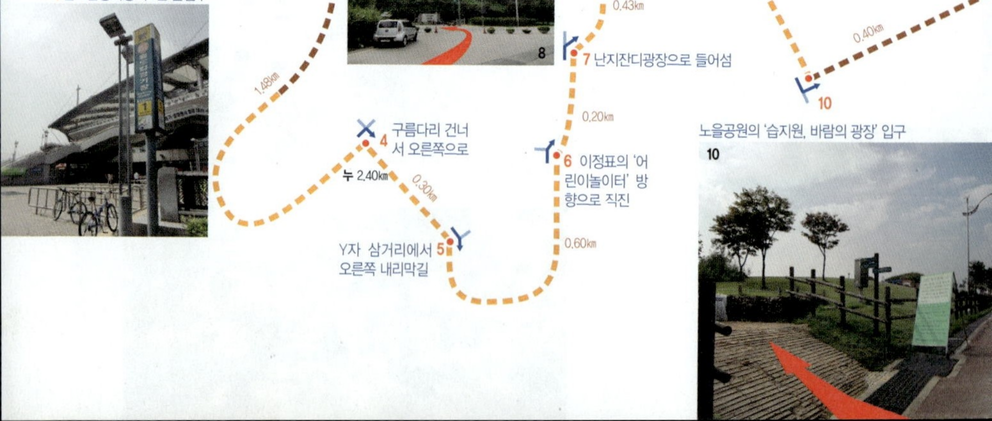

1 월드컵경기장역 / 5 난지천공원 / 9 노을공원 / 15 하늘공원 / 23 월드컵경기장역

3 난지연못

2 평화의 공원 입구

S 1 월드컵경기장역 1번 출입구

4 구름다리 건너서 오른쪽으로
누 2.40km

5 Y자 삼거리에서 오른쪽 내리막길

6 이정표의 '어린이놀이터' 방향으로 직진

7 난지잔디광장으로 들어섬

8 초소가 있는 난지천공원 출구. 찻길 따라 왼쪽 오르막으로

9 노을공원 입구
누 4.49km

10 노을공원의 '습지원, 바람의 광장' 입구

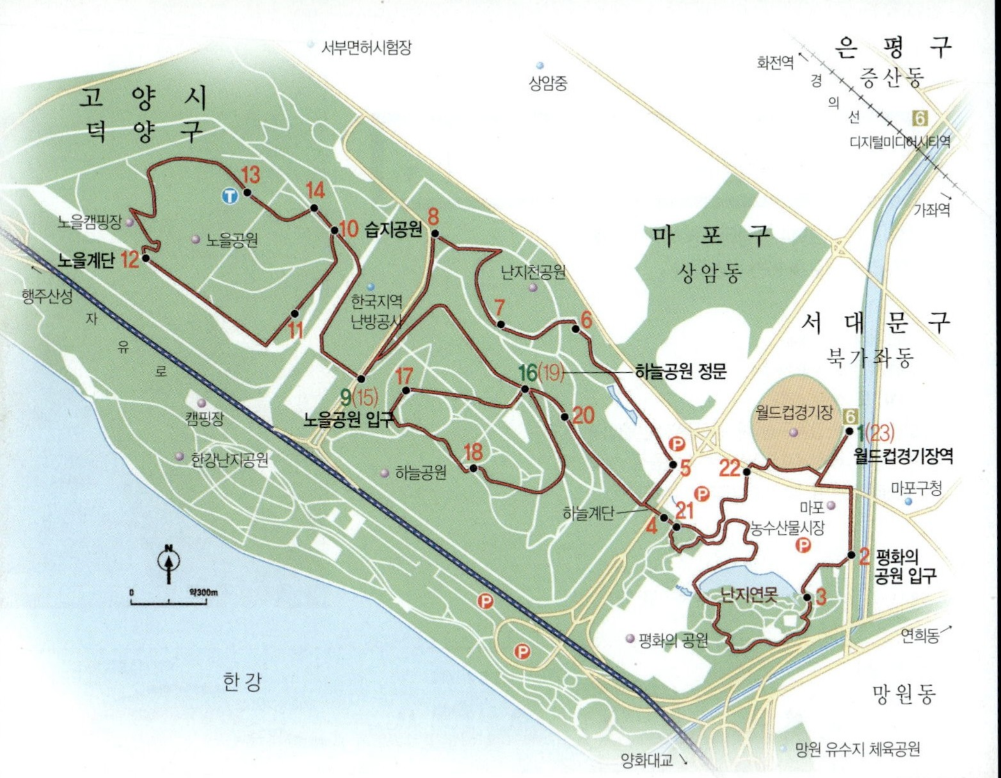
서부면허시험장
상암중
은 평 구
증산동
화전역
경의선
디지털미디어시티역
가좌역
고 양 시
덕 양 구
노을캠핑장
노을공원
노을계단 12
13
14
10 습지공원
8
11
행주산성
자유로
한국지역
난방공사
난지천공원
7
6
마 포 구
상암동
서 대 문 구
북가좌동
하늘공원 정문
16(19)
9(15)
노을공원 입구
17
20
캠핑장
한강난지공원
하늘공원
18
5
월드컵경기장
1(23)
월드컵경기장역
22
마포구청
마포
농수산물시장
하늘계단
21
4
2 평화의 공원 입구
난지연못
3
평화의 공원
연희동
약300m
한강
망원동
양화대교
망원 유수지 체육공원

54, 55

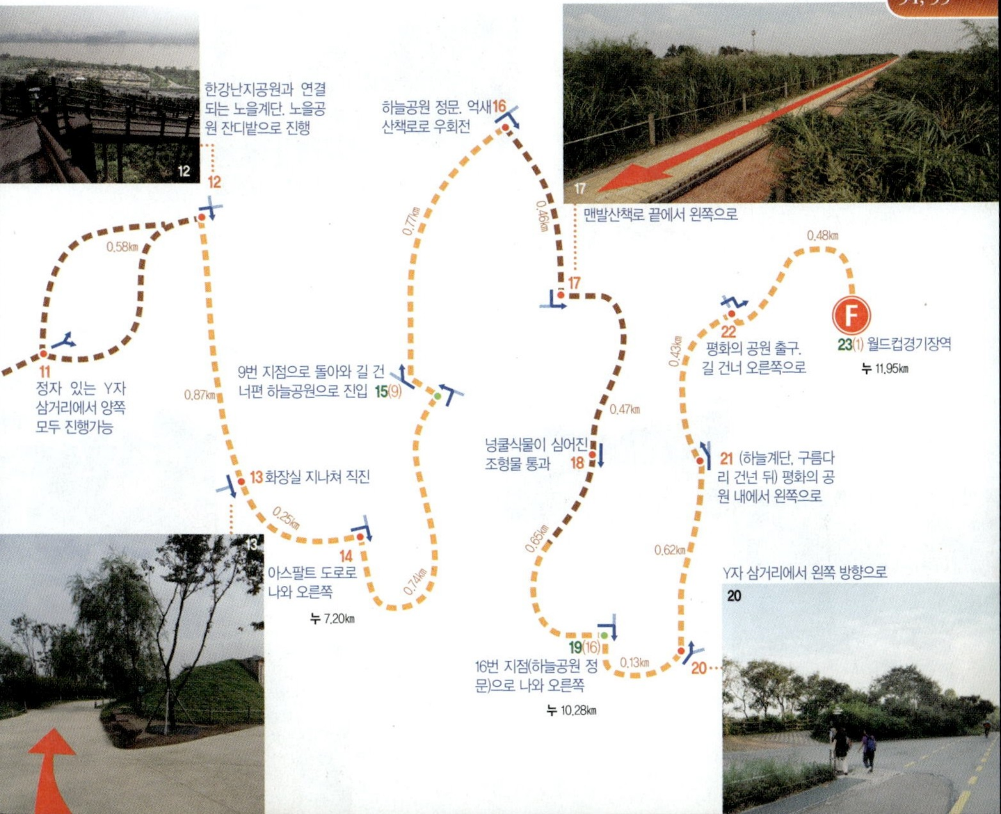
한강난지공원과 연결되는 노을계단. 노을공원 잔디밭으로 진행
12
0.58㎞
11
정자 있는 Y자 삼거리에서 양쪽 모두 진행가능
0.87㎞
13 화장실 지나쳐 직진
0.25㎞
14
아스팔트 도로로 나와 오른쪽
누 7.20㎞
0.74㎞
9번 지점으로 돌아와 길 건너편 하늘공원으로 진입 15(9)
0.77㎞
하늘공원 정문. 억새 산책로로 우회전 16
0.46㎞
17
맨발산책로 끝에서 왼쪽으로
0.47㎞
넝쿨식물이 심어진 조형물 통과 18
0.65㎞
19(16)
16번 지점(하늘공원 정문)으로 나와 오른쪽
누 10.28㎞
0.13㎞
20
Y자 삼거리에서 왼쪽 방향으로
0.62㎞
21 (하늘계단, 구름다리 건넌 뒤) 평화의 공원 내에서 왼쪽으로
0.43㎞
22
평화의 공원 출구. 길 건너 오른쪽으로
0.48㎞
F
23(1) 월드컵경기장역
누 11.95㎞

01 고덕수변생태복원지 · 미사리

상일동역 ▶고덕수변생태복원지 ▶한강 ▶ 미사리 산책로 ▶16번 버스종점

걷는거리 ● 9.5㎞
걷는시간 ● 3시간~3시간 30분
난 이 도 ● 무난해요
출 발 점 ● 강동구 상일동 상일동역 3번 출입구
종 착 점 ● 하남시 미사동 16번 버스종점
추천테마 ● 강, 봄, 가을, 겨울

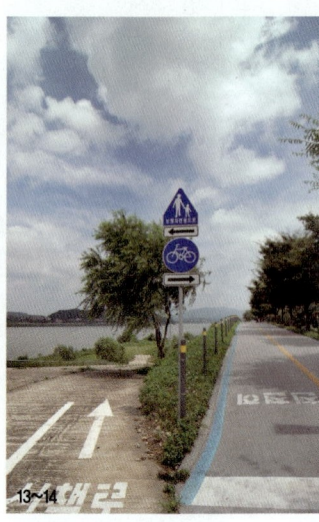

13~14

▶ 미사리 가는 길. 전용산책로와 자전거도로가 나뉜 구간이 있다.

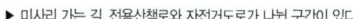

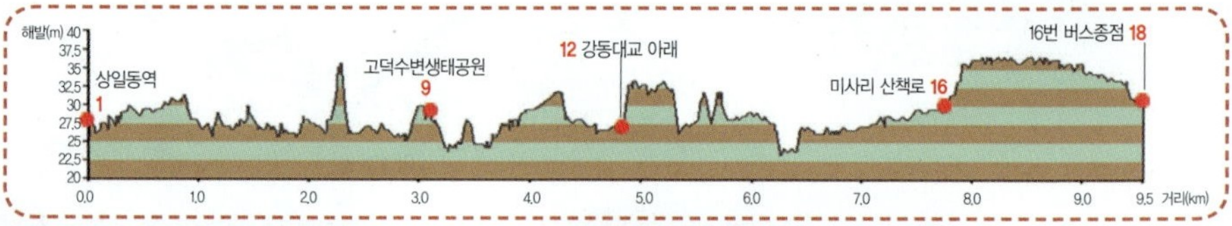
해발(m) 40
37.5
35
32.5
30
27.5
25
22.5
20
1 상일동역
9 고덕수변생태공원
12 강동대교 아래
16 미사리 산책로
16번 버스종점 18
0.0 1.0 2.0 3.0 4.0 5.0 6.0 7.0 8.0 9.0 9.5 거리(km)

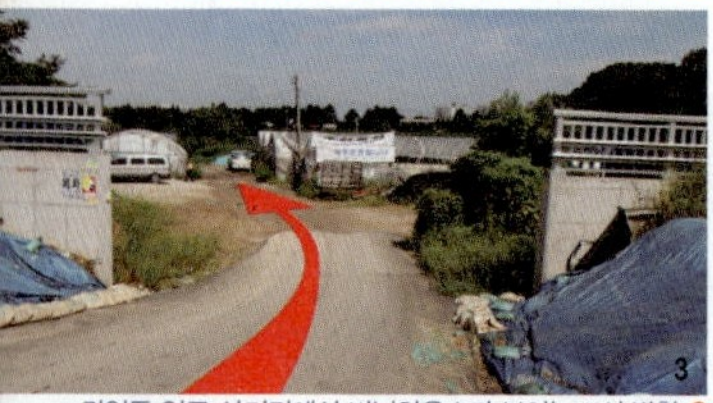
3

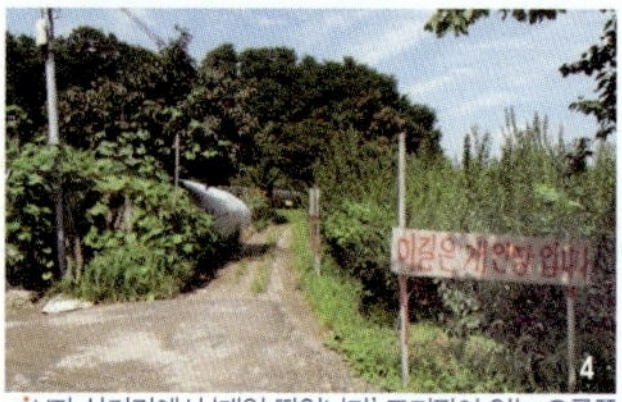
이길은 개인땅 입니다
4

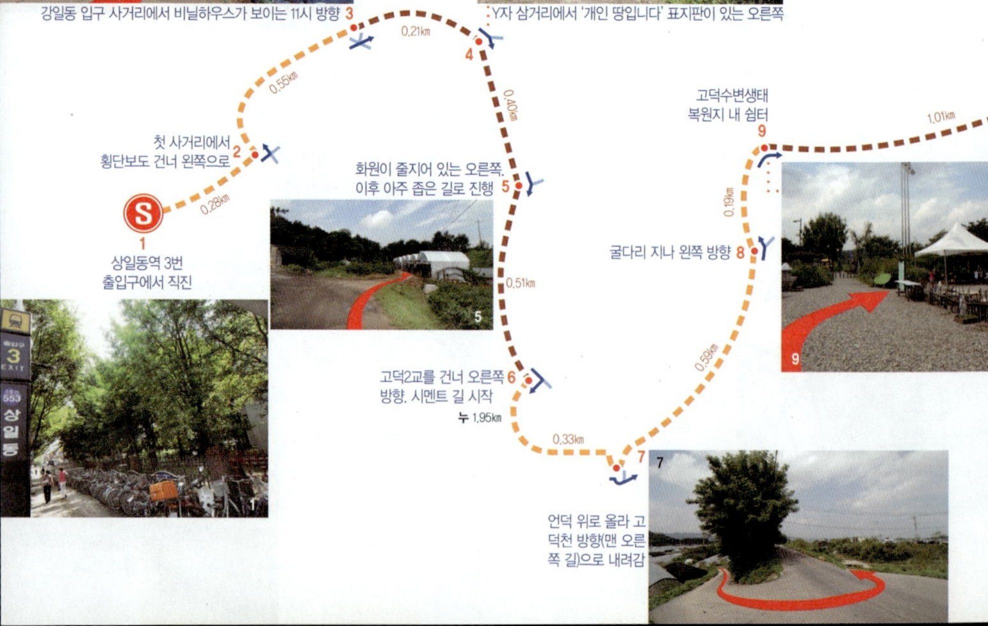
강일동 입구 사거리에서 비닐하우스가 보이는 11시 방향 3
0.21㎞
Y자 삼거리에서 '개인 땅입니다' 표지판이 있는 오른쪽
4
0.55㎞
0.40㎞
첫 사거리에서 횡단보도 건너 왼쪽으로 2
화원이 줄지어 있는 오른쪽. 이후 아주 좁은 길로 진행 5
S
0.28㎞
1
상일동역 3번 출입구에서 직진
5
0.51㎞
3
상일동
1
고덕수변생태 복원지 내 쉼터
9
1.01㎞
0.19㎞
굴다리 지나 왼쪽 방향 8
9
0.59㎞
고덕2교를 건너 오른쪽 6 방향. 시멘트 길 시작
누 1.95㎞
0.33㎞
7
7
언덕 위로 올라 고 덕천 방향(맨 오른 쪽 길)으로 내려감

02 양재천·탄천

매봉역 ▶ 양재천 ▶ 탄천 ▶ 수서역

- **걷는거리** ● 총 8.4km
- **걷는시간** ● 3시간~3시간 30분
- **난 이 도** ● 무난해요
- **출 발 점** ● 강남구 도곡동 매봉역 4번 출입구
- **종 착 점** ● 강남구 수서동 수서역 5번 출입구
- **추천테마** ● 하천, 봄, 가을, 겨울

▶ 양재천에 놓인 징검다리. 기능면에서나 시각적으로나 나무랄 데 없다.

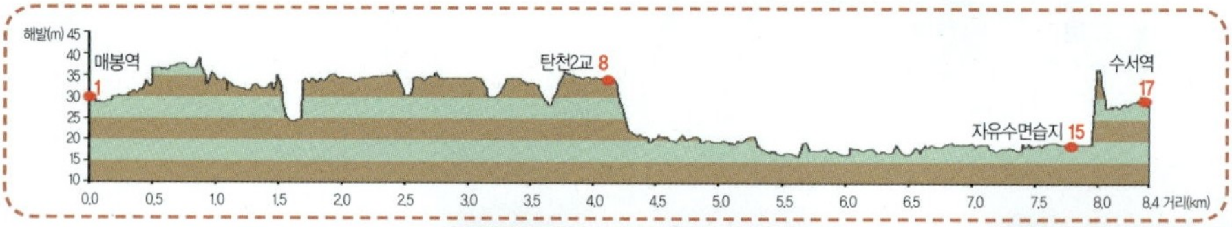

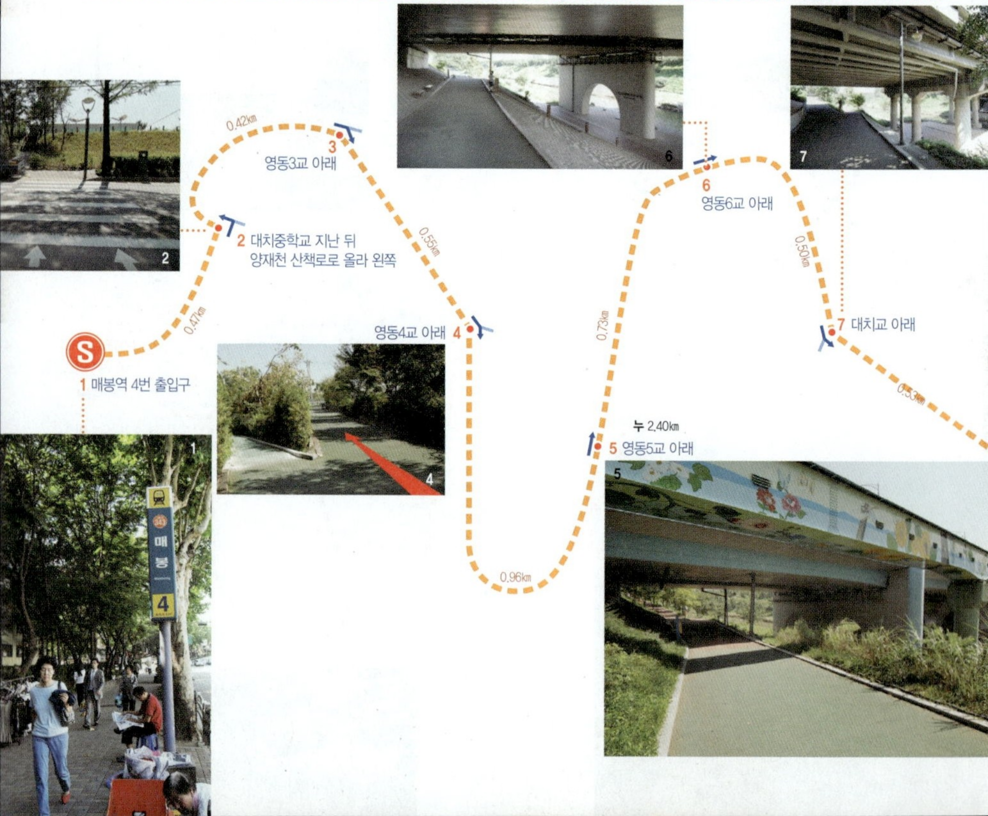

03 중랑천

도봉역 ▶ 상계교 ▶ 창동교 ▶ 녹천교 ▶
월계1교 ▶ 한천교 ▶ 공릉역

- **걷는거리** ● 총 7.8km
- **걷는시간** ● 2시간
- **난 이 도** ● 무난해요
- **출 발 점** ● 도봉구 도봉동 지하철 1호선 도봉역
- **종 착 점** ● 노원구 공릉동 지하철 7호선 공릉역
- **추천테마** ● 물길, 숲, 사계절

▶ 노원교~상계교 사이에 있는 자연학습장에 칸나가 화사하게 피었다.

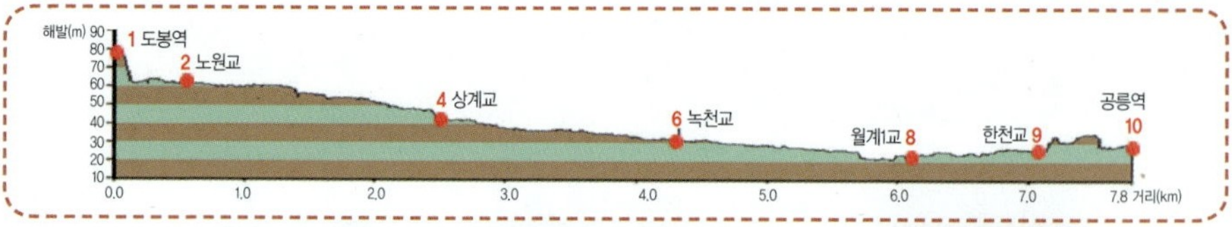

지하철 1호선 도봉역 1번 출구에서 오른쪽 중랑천 방향으로

2 노원교에서 오른쪽 산책길로 진입

3 흙길 끝나는 삼거리

4 상계교에서 중랑천 산책로로 진입

04 한강 청담대교~광진교 수변길

뚝섬유원지역 ▶음악분수대 ▶잠실대교 ▶올림픽대교 ▶천호대교 ▶광진교 ▶천호역

걷는거리 ● 총 6.9㎞
걷는시간 ● 2시간 30분
난 이 도 ● 무난해요
출 발 점 ● 광진구 자양동 지하철 7호선 뚝섬유원지역
종 착 점 ● 강동구 천호동 지하철 5호선 천호역
추천테마 ● 물길, 숲, 봄, 가을

6~7

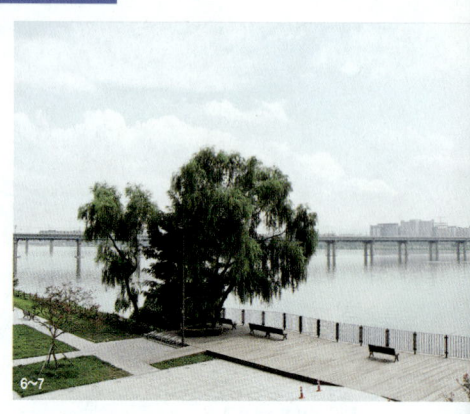

▶ 수양버들 그늘 아래 잠시 쉬었다 가기 좋은 쉼터.

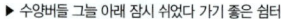

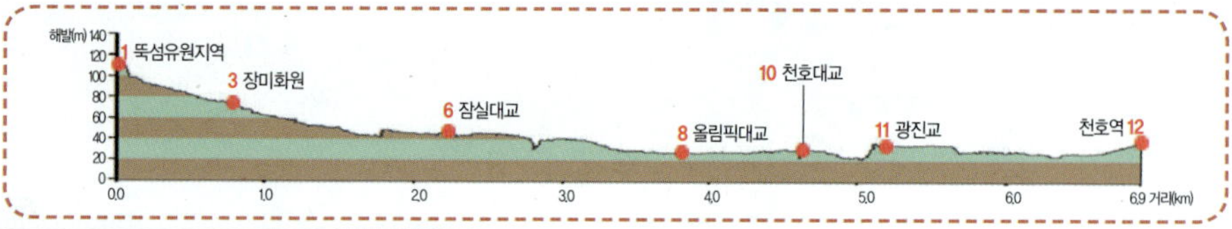

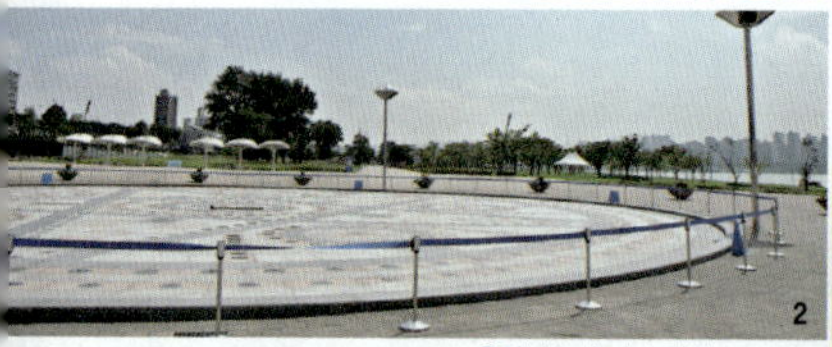

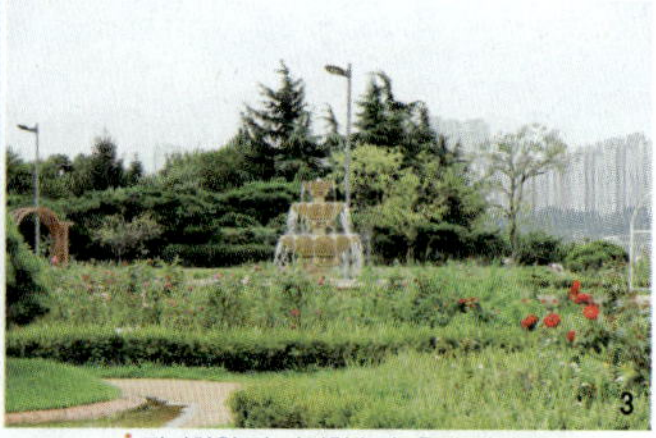

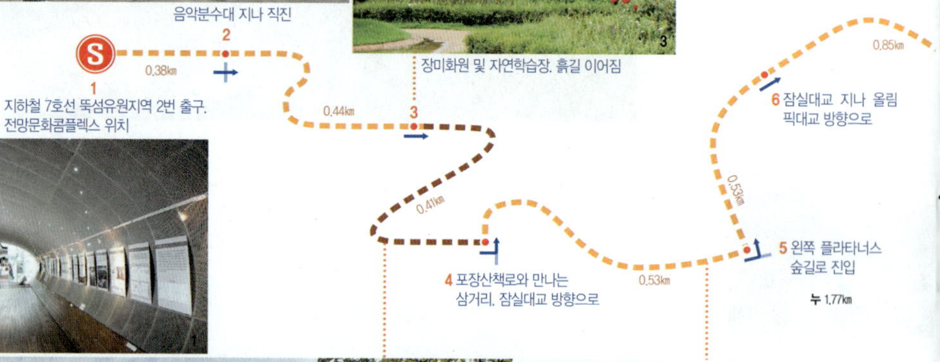

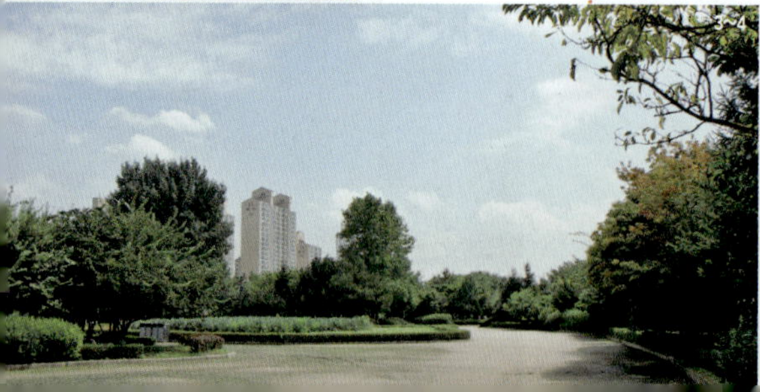

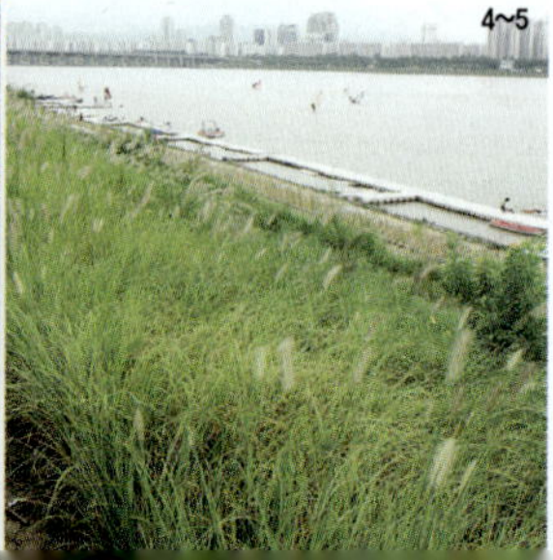

해발(m)
140
120
100
80
60
40
20
0
1 뚝섬유원지역
3 장미화원
6 잠실대교
8 올림픽대교
10 천호대교
11 광진교
천호역 12
0.0
1.0
2.0
3.0
4.0
5.0
6.0
6.9 거리(km)

2

3

음악분수대 지나 직진
S
2
0.38㎞
1
지하철 7호선 뚝섬유원지역 2번 출구.
전망문화콤플렉스 위치
0.44㎞
3
장미화원 및 자연학습장. 흙길 이어짐
0.41㎞
4 포장산책로와 만나는
삼거리. 잠실대교 방향으로
0.53㎞
5 왼쪽 플라타너스
숲길로 진입
누 1.77㎞
0.53㎞
6 잠실대교 지나 올림
픽대교 방향으로
0.85㎞

1

3~4

4~5

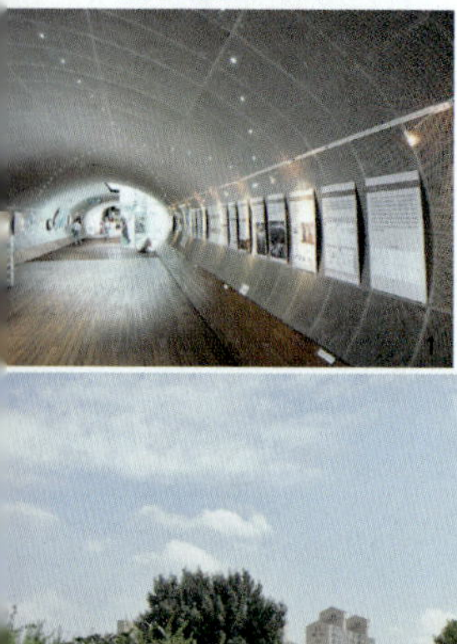

코스 가이드북
〈서울성곽길 · 북한산둘레길〉 별책부록/휴대용

지은이 편집부
펴낸이 정규도
펴낸곳 황금시간

초판발행 2010년 11월 10일
초판2쇄발행 2011년 11월 10일

편집 권명희 노진수 정규찬 김성중
디자인 이상준 김광규 김현숙

공급처 (주)다락원 (02)736-2031

경기도 파주시 문발로 211
전화 (031)955-7272(대)
팩스 (031)955-7273
출판등록 제406-2007-00002호

Copyright ⓒ 2010, 황금시간

저자 및 출판사의 허락 없이 이 책의 일부 또는 전부를 무단 복제 · 전재 · 발췌할 수 없습니다. 잘못된 책은 바꿔 드립니다.

http://www.darakwon.co.kr

새길과 옛길 27코스
서울의 고운길 걷기여행

Section1_ 북한산둘레길

1구간 소나무숲길~순례길~흰구름길 / **2구간** 솔샘길~명상길~평창마을길 / **3구간** 옛성길~구름정원길~마실길 / **4구간** 내시묘역길~효자길~충의길 / **5구간** 우이령길 / **6구간** 송추마을길~산너미길~안골길 / **7구간** 보루길~다락원길~도봉옛길~방학동길~왕실묘역길

Section2_ 성곽길

남한산성 / 몽촌토성 / 북한산성 12성문길 1 시구문~보국문 / 북한산성 12성문길 2 보국문~대서문 / 서울성곽 1 숭례문~장충체육관 / 서울성곽 2 장충체육관~혜화문 / 서울성곽 3 혜화문~창의문 / 서울성곽 4 창의문~숭례문

Section3_ 숲과 공원

과천서울대공원 / 낙성대공원·관악산 / 독립공원·안산 / 뚝섬유원지·서울숲 / 망우리공원 사색의 길 / 봉산~응봉 / 불암산 산책길 / 아차산~용마산 / 어린이대공원 / 월드컵공원

Section4_ 강과 하천

고덕수변생태복원지·미사리 / 양재천·탄천 / 중랑천 / 한강 청담대교~광진교 수변길